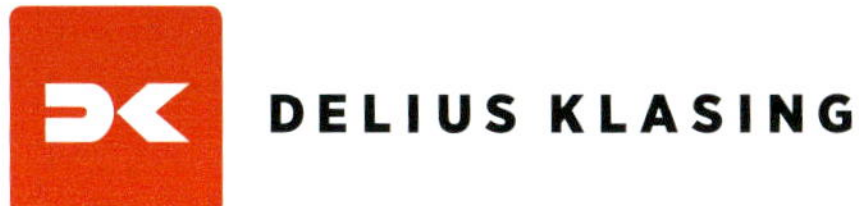
DELIUS KLASING

boote

HAFENMANÖVER SCHRITT FÜR SCHRITT MIT DEM MOTORBOOT

Christian Tiedt / Lars Bolle

Delius Klasing Verlag

Inhalt

Grundlagen

Anlegen

Längsseits anlegen

Am Fingersteg anlegen

In der Box anlegen

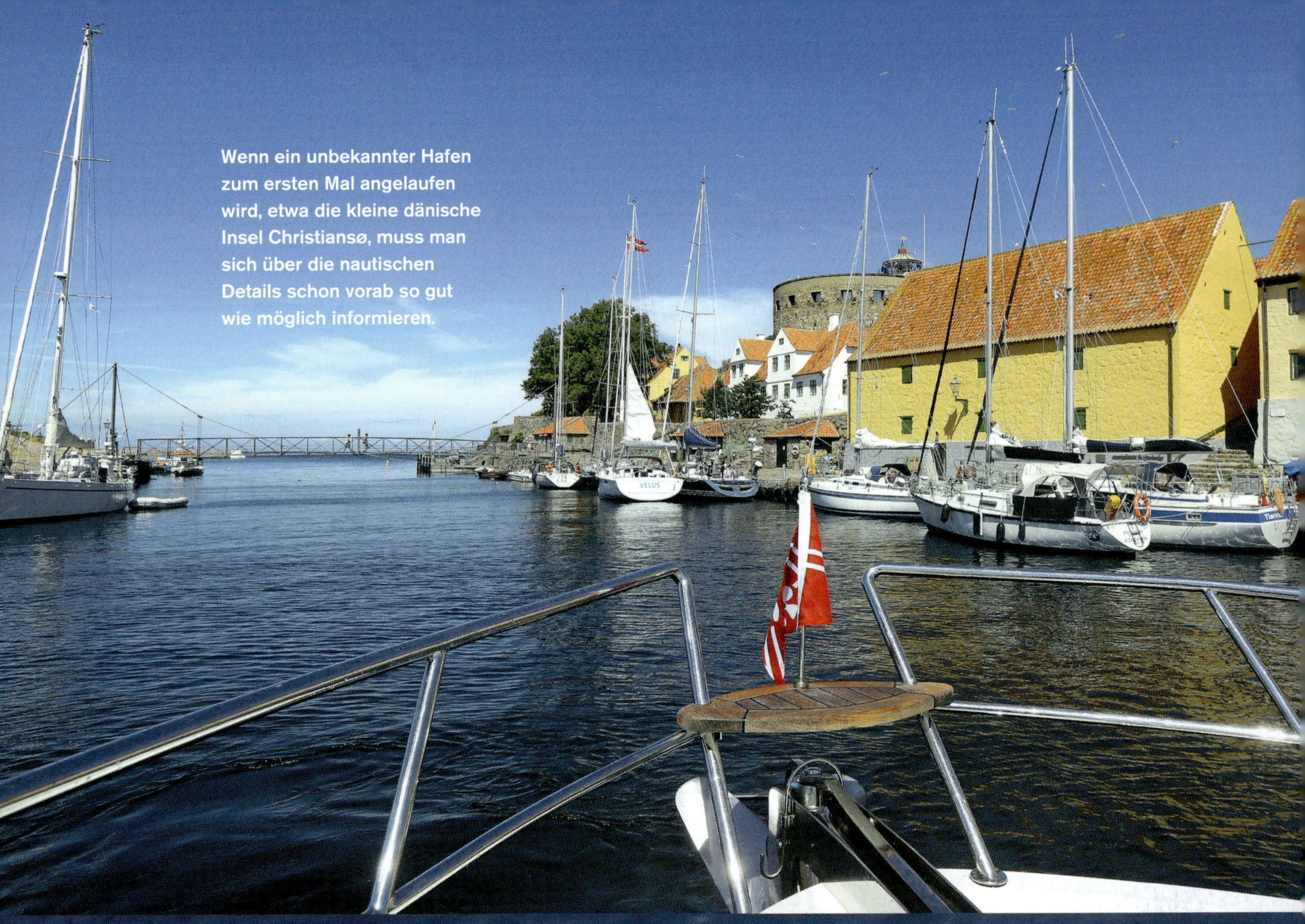

Wenn ein unbekannter Hafen zum ersten Mal angelaufen wird, etwa die kleine dänische Insel Christiansø, muss man sich über die nautischen Details schon vorab so gut wie möglich informieren.

Immer mit der Ruhe

Wie sich ein Einsteiger vor dem Ab- und Anlegen fühlt, weiß jeder Skipper. Schließlich hat jeder einmal angefangen. Aber selbst bei erfahrenen Bootsleuten sorgen Hafenmanöver regelmäßig für Unsicherheit – die Liste der unvorhersehbaren Überraschungen ist schließlich lang und reicht von peinlichem Leinensalat bis zur plötzlichen Böenwalze.

Eigentlich könnten die meisten Törntage so schön sein – wenn sie nicht so stressig beginnen und enden würden. Denn ohne Ab- und Anlegen geht es nun einmal leider nicht, und jedes Hafenmanöver stellt immer eine neue Herausforderung für Skipper und Crew dar. Egal wie blau der Himmel und wie glatt das Wasser sein mögen, das Manöver wird niemals so ganz „wie beim letzten Mal" ablaufen, selbst wenn es sich um den eigenen, vertrauten Dauerliegeplatz handelt. Zu viele Faktoren können die Situation selbst dort beeinflussen: von ungewöhnlichen Wind- oder Stromverhältnissen über plötzlich auftauchende Hindernisse wie andere Boote bis hin zu kleineren oder größeren Missgeschicken an Bord, die schnelles Umdenken erfordern. Wer neu dabei ist und erwartet, dass ihn die praktische Ausbildung zum Sportbootführerschein für jede Situation wappnet, der wird aus dem Staunen so schnell nicht mehr herauskommen. Denn natürlich kann diese zeitlich knappe Ausbildung nur die wichtigsten Grundkenntnisse vermitteln, verbunden mit der dringenden Empfehlung, soviel zu üben wie nur möglich. Denn erst mit der Übung kommt die Erfahrung, mit der Erfahrung die Routine und mit der Routine schließlich die Sicherheit, auch in ungewohnten und überraschenden Fällen angemessen reagieren zu können. Das klingt nach einem langen Weg, was aber nicht bedeutet, dass er nicht zu meistern wäre. Gleichzeitig werden neue Herausforderungen unterwegs auch immer wieder zu Erfolgserlebnissen führen und den eigenen Fortschritt spürbar machen.

An diesem Punkt setzt dieses Buch an: Es zeigt einen Querschnitt dessen, welche Situationen den Motorbootfahrer „auf engem Raum" erwarten, und wie er ihnen Schritt für Schritt begegnen kann. Der Begriff „Hafenmanöver" wird dabei bewusst weit gefasst, und schließt nicht nur das Ab- und Anlegen mit ein, sondern auch das Wenden sowie das Ankern und Schleusen, bei dem meist ebenso wenig Platz zur Verfügung steht.

Wichtige Grundlagen

Im Mittelpunkt steht jedoch das Anlegen, da es sich bei ungünstigen Verhältnissen im Gegensatz zum Ablegen meistens nicht aufschieben lässt. Bevor man aber einen unbekannten Hafen überhaupt anläuft, was auf längeren Urlaubs- oder Überführungstörns Tag für Tag der Fall sein dürfte, stellen sich schon vorher viele weitere wichtige Fragen: Gibt es überhaupt freie Liegeplätze und wenn ja, wo? Wie sieht die Steganlage aus, und welche Fender und Leinen werden benötigt? Selbst die beste Törnliteratur kann nicht alles wissen oder immer auf dem neuesten Stand sein. Wie breit eine Boxengasse genau ist oder ob es wirklich überall Stromanschlüsse gibt, wird man selbst vor Ort herausfinden müssen. Die Voraussetzungen für ein erfolgreiches Manöver im Einzelnen:

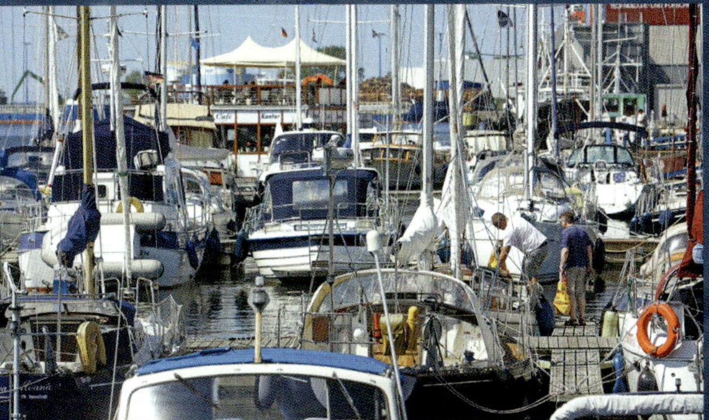

Im Sommer wird es auch in großen Sportboothäfen eng, wie hier in Wismar. Die Liegeplatzsuche zwischen engen Stegreihen setzt dann vor allem Ruhe und Geduld voraus.

Vertrautheit mit dem Boot

Dazu gehören nicht nur das Fahrverhalten (siehe Seite 22), um Bootsbewegungen richtig vorhersehen zu können und Steuer und Schub gezielt einzusetzen, sondern auch einfache technische Aspekte. Wo befinden sich an Bord Klampen und Poller, oder wo liegen die gefährdeten Stellen des Rumpfes, mit denen man am ehesten aneckt?

Abstand anzeigen

Vom Steuerstand aus hat der Skipper nicht immer optimale Sicht nach allen Seiten. Und ein flacher Steg gerät bei der Annäherung schnell in den „toten Winkel" unter dem Bug. Deshalb ist es bei Hafenmanövern wichtig, dass die Entfernung zu einem bestimmten Hindernis klar erkennbar von einer Person mit gutem Überblick angezeigt wird – beim Anlegen also von einem Crewmitglied auf dem Vorschiff. Und da Rufe oft untergehen oder missverstanden werden können, wird ab fünf Metern Abstand, so wie hier gezeigt, zusätzlich mit den ausgestreckten Fingern der erhobenen Hand nach hinten signalisiert, wie groß der Abstand voraus noch ist.

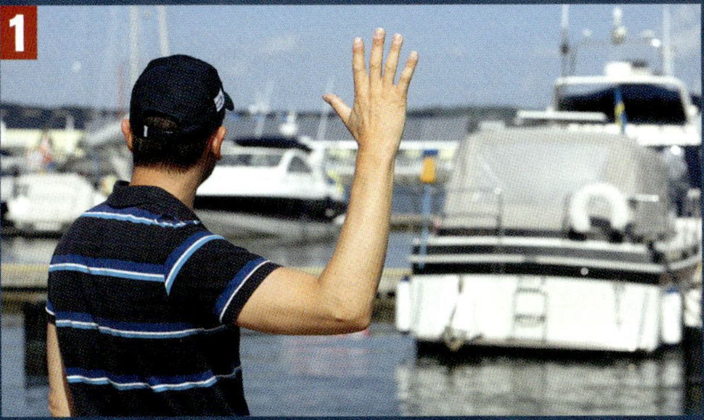

Den Blick voraus, wird die Enfernung zum Steg vom Crewmitglied angezeigt: „Achtung! Noch fünf Meter, ..."

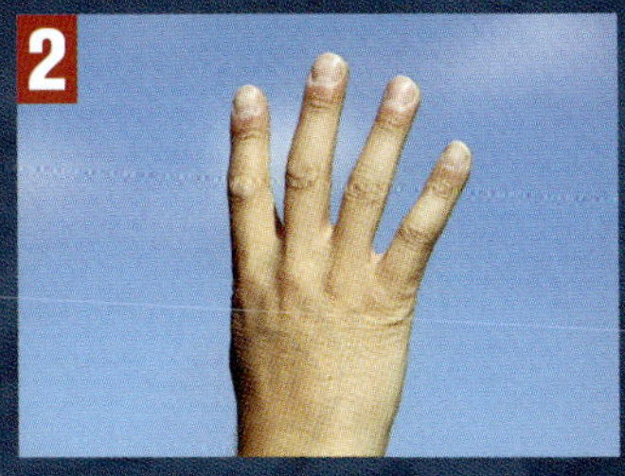

„ ...noch vier Meter, ..."

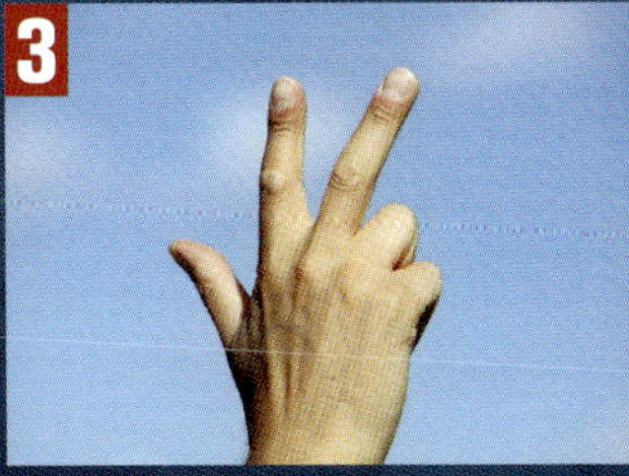

„ ...noch drei Meter, ..."

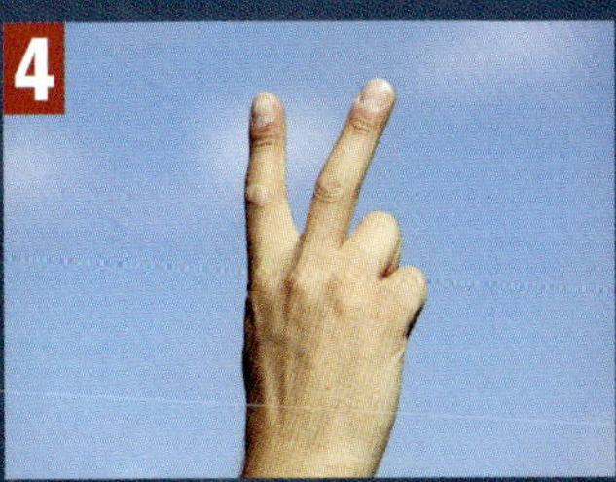

„ ...noch zwei Meter, ..."

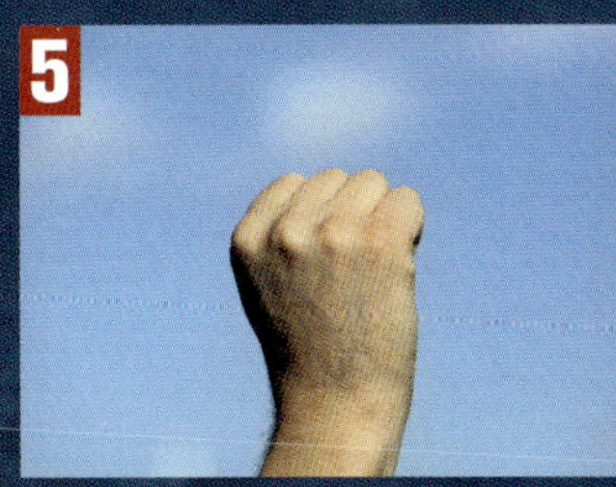

„noch ein Meter. Aufstoppen!"

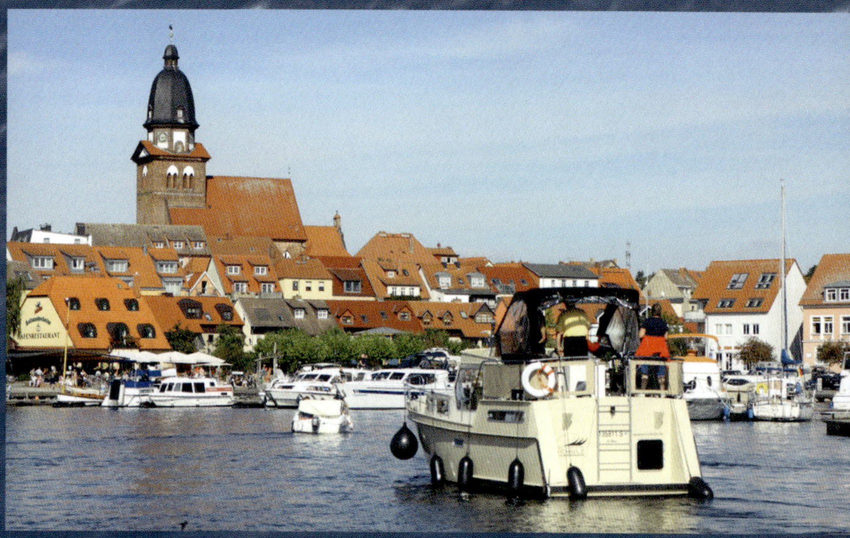

Anlegen in Waren an der Müritz: Die Crew wartet am Steuerstand, bis der Skipper den Liegeplatz ausgewählt und erklärt hat, wie das Manöver ablaufen soll.

Wie lang etwa ist die Badeplattform am Heck – besonders, wenn man sie vom Steuerstand nicht einsehen kann? Beim eigenen Boot ist diese Vertrautheit meist vorhanden, anders verhält es sich jedoch bei einem Charterboot, besonders bei Törnbeginn. Man sollte sich daher zuerst immer einen Überblick an Bord verschaffen und im Zweifelsfall beim Vercharterer nachfragen. Gleiches gilt für das Fahrverhalten: Bei der Probefahrt vor der Übernahme lassen sich die wichtigsten Manöver einmal oder mehrmals durchspielen, um ein erstes Gefühl für das Boot zu entwickeln.

Törnplanung mit Alternativen

Wenn das Törnziel für den nächsten Tag ausgesucht wird, gehört ein erster genauer Blick auf die dort vorhandenen Häfen und Liegemöglichkeiten dazu. Die nautische Literatur enthält eine Fülle von Informationen, die die spätere genaue Planung des Anlegemanövers vor Ort erleichtern. Wichtig sind Hinweise auf genaue Wassertiefen (die nicht an allen Stegen gleich sein müssen), Liegeplatzgrößen und Gästeplätze. Gibt es einen ganzen Gaststeg oder muss man eventuell zuerst an einem Anmeldesteg festmachen, um einen Platz zugeteilt zu bekommen? Wer sich genau informiert, spart sich später im Hafen den Ärger, erneut ablegen und verholen zu müssen, wenn man sich zuvor die falsche Stelle ausgesucht hatte. Mindestens eine Alternative sollte man vorbereitet „in Reserve" haben, falls der Wunschhafen bereits voll belegt sein sollte oder aus anderem Grund nicht angelaufen werden kann. Die meisten Fragen können natürlich auch mit einem Anruf beim Hafenmeister vorab geklärt werden.

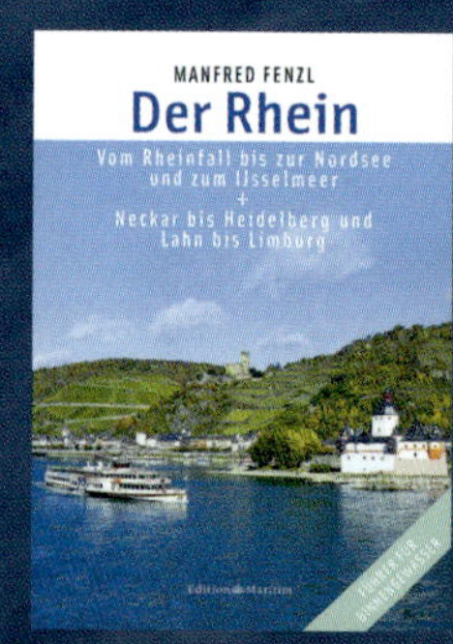

Aktuelle nautische Literatur gibt es für viele Reviere. Sie hilft auch bei der Hafenwahl.

Einweisung der Crew

Kommt der Hafen in Sicht, sollte man sich zunächst bei geringer Fahrt einen guten Überblick verschaffen. Ganz wichtig: Spielen Wind und Strom eine Rolle? Wenn nötig, kann das Boot dafür auch aufgestoppt werden, sofern niemand behindert wird. Fender können ausgebracht und Leinen (bereits richtig geführt) bereitgelegt werden; im Idealfall so, dass auf beiden Seiten angelegt werden kann. Außerdem sollte jedes Crewmitglied spätestens jetzt seine genaue Aufgabe beim anstehenden Manöver zugeteilt bekommen. Der Skipper muss einerseits sicherstellen, dass über die Einteilung Klarheit herrscht, und andererseits, dass die Kommunikation an Bord zu jeder Zeit funktioniert – besonders dann, wenn sich der Fahrstand drinnen befindet und die Verständigung nur per Handzeichen erfolgen kann. Eventuell lässt sich schon zu diesem Zeitpunkt sagen, wie und wo genau angelegt werden soll – etwa in einer bereits einsehbaren Box, oder längsseits auf der Innenseite eines ansonsten leeren Steges. Wenn nicht, wird langsam in den Hafen eingelaufen, wenn die Crew auf Position ist, um nach einem passenden Platz zu suchen.

Liegeplatzsuche im Hafen

Wenn aus der nautischen Literatur bereits bekannt ist, wie der Hafen angelegt ist und wo sich die Gästeplätze befinden, umso besser. Wenn nicht, muss man sich langsam vortasten und dabei auf entsprechende Schilder oder Wegweiser an Stegen und Pfählen achten, die darauf hinweisen, wo Gäste festmachen können – oder wo es in jedem Fall verboten ist, weil eine Längenbegrenzung besteht oder der Platz für einen bestimmten Zweck reserviert ist. Bei der Fahrt zwischen den Stegen sollte man sich auf der Luvseite halten, um nicht auf die Leeseite und die dort liegenden Boote gedrückt zu werden. Sobald die Entscheidung für einen bestimmten Platz gefallen ist, muss der Skipper der Crew klar und deutlich ansagen, wie festgemacht werden soll – und das Manöver kann beginnen.

Lieber im zweiten Anlauf

Wenn beim ersten Anlauf doch nicht alles wie geplant funktioniert und noch genügend Raum zum Manövrieren besteht, sollte man allerdings in aller Ruhe abbrechen, die Ausgangsposition erneut einnehmen und einen zweiten Anlauf starten.

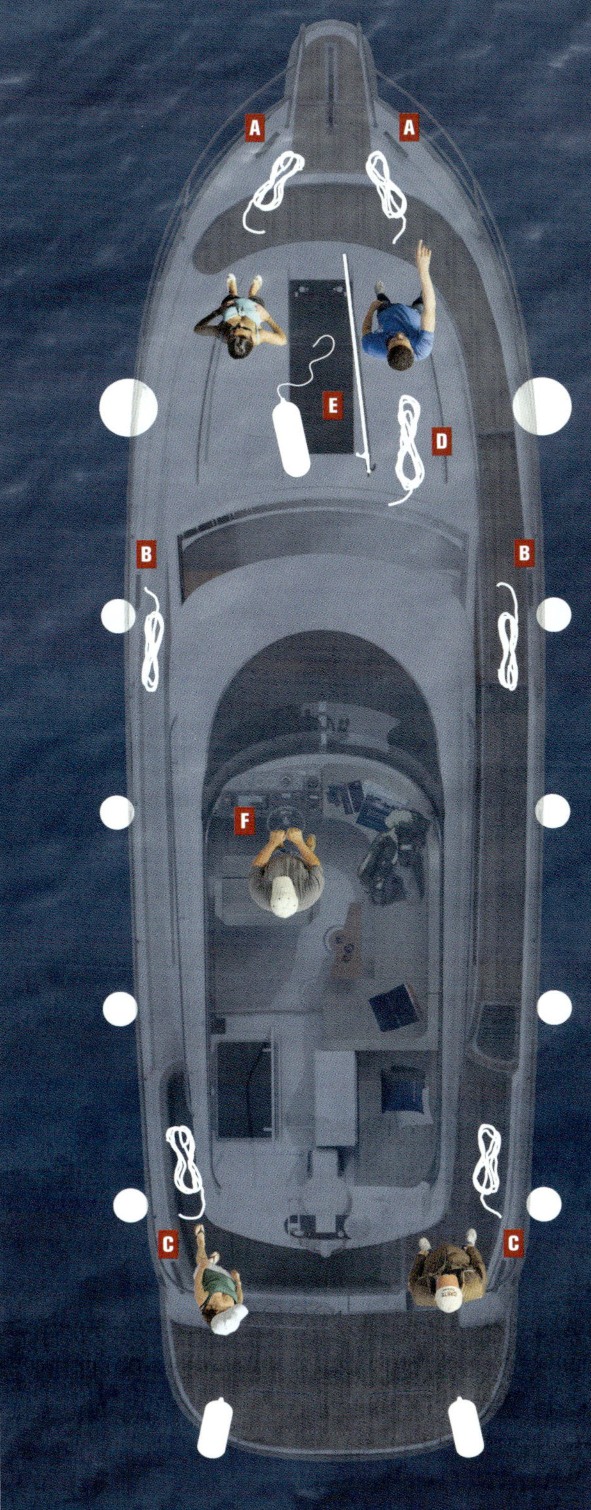

Gut vorbereitet

Je größer die Crew, desto besser für das Anlegemanöver. Denn am einfachsten ist es, wenn auf dem Vor- und Achterschiff jeweils zwei Personen, wie hier gezeigt, für die entsprechenden Leinen eingeteilt werden können. Damit es dabei kein Durcheinander gibt, muss die Crew allerdings eingespielt oder zumindest genau in die jeweilige Aufgaben eingewiesen sein. Eine Person auf dem Vorschiff übernimmt dabei auch das Anzeigen der Enfernung zum Steg (siehe Seite 7). Außerdem sollte folgende Ausrüstung immer vorbereitet und einsatzklar an Deck oder bereits ausgebracht sein:

1 Fender

Je nach Bootslänge sollten pro Bordwand mindestens drei normale Fender und ein Kugelfender ausgebracht werden, solange nicht klar ist, mit welcher Seite angelegt wird. Sie werden per Webeleinstek an der Reling befestigt und sollten das Wasser nicht berühren. Die Höhe richtet sich nach dem Liegeplatz (siehe Seite 16). Dazu kommen kommen eventuell Heckfender.

2 Leinen

Wichtig bei allen Leinen ist, dass sie von der Klampe an Bord unter der Reling hindurch zunächst nach außen und erst dann oben herum zurück an Deck geführt werden, wo sie in Buchten aufgeschossen bereit gelegt werden. Vorbereitet werden in jedem Fall zwei Vorleinen an den ensprechenden Klampen A und dazu zwei Achterleinen C. Mittschiffs können ebenfalls bereits Leinen deponiert werden B. Sie kommen bei Bedarf entweder als vorübergehende kurze Mittelleine oder an beliebigem Ort als Spring zum Einsatz. An gut erreichbarer Stelle kommt – wenn vorhanden – eine weitere lange Reserveleine dazu D, falls eine andere Leinen bricht, über Bord geht oder zurückgelassen werden muss.

3 Sonstiges

Zusätzlich sollten ein weiterer Fender zum Abhalten (siehe Seite 12) und der Bootshaken griffbereit sein, um Leinen überlegen zu können (siehe Seite 11) E. Am Fahrstand F sorgt der Skipper für freie Rundumsicht, schaltet die Außenmusik aus, um gute Verständigung zu ermöglichen, und schaltet Bug- und Heckstrahlruder ein, falls das Boot damit ausgerüstet ist.

Acht geben

Was man beim An- und Ablegen zum Thema Festmachen wissen und können sollte

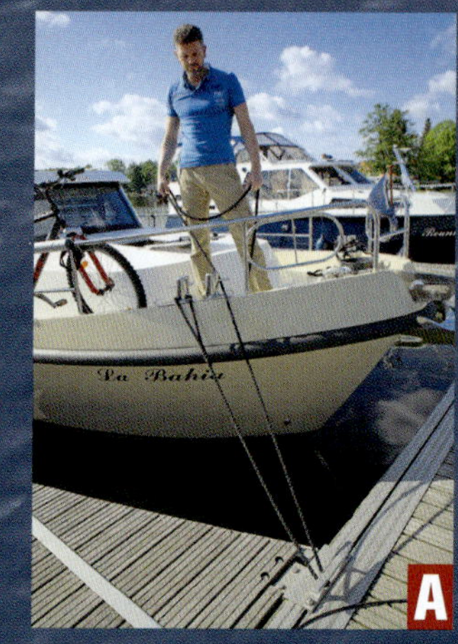
A

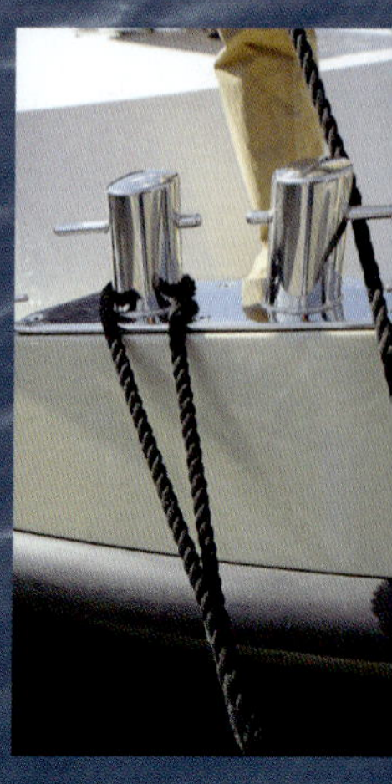

Klampe belegen

Rundtörn, Achten, Kopfschlag: Diese drei Worte sollte sich jeder an Bord wie ein Mantra einprägen. Denn jedes Crewmitglied kann beim Hafenmanöver in die Verlegenheit geraten, einen Festmacher in die Hand zu bekommen. Da auf den meisten Booten und an vielen Stegen Klampen vorhanden sind, sollte man auch wissen, wie man diesen darauf belegt. Ihre Wirkung erzielen Klampen durch Reibung. Indem Achten geschlagen werden, verlängert sich die Strecke, auf der Reibung wirkt. Sie wird zusätzlich durch die scharfe Umlenkung an den Hörnern erhöht. So geht's: 1 Den Festmacher 180 Grad um die Klampe legen. So hat er meist schon ausreichend Reibung. Die feste Part muss dabei von der Klampe wegführen. Sonst kann sie die lose Part bekneifen (so wie hier gezeigt wird die Leine auch geführt, wenn sie gefiert werden muss). 2 Nach dem ersten Rundtörn die lose Part in Achten um die Hörner legen, und zwar so oft, bis kein Zug mehr auf der losen Part 3 ist, sonst könnte sich der abschließende Kopfschlag bekneifen. Denn der soll nur zur Fixierung der Achten dienen. 4 Den Kopfschlag unbedingt kreuzend ausführen. Dabei liegen am Ende alle Achten parallel übereinander.

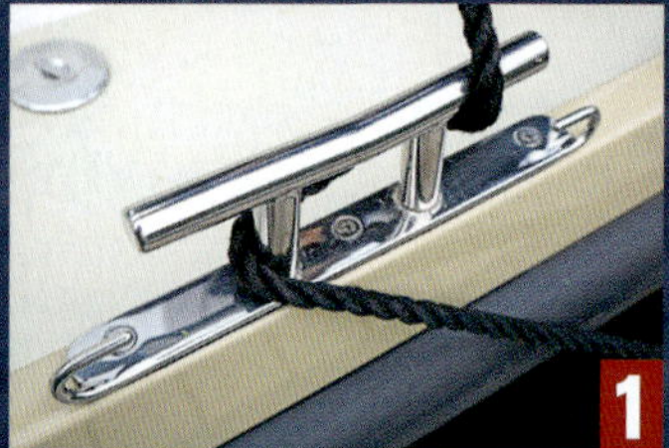
1

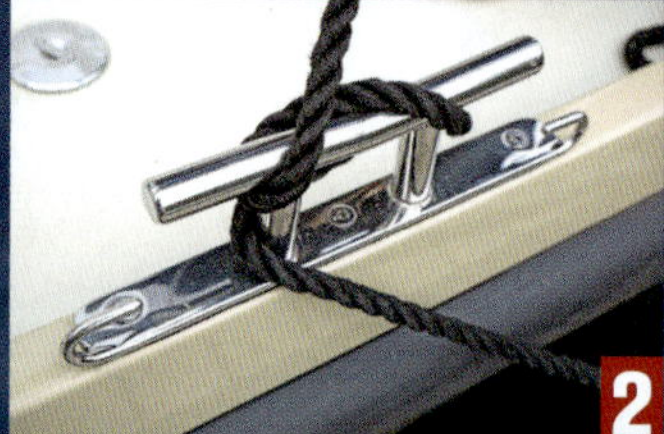
2

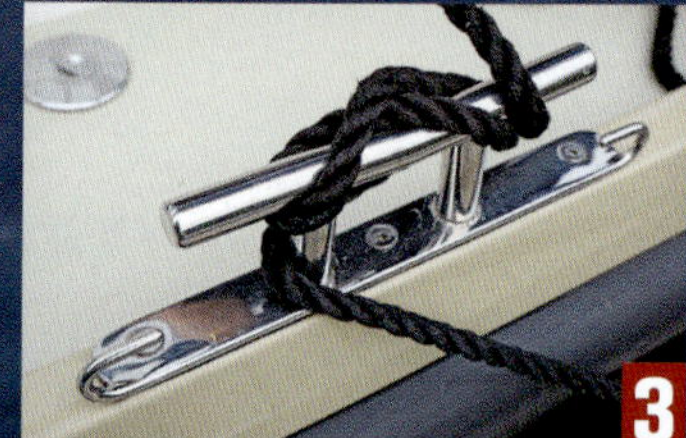
3

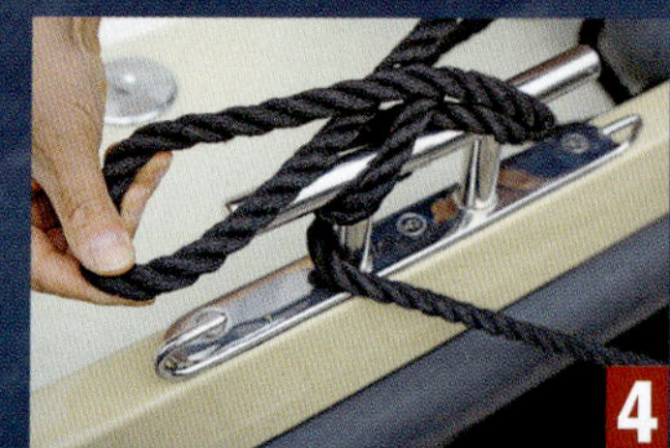
4

Leine werfen

Generell gilt beim Leinenwurf: Den Empfänger freut es zwar, wenn ihn kein schweres Bündel trifft, sondern nach gezieltem Wurf nur ein bis zwei Buchten bei ihm ankommen. Noch mehr freut es ihn aber, die Leine aus der Hand direkt übergeben zu bekommen. Manchmal jedoch lässt sich der Wurf nicht vermeiden. Deshalb gehört zur Vorbereitung jedes Hafenmanövers eine lange Manöverleine, die man auch werfen kann. Und so geht's: 1 Die Leine in Buchten in einer Hand aufschießen. 2 Zwei bis drei Buchten in die Wurfhand nehmen, je nach Leinenstärke und eigener Kraft. Eine Bucht fallen lassen, um auszuholen. 3 Die übrigen Buchten zur Zielperson schleudern, 4 dabei die Hand mit dem aufgeschossenen Bund in Wurfrichtung öffnen, 5 damit soviel Leine wie nötig ablaufen kann.

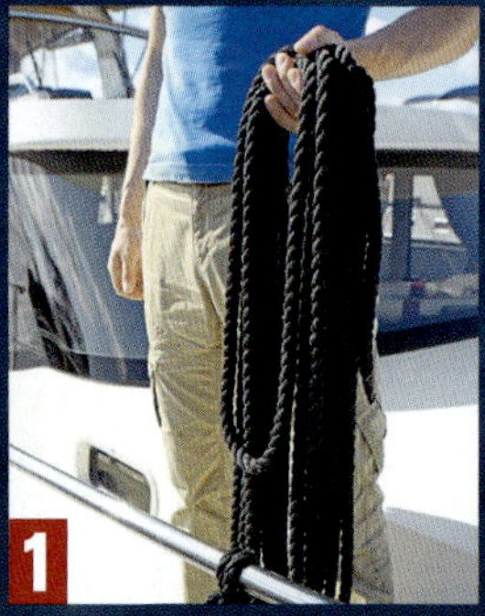
1

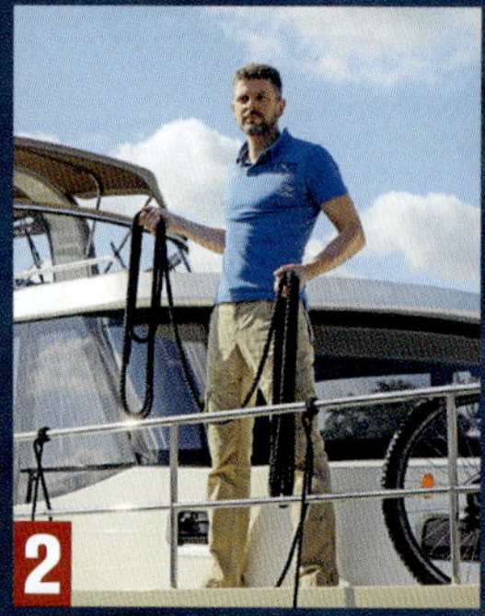
2

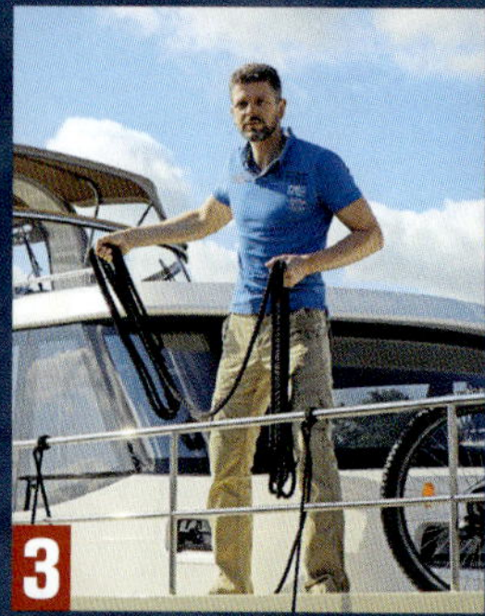
3

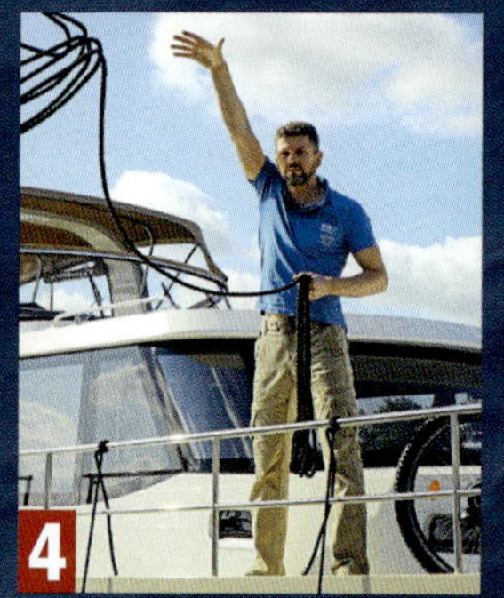
4

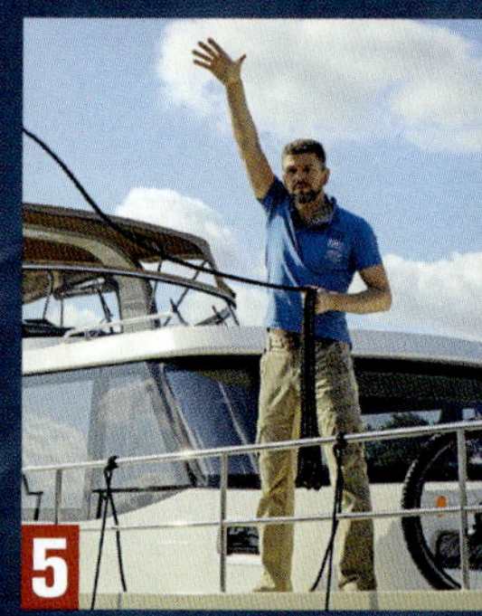
5

Wird der Festmacher auf Slip gefahren, wird ein Auge an Bord belegt (entweder auf einer Klampe oder einem Poller A). Die lose Part führt an Land und dann an Bord zurück B . Wird die Leine an Land aber richtig belegt, gilt dasselbe wie an Bord: nur soviel wie nötig. Auf dem Bild unten wurden viel zu viele Rundtörns und Achten auf der Klampe gemacht C . Hat man schon ein Auge in der Leine, zieht man es durch die Klampe und legt es danach darüber D .

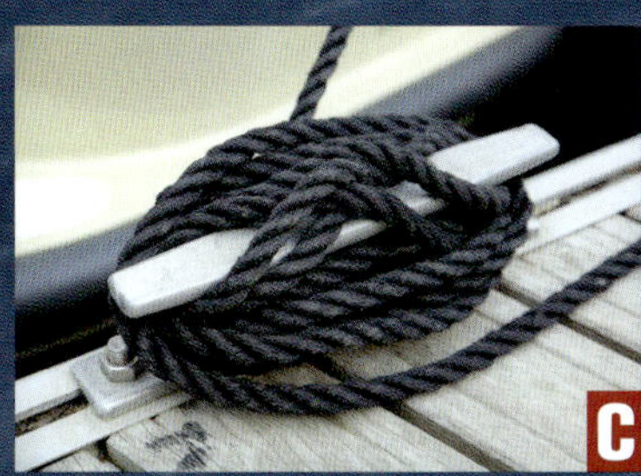
C

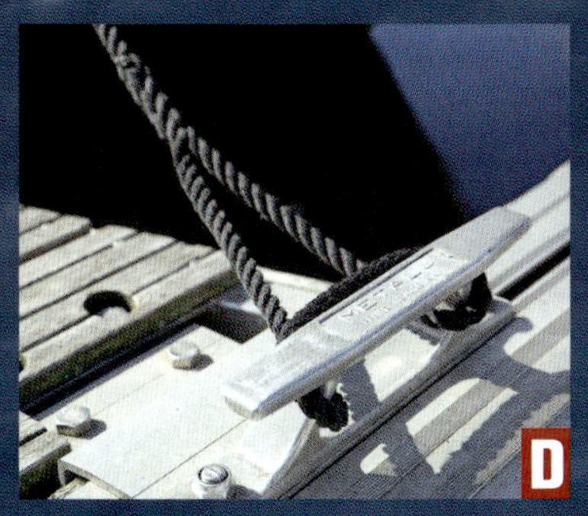
D

Laufendes Auge

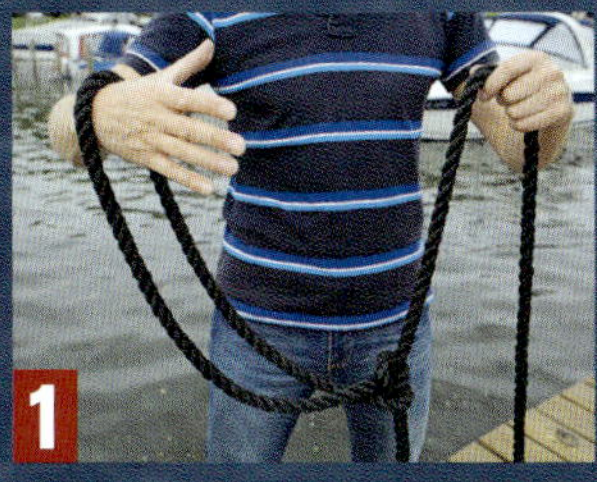
1

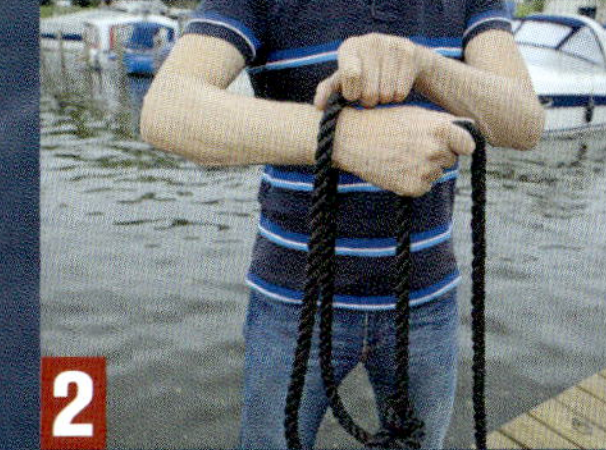
2

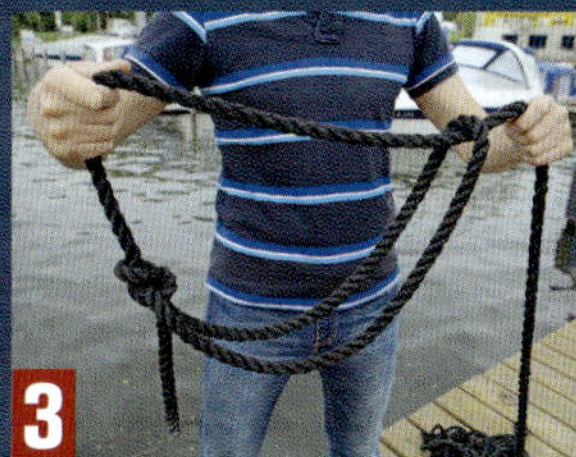
3

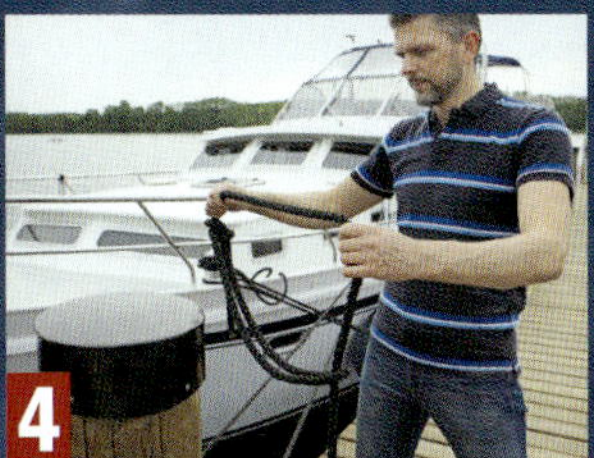
4

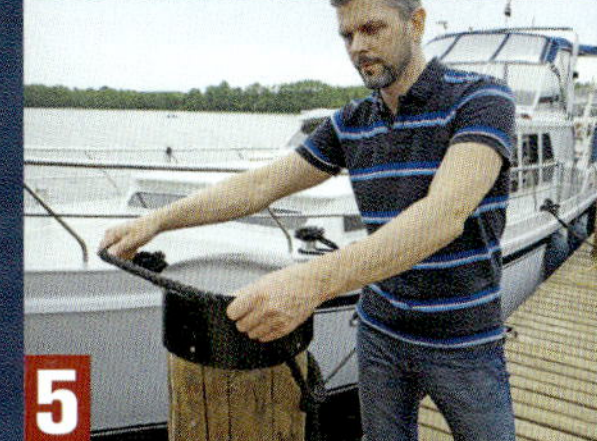
5

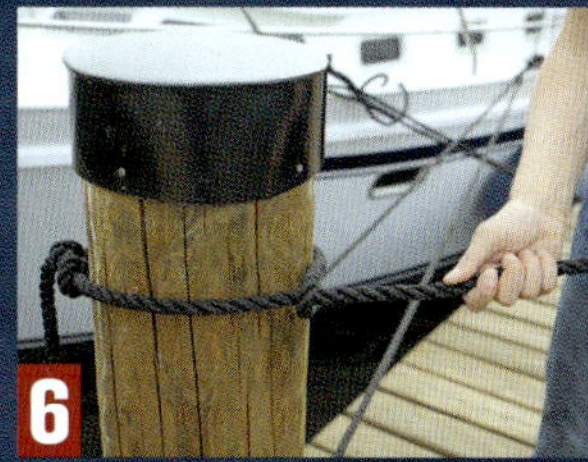
6

An einem Pfahl wird festgemacht, indem man einfach ein Auge darüber oder den Festmacher um ihn herum auf Slip legt. Hat der Pfahl jedoch keinen Haken, kann die Leine nach unten rutschen. Dreckiges Hafenwasser ist da noch das kleinere Übel, bei starkem Muschelbewuchs kann sich der Festmacher sogar so verhaken, dass er gekappt werden muss. Dagegen hilft die gezeigte Variante mit laufendem Auge. Sie eignet sich auch dann, wenn sich beim Anlegen plötzlich herausstellt, dass das eigentliche Auge zu eng ist oder es bei steigendem Wasserstand nach oben vom Pfahl rutschen könnte. Die Methode hat aber auch einen gravierenden Nachteil: Später kommende Boote können ihre Festmacher nur noch über die eigene Leine legen, die dadurch blockiert wird. Das laufende Auge sollte also nur beim Langzeitliegen am eigenen Liegeplatz oder sonst in Absprache mit den Nachbarn verwendet werden.

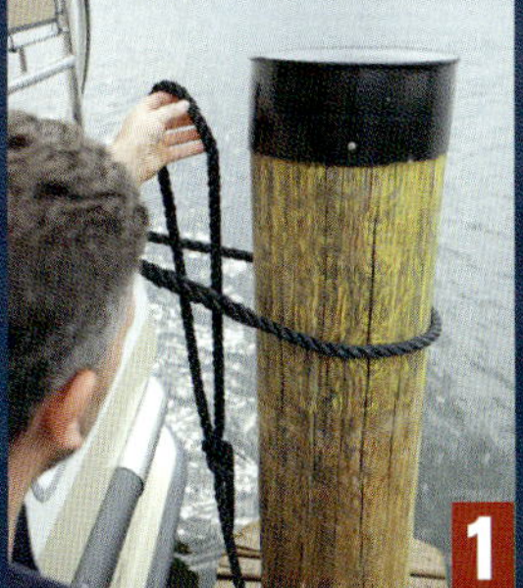
1

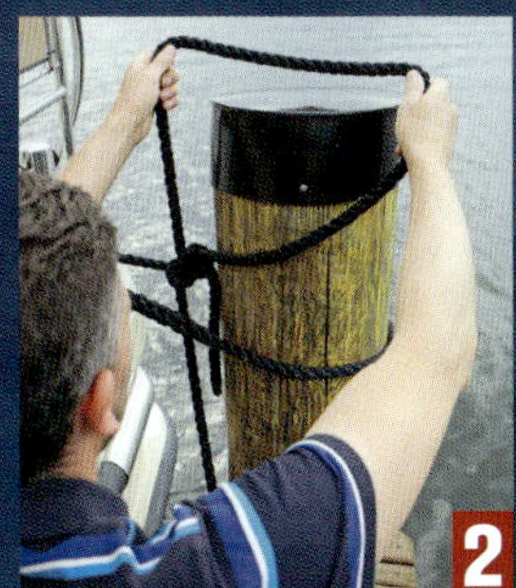
2

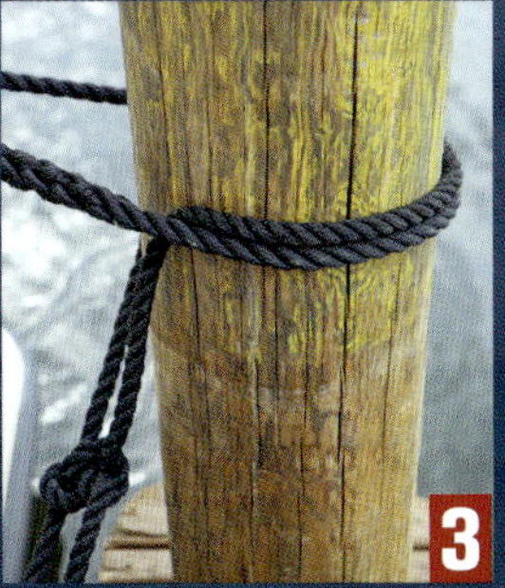
3

Auge durchstecken

Ist ein Pfahl bereits mit anderen Leinen belegt, so sollte das Auge des eigenen Festmachers nicht einfach darüber gelegt werden. Denn sonst müsste der Nachbar beim Ablegen entweder den eigenen Palstek öffnen oder – bei eingespleißtem Auge – sogar beide Leinen abnehmen. 1 Deshalb das eigene Auge wie gezeigt von unten 2 durch das andere führen und erst dann über den Pfahl legen 3 . So lässt sich die andere Leine weiterhin zuerst losmachen.

Verlängerung

Der Bootshaken eignet sich sehr gut als Verlängerung des Arms: Dazu wird das Auge des Festmachers an den Haken gehängt. Durch leichtes Ziehen am losen Ende öffnet es sich und kann so komfortabel auch über weiter entfernte Pfähle gelegt werden. Achtung bei Bootshaken mit Teleskopverlängerung: Voll ausgezogen sind sie zwar leichter und reichen weiter, sind aber auch nicht mehr so stabil wie feste Modelle.

Gut geschützt

Wenn das Hafenmanöver misslingt, besteht schnell die Gefahr eines Zusammenstoßes – mit anderen Booten oder mit der Pier. Gut abfendern und im Notfall abhalten heißt hier die Devise, um Schäden zu vermeiden. Und die bleibt für die gesamte Liegezeit gültig.

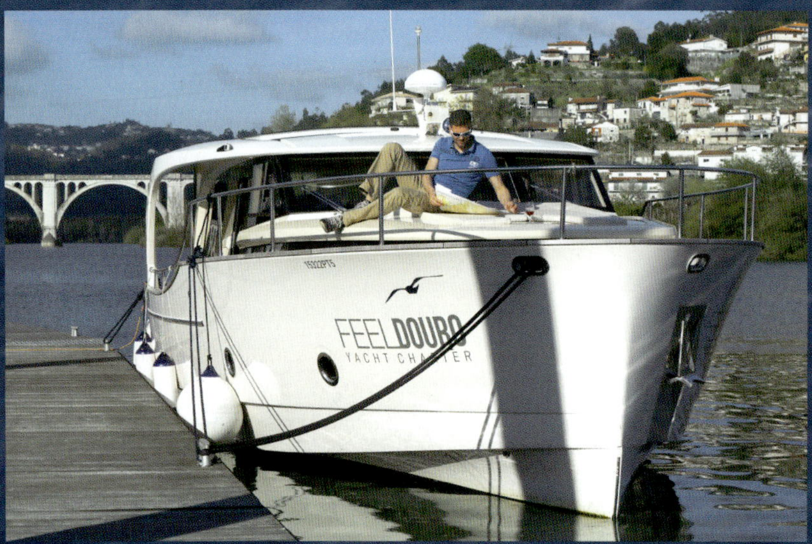

Schwimmstege sind häufig sehr flach. Entsprechend tief müssen die Fender hängen. Der Kugelfender darf außerdem nicht zu weit vorn plaziert werden, sondern dort, wo er ohne viel Luft „passt". Hier hängt er genau richtig.

Fender

Anzahl und Größe der Fender, die in gutem Zustand an Bord gehören, richten sich nach der Länge des Bootes. Es sollten genug sein, um mindestens eine Seite vollständig (mit Reserve) schützen zu können. Für ein 10-Meter-Boot wären das vier bis fünf, plus zwei und mindestens ein Kugelfender. Besser ist jedoch die doppelte Ausstattung für beide Seiten, um für jede Situation gewappnet zu sein – etwa, wenn es ins Päckchen mit mehreren anderen Booten geht. Wichtig ist die richtige Höhe. In keinem Fall sollten die Fender das Wasser berühren, schon gar nicht, wenn noch Fahrt im Boot ist. Wo sie hängen müssen, richtet sich nach dem Liegeplatz (siehe unten). Beim Einlaufen in eine Box kann es außerdem wichtig sein, die Fender erst nach dem Passieren der Pfähle über Bord zu hängen, da sie sonst das Boot stoppen oder abreißen können, wenn sie eingeklemmt werden.

Fenderbrett

Bei niedrigen Stegen müssen die Fender möglichst nah an der Wasseroberfläche hängen, damit sie nicht auf den Steg rutschen können. Bei höhreren Hafenmauern sollten sie dagegen knapp unterhalb der Scheuerleiste positioniert werden. An Spundwänden und an Piers mit Pfählen oder großen Reifen können die Fender in die Zwischenräume rutschen und werden nutzlos. Dort – und an rauen, unebenen Mauern bietet sich ein Fenderbrett an (rechts). Es verhindert außerdem, dass die einzelnen Fender dahinter verrutschen – und kann sogar als Stelling eingesetzt werden.

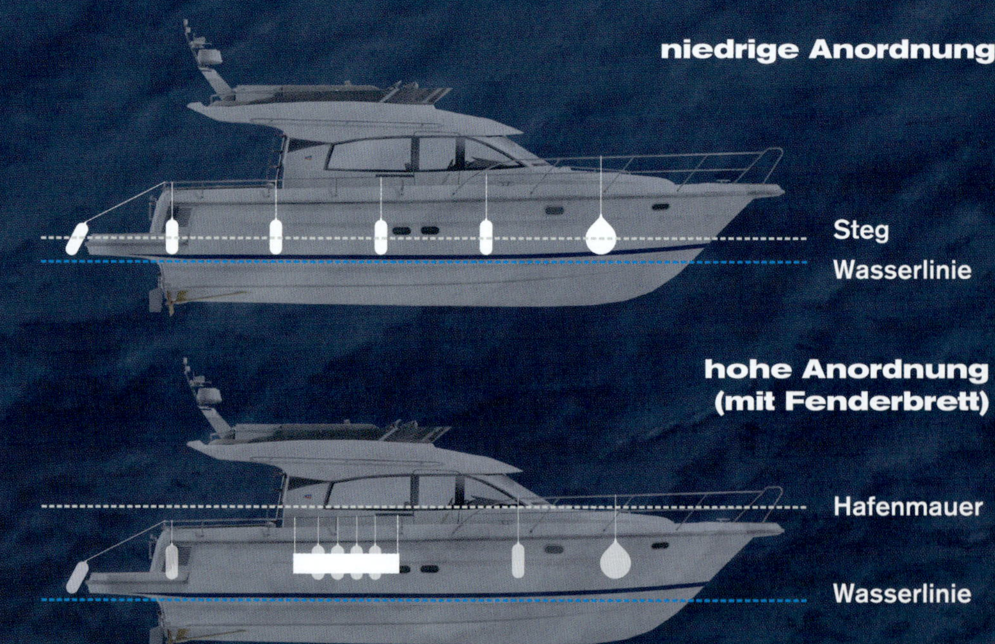

Das Heck

Bei flachen Steganlagen muss besonders die Badeplattform geschützt werden, wenn das Boot mit dem Heck am Steg liegt. Normale Fender sind dort nur dann geeignet, wenn sie in einem möglichst großen Winkel aufgehängt werden können, wie auf diesem Bild, sodass sie auf dem Wasser nicht zur Seite kippen und unter die Plattform rutschen. Bei Kugelfendern kann das Dank des größeren Volumens nicht passieren, selbst wenn sie aufschwimmen. Sie können deshalb auch direkt an der Badeplattform befestigt werden.

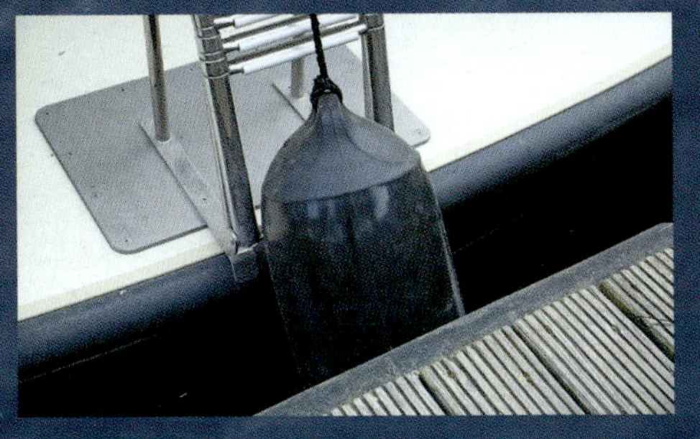

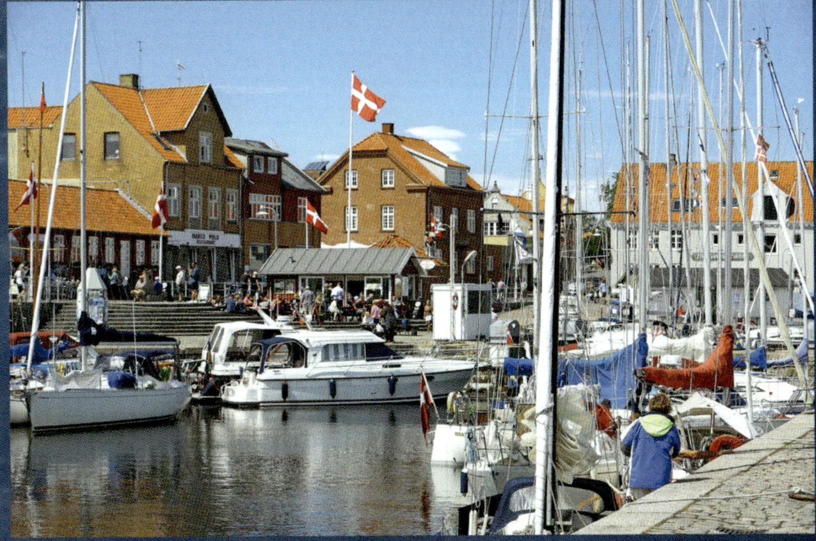

Im Päckchen

In beliebten Häfen mit wenig Platz, wie hier in Allinge auf der Ostseeinsel Bornholm, sind Päckchen zu dritt oder viert in der Hochsaison im Sommer unvermeidlich. Es gehört deshalb zum guten Ton, mit Fendern auf der Außenseite zu signalisieren, dass ein weiteres Boot längsseits kommen darf, auch wenn man selbst gerade an Land sein sollte und beim Anlegen nicht helfen kann. Die eigene Bordwand ist auf diesen Fall dann zumindest bestens vorbereitet. Geht man selbst ins Päckchen, versteht es sich von selbst, dass man mit dem innenliegenden Boot so pfleglich umgeht, als wäre es das eigene.

Richtig abhalten

Wenn sich zwei Boote während eines Manövers näher kommen als geplant, bleibt oft nur noch das Abhalten mit eigener Körperkraft. Aber Vorsicht: Verläuft die Annäherung mit zuviel Schwung, versuchen Sie nicht einzugreifen! Die wirkenden Kräfte können durch die große Masse der Boote gewaltig sein und zu schweren Verletzungen führen. Das beste Mittel ist dann noch ein möglichst großer Fender, der – am besten schon griffbereit – zur rechten Zeit am rechten Ort zwischen die Rümpfe gebracht wird. Nur wenn die Annäherung gemächlich verläuft, etwa wenn ein Boot auf das andere treibt, kann man versuchen es abzuhalten. Dann gilt, dass alle Teile, die dafür ausgelegt sind, Lasten aufzunehmen, auch als Griffe zum Heranziehen oder Wegdrücken des eigenen Bootes verwendet werden können. Völlig unproblematisch sind Klampen oder eine Fußreling. Über eine Klampe kann auch schnell eine Leine auf Slip gegen Abdrift gelegt werden. Auch die richtige Reling, und bei Segelyachten Bug- und Heckkörbe, vertragen in der Regel einen kräftigen Zug oder Schub. Tabu sind dagegen Relingsdrähte oder Stützen. Viel zu selten kommt übrigens der Bootshaken zum Einsatz. Beim Drücken sollte er aber immer vor dem Körper geführt werden, sonst besteht Verletzungsgefahr oder die Person am Haken könnte über Bord gehen, falls dieser abrutscht.

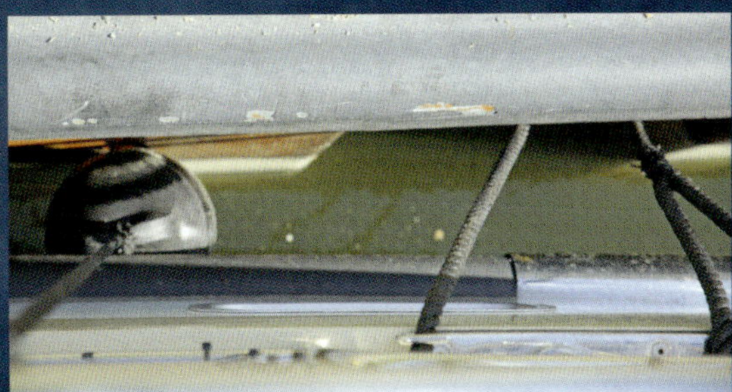

In der Schleuse

Schon vor der Einfahrt in die Schleuse müssen beide Bordwände abgefendert werden, denn man kann nie hundertprozentig sicher sein, dass man auch wirklich auf der Wunschseite festmachen kann. Vorsicht bei Kammern mit Spundwänden: Hier können die Fender in die Vertiefungen hineinrutschen. Aus diesem Grund sollte vorn und achtern bei den Leinen immer ein Fender per Hand so geführt werden, dass er, wie gezeigt, an der Außenkante aufliegt.

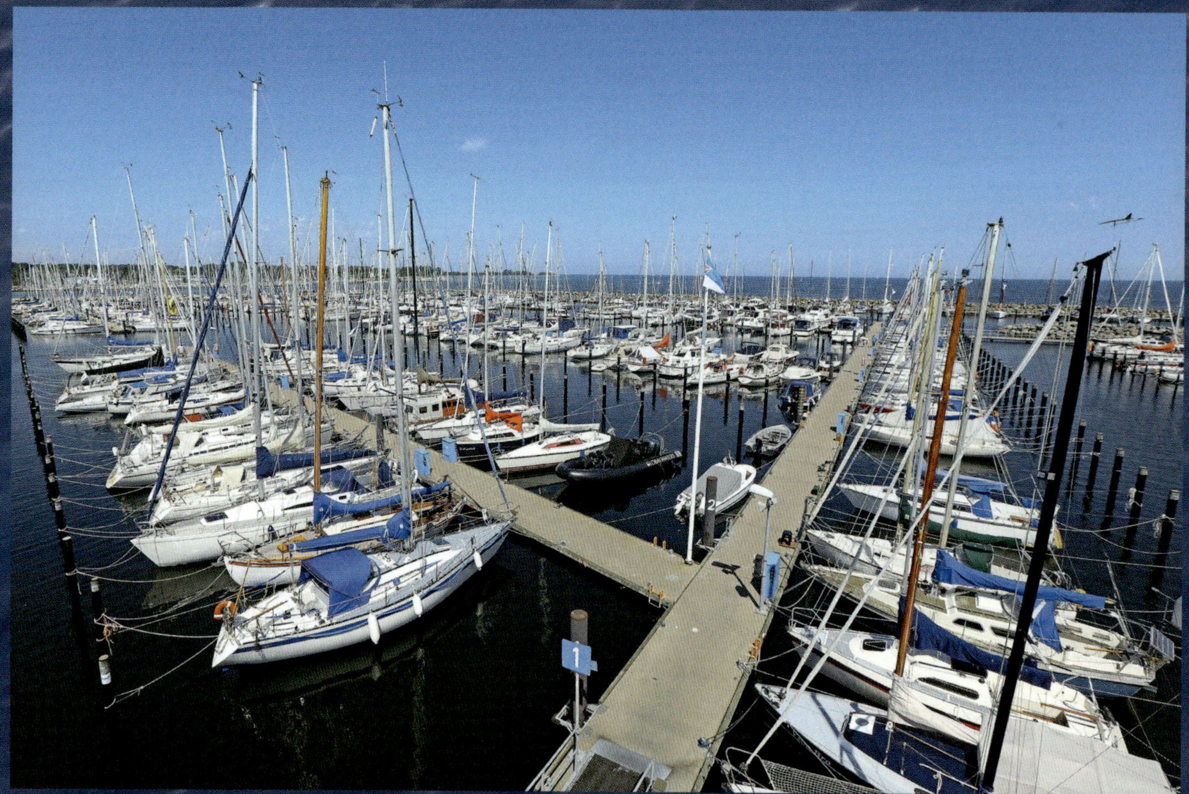

Mit insgesamt 900 Liegeplätzen gehört der Olympiahafen Schilksee am Westufer der Kieler Förde zu den großen Marinas an der deutschen Ostseeküste. Die Boote liegen in Pfahlboxen an Betonschwimmstegen. Im Vordergrund: die Stege 1 und 2, zum Vergleich mit dem Plan unten.

Groß und klein

Manche Anleger bieten nur einen einzigen Liegeplatz, große Marinas über tausend. Der Service reicht von der Stromsäule bis zur Flüssiggas-Tankstelle. Ein Hafen-Überblick.

Kommerzielle Marinas

Große, professionell betriebene Sportboothäfen bieten in der Regel nicht nur gute Aussichten auf einen Gastliegeplatz, sondern auch ein umfassendes Serviceangebot, entweder direkt auf dem Gelände oder in unmittelbarer Umgebung. Je nach Revier sind sie mit Schwimm- oder Feststegen und zusätzlichen Fingerstegen, Auslegern oder Pfahlboxen ausgestattet. Strom- und Wasseranschlüsse sind meistens in ausreichender Anzahl vorhanden, und in den Sanitärgebäuden finden sich oft sogar Waschmaschinen und Trockner. Weitere Einrichtungen wie Sliprampen, Kräne, Werkstätten, Bootsausstatter und Gastronomie stehen natürlich auch den Gästen zur Verfügung. Welcher Service genau angeboten wird, findet sich in der nautischen Literatur und in den Begleitheften der Sportbootkarten. Rechts eine Darstellung des Nordteils des Olympiahafens Schilksee, wie sie in einem Hafenhandbuch aussehen würde, mit Wassertiefen, Stegnummern, Serviceeinrichtungen und weiteren Informationen.

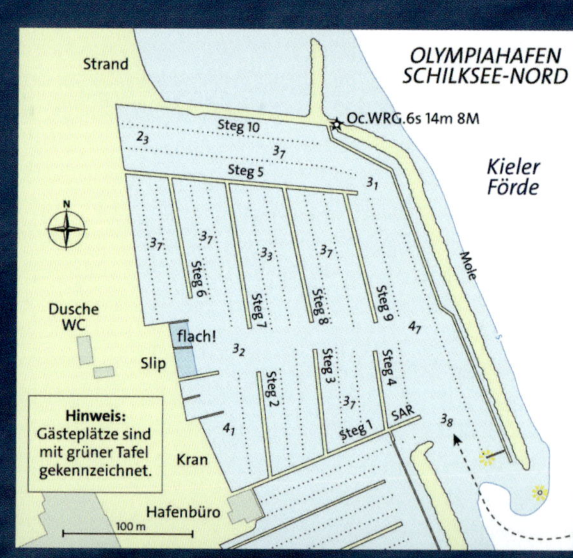

Vereinshäfen

Viele Sportboothäfen oder Steganlagen werden im In- und Ausland von Wassersportvereinen betrieben und unterhalten. Fast immer sind dort auch Gastlieger willkommen. Die Größe ist auch hier sehr unterschiedlich, ein Mindestmaß an Service mit Strom, Wasser und Sanitäreinrichtungen ist aber in der Regel gegeben. Die Gelände sind landseitig oft verschlossen. Sollte nach der Ankunft keine Ansprechperson vor Ort sein, gibt es meist eine Informationstafel für Gäste mit der entsprechenden Telefonnummer.

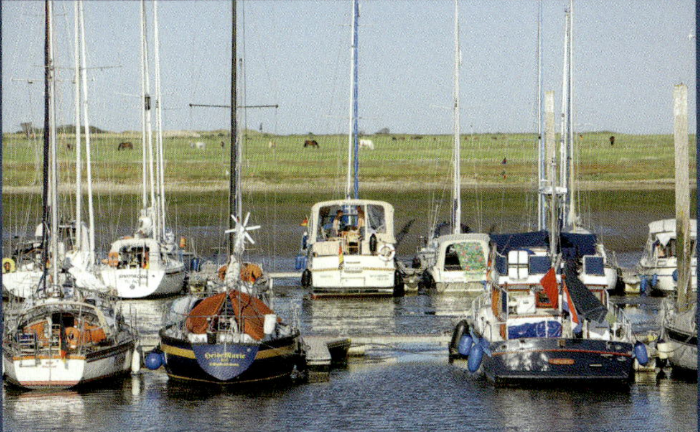

Nordseefeeling: Steganlage des Spiekerooger Segelclubs, bei dem natürlich auch Motorbootfahrer unterkommen.

Freie Liegeplätze

Nicht jeder leere Liegeplatz ist auch frei. Der Inhaber könnte beispielsweise nur auf Tagestörn sein. Für diese Fälle zeigen Schilder am Steg an, wo man festmachen darf: Sie sind in der Regel grün und/oder mit den Worten „frei“ oder „Gast“ versehen. Manchmal ist zusätzlich ein Datum oder Zeitraum angeben. Ein rotes Schild, wie unten auf dem Bild, bedeutet dagegen, dass der Platz belegt ist. Wenn kein Schild vorhanden ist, kann man ruhig zunächst anlegen und beim Hafenmeister klären, ob man bleiben darf oder an andere Stelle verholen muss.

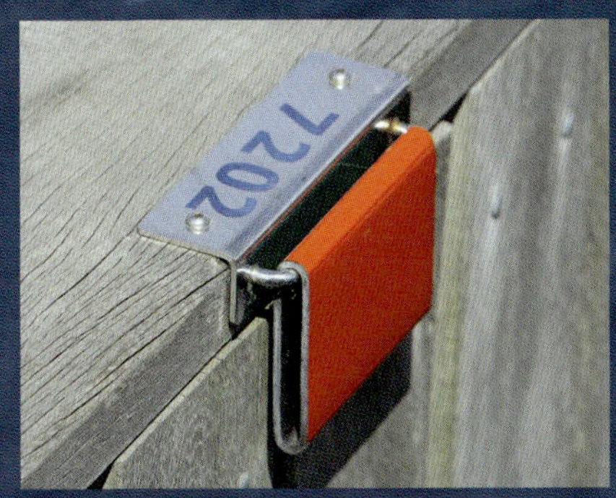

Liegeplatz mit Nummer und Wendeschild: Zur Zeit dürfen hier keine Gastlieger festmachen.

Handelshäfen

Hafenbecken, die von der Berufsschifffahrt genutzt werden, sind für Sportboote häufig gesperrt. Das ist sinnvoll, denn große Fähren, Fahrgastschiffe oder Fischereifahrzeuge kommen zu jeder Tages- und Nachtzeit, verursachen Schwell und brauchen Platz zum Manövrieren. Wo es dennoch erlaubt ist (in der Regel nach Absprache mit dem Hafenmeister), liegt man meist an hoher Steinpier oder Spundwand und muss entsprechend abfendern.

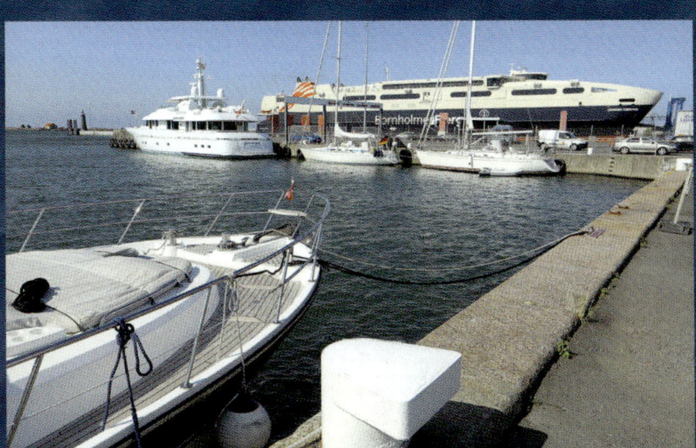

Poller für „Große“: Nordhavnen von Rønne auf Bornholm

Andere Anleger

Besonders auf Binnenrevieren gibt es viele Liegeplätze, die in keine der beschriebenen Kategorien passen: Dazu gehören öffentliche Anleger der Gemeinden – oft nicht mehr als Spundwände mit Pollern oder Ringen –, ausgewiesene Uferliegeplätze im Grünen oder auch kleine Stege, die Hotels, Restaurants oder Museen für Gäste unterhalten. Strom- und Wasseranschlüsse direkt am Boot sind hier allerdings selten vorhanden.

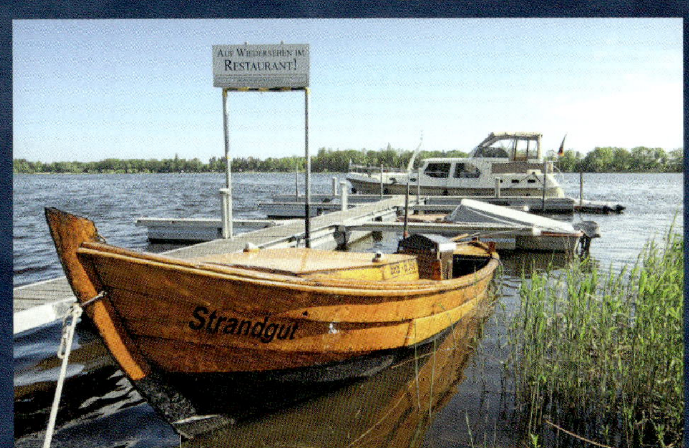

Für Gäste: Steg eines Restaurants an der Unteren Havel

Die besten Plätze

Hafenmauer, Box oder Fingersteg: Von der Art des Liegeplatzes hängen auch An- und Ablegemanöver ab. Nachfolgend die verschiedenen Typen im Überblick:

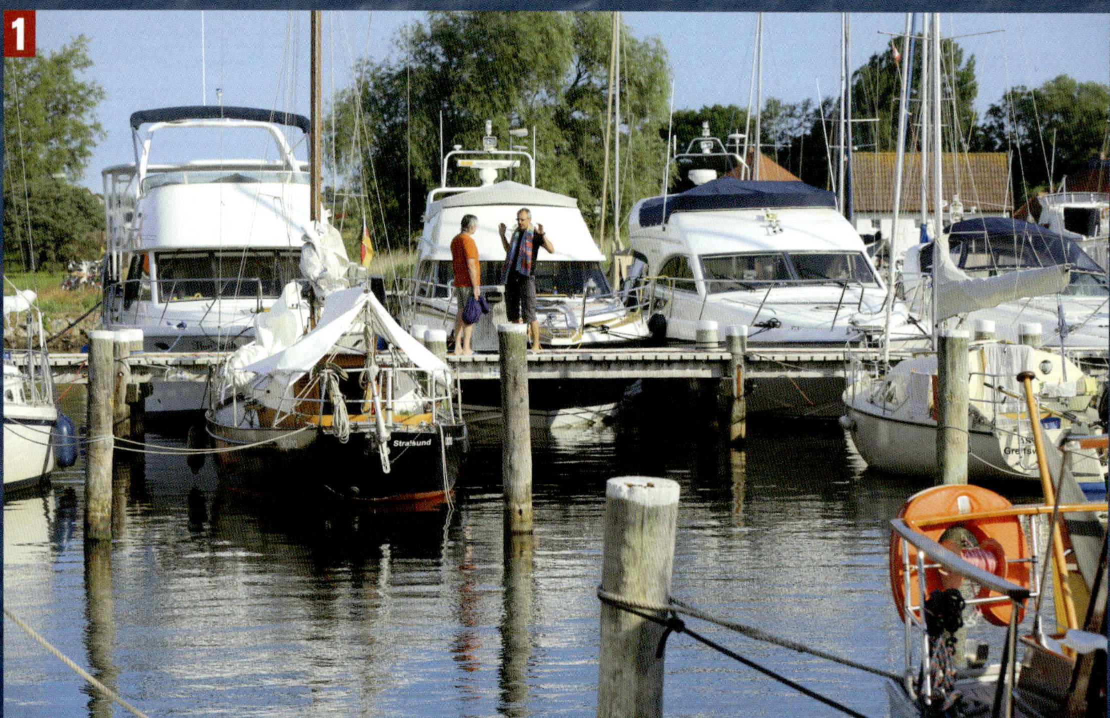

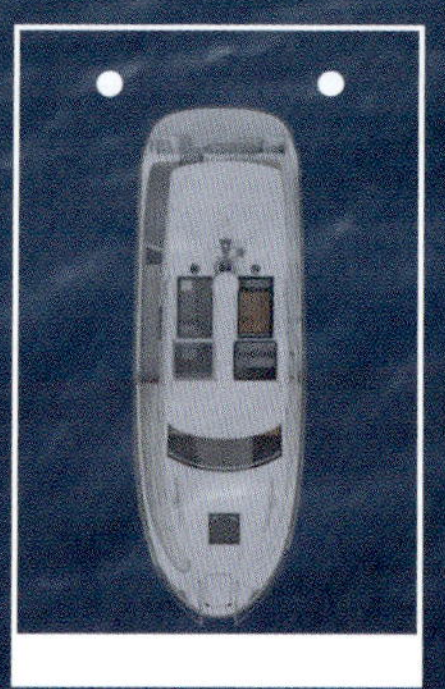

Typisch Ostsee: „Boxengasse“ mit hölzernen Feststegen und Pfählen in der Marina Lange Ort in Vitte auf Hiddensee

Box mit Pfählen

Im Binnenland und in Küstenrevieren mit nur geringem Wasserstandsunterschied – also etwa entlang der deutschen Ostseeküste – sind viele Häfen mit Stegen und Pfählen ausgestattet. Die Methode spart nicht nur Platz, da viele Boote nebeneinander ohne Raumverlust praktisch Bordwand an Bordwand untergebracht werden können, sondern ist auch wesentlich weniger wartungsintensiv als eine Anlage mit Fingerstegen. Gleichzeitig liegt man mit vier Leinen, die in alle Richtungen weisen, auch bei wechselnden Wind- und Strömungsverhältnissen gut. Eine Box 1 besteht aus zwei Pfählen und dem Steg. Meistens handelt es sich dabei um einen festen Holzsteg auf Deckshöhe, es gibt aber auch Anlagen mit niedrigen Schwimmstegen. Die meisten Boote „stechen“ beim Einlaufen voraus in die Box, also mit dem Bug zuerst, über den dann auch der Steg betreten wird. Bei Stegen dicht über der Wasserlinie kann es dagegen sinnvoller sein, mit dem Heck anzulegen; zumindest dann, wenn man eine Badeplattform hat, da man sonst häufig einen Tritt oder eine Bordleiter für den Bug braucht, um den Höhenunterschied sicher zu überwinden. Auch die Pfähle gibt es in unterschiedlichen Ausführungen, aus Beton, Stahl A oder Holz B, mit Kunststoff- oder Gummiummantelung oder ohne (siehe rechts). Die Leine wird beim Festmachen, egal ob mit Auge oder auf Slip, immer über den Pfahl gelegt, nicht über den Haken. Seine Aufgabe ist es lediglich, die Leine vor dem Abrutschen nach unten zu sichern. Würde er mit vollem Zug belastet, könnte er verbiegen oder abbrechen.

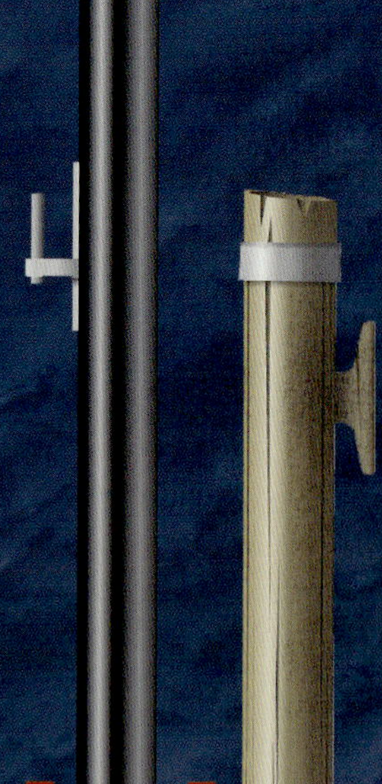

2

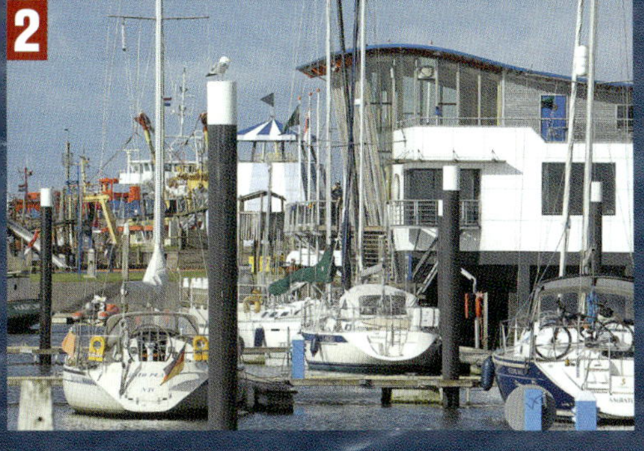

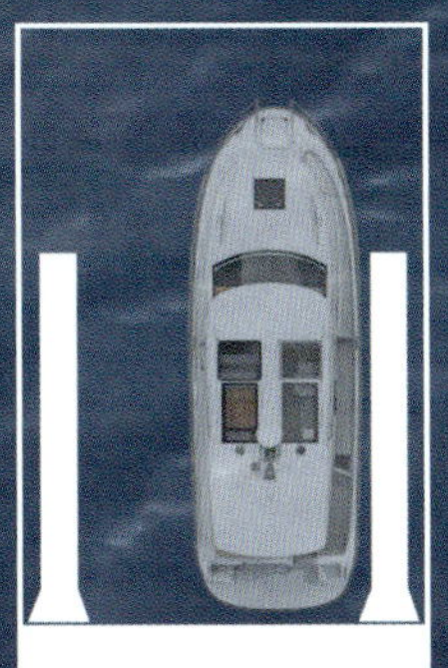

Fingerstege

Steganlagen mit „Fingern“ findet man auf allen Revieren in immer mehr Häfen. Der Grund ist einfach: Während man mit ihnen fast soviel Platz spart, wie mit den klassischen Pfahlboxen (siehe linke Seite), bieten sie mehr Komfort für die Crews, weil man auch an der Seite des Bootes von Bord gehen kann – vorausgesetzt, es handelt sich tatsächlich um einen begehbaren Steg 2 und nicht nur um einen Ausleger, der in erster Linie der Trennung zweier Plätze dient 3. Weiterer Pluspunkt bei Fingerstegen: Es besteht nicht die Gefahr wie bei langen Boxen, dass die Pfähle beim Einlaufen verpasst werden und mitten im Manöver zurückgesetzt werden muss, weil im Grunde längsseits angelegt wird. In Gezeitenrevieren kommt meistens die schwimmende Ausführung zum Einsatz; Stege und Boote bleiben so auf der selben Höhe, und die Leinen können mit normaler Länge ausgebracht werden. Im Binnen- und Küstenbereich ohne großen Tidenhub sind Feststege mit Fingern 4 ebenso üblich. Daneben gibt es auch Mischformen mit Pfählen und Fingerstegen, die dann nur zum Aussteigen dienen.

3

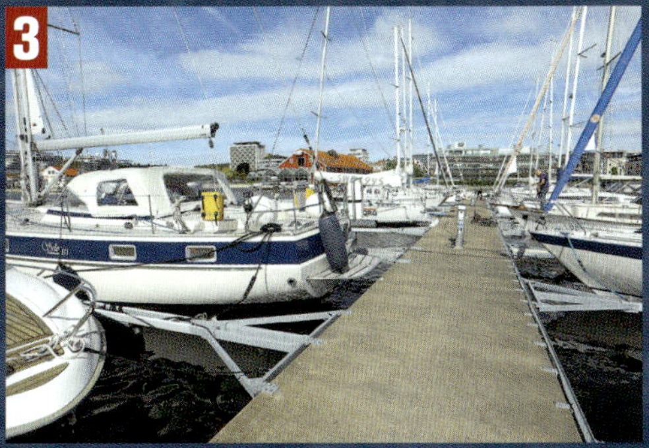

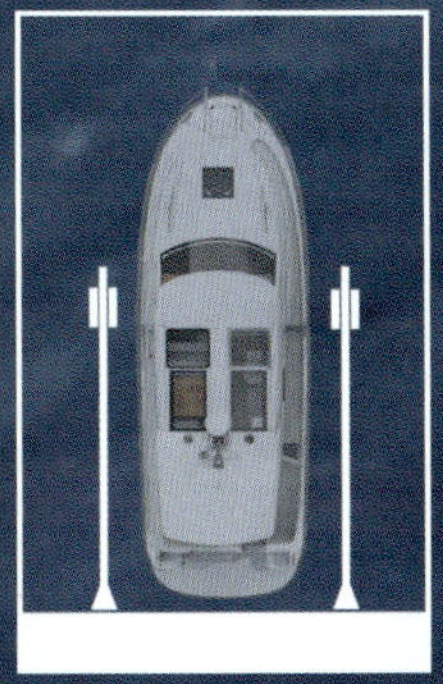

4

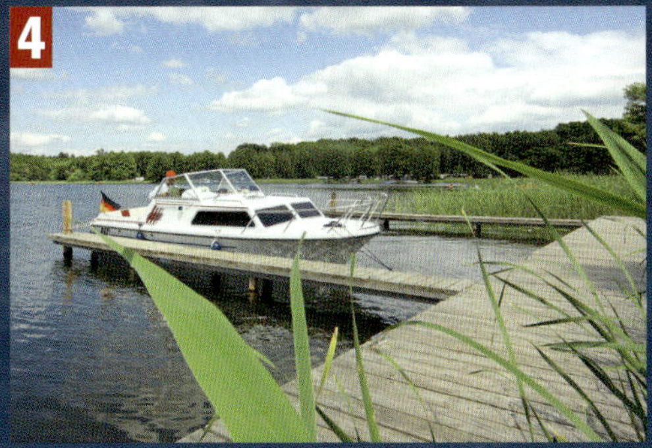

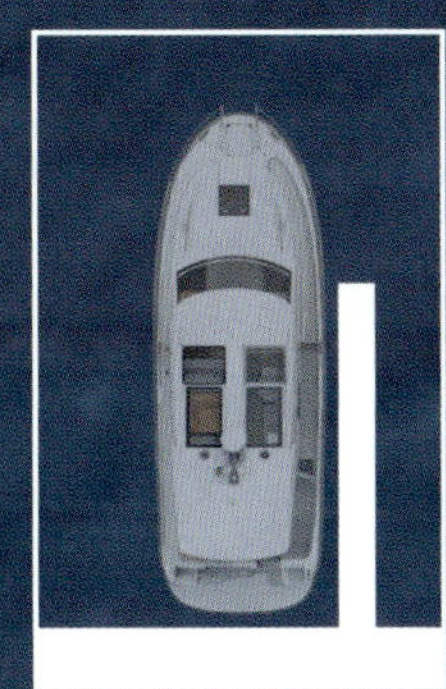

Im Gezeitenrevier: Schwimmsteg mit „Fingern“ auf der Nordseeinsel Texel 2. Besser nicht betreten: Schmale Schwimmausleger trennen diese Liegeplätze in Norwegen 3. Binnen: Fester Holzsteg bei Rheinsberg 4.

Schwimmstege

Schwimmsteganlagen sind aus einzelnen Elementen zusammengesetzt und können im Baukastenprinzip an jede vorhandene Wasserfläche angepasst werden. Sie haben außerdem den großen Vorteil, dass sie vom Wasserstand unabhängig sind. In Gezeitenrevieren sind sie deshalb über frei gelagerte Brücken mit dem Ufer verbunden, Steigpfähle halten sie auf Position. Die solideste Ausführung besteht aus Komponenten mit Betonoberflächen C, die an den Kanten oft mit Scheuerleisten aus Holz, Gummi oder Kunststoff versehen sind. Zum Festmachen stehen Klampen, Ringe oder Poller zur Verfügung (siehe Seite 19). Hölzerne Schwimmstege sind ebenfalls weit verbreitet D. Sollte man beim Anlegen von Bord auf den Steg springen müssen, muss man sehr aufpassen: Das Holz kann bei Nässe nicht nur rutschig sein, besonders schwimmende Fingerstege können unter dem Zusatzgewicht eintauchen, wobei man nicht das Gleichgewicht verlieren darf. Festes Schuhwerk ist deshalb Pflicht. Statt begehbaren Fingerstegen können auch schlanke Ausleger mit Schwimmkörper am Ende die Trennfunktion zwischen einzelnen Liegeplätzen erfüllen E; an ihnen kann man zwar Leinen befestigen, betreten sollte man sie aber nicht.

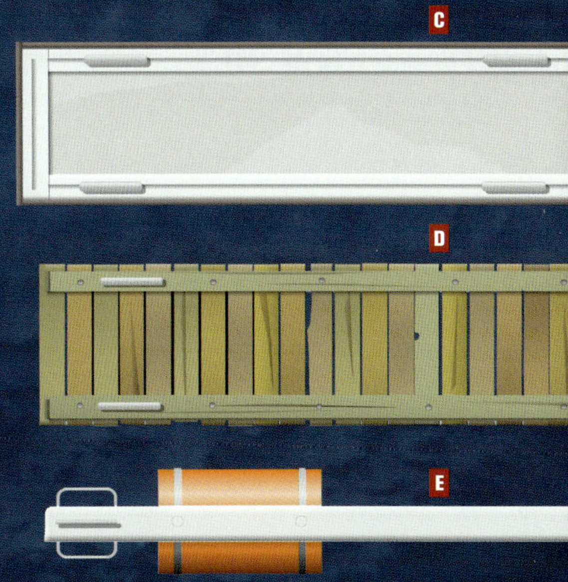

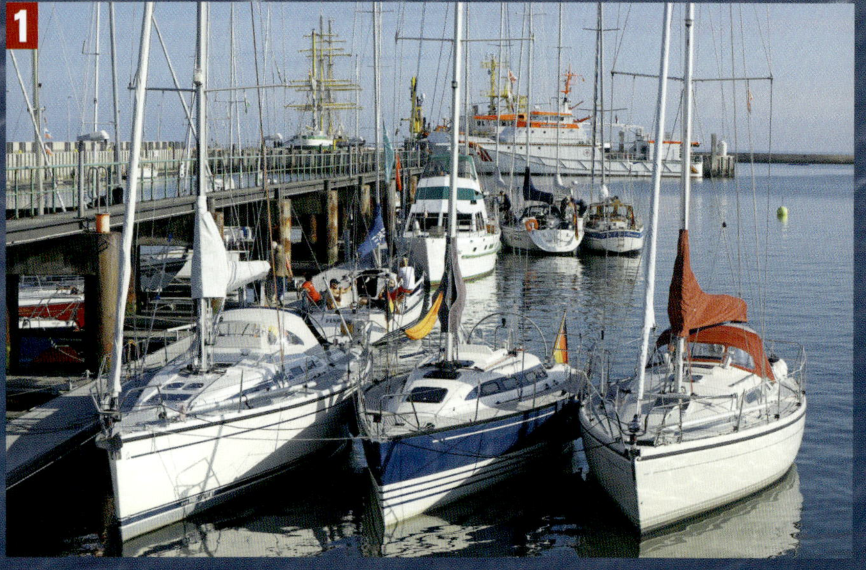
1

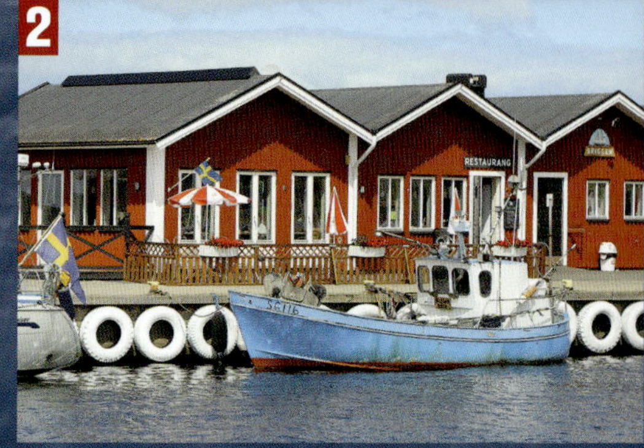
2

Im Sommer wird es voll auf Helgoland. Da bleibt oft nur das Päckchen längsseits 1 . Auf der schwedischen Insel Hanö hat man die Reifenfender an der Pier schick gestrichen 2 .

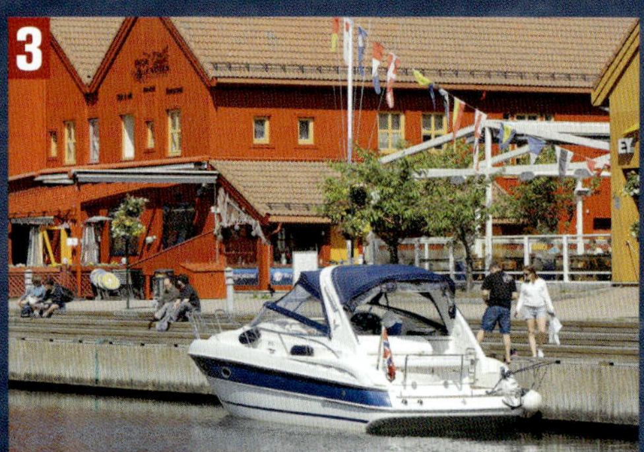
3

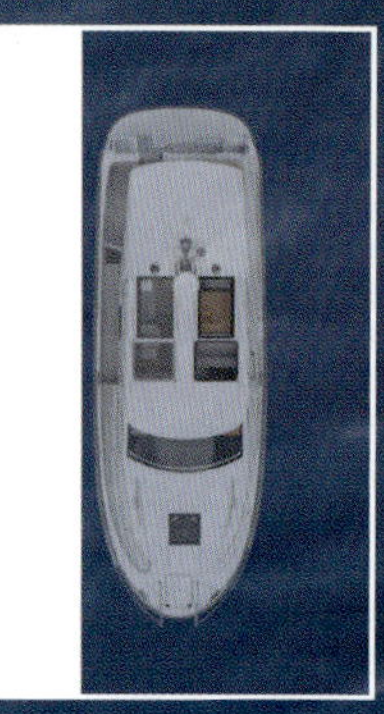

Längsseits

In Vereinshäfen und kommerziellen Marinas findet man nur wenige längsseitige Liegeplätze, da sie nicht so platzsparend sind wie Boxen. Ist der Steg voll, bleibt weiteren Booten nur das Päckchen 1 . Das ist zwar eigentlich kein Problem, schränkt aber natürlich die „Bewegungsfreiheit" aller Beteiligten ein. Außerdem liegen die Boote bei ungünstigem Schwell schlechter, da sie nur auf einer Seite festgemacht sind und Rollbewegungen durch die Leinen kaum aufgefangen werden können. Wenn es längere Steg- oder Pierbereiche gibt, sind sie meistens den Yachten vorbehalten, die zu groß für andere Plätze sind. Allerdings hat das Längsseitskommen auch zwei Vorteile: Erstens eignet es sich gut zum kurzzeitigen Festmachen – etwa im Wartebereich einer Schleuse oder an der Bootstankstelle –, da vorrübergehend zwei (oder sogar nur eine einzelne) Leine ausreichend sind, zweitens sind die Manöver insgesamt übersichtlicher und lassen sich im Notfall leichter abbrechen. Typische Plätze, um längsseits zu gehen, sind aber nicht nur flache Stege (zum Teil mit Pfählen als Schutz auf der Wasserseite 5), und befestigte Uferstreifen, sondern auch Mauern und Kaianlagen aller Art: Das Angebot reicht von der makellos glatten Beton- oder Holzwand 3 bis zu rustikaleren Flächen, die mit alten Reifen „gepolstert" sein können 2 . Die ungünstigste Variante sind Spundwände aus Metall, weil die Fender in die Vertiefungen rutschen können und ihre Wirkung verlieren 4 .

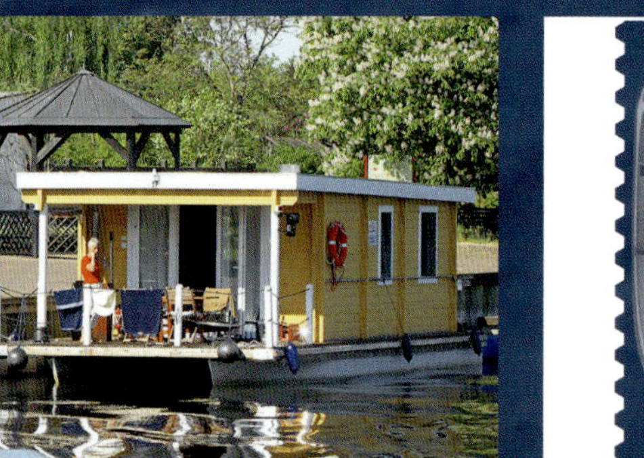
4

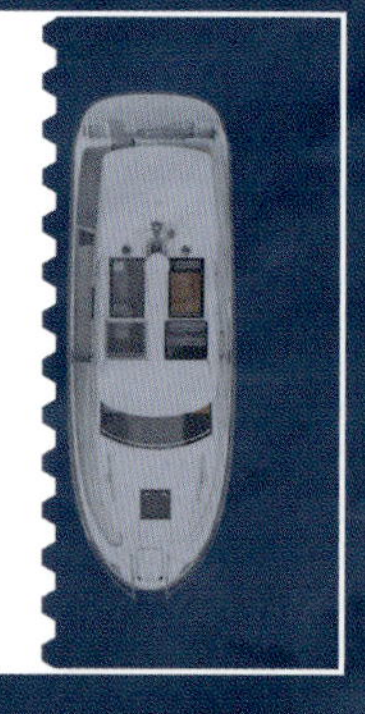

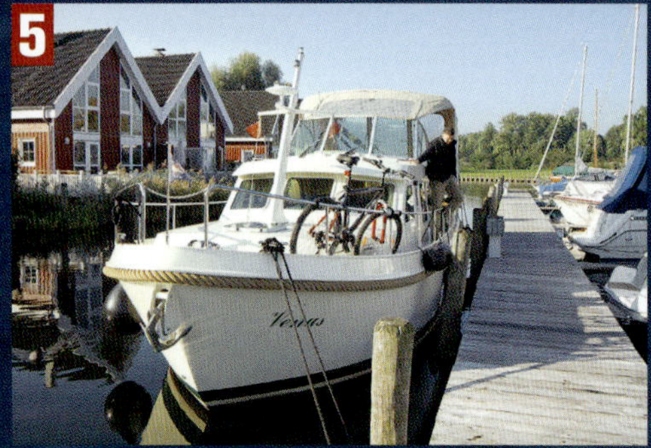
5

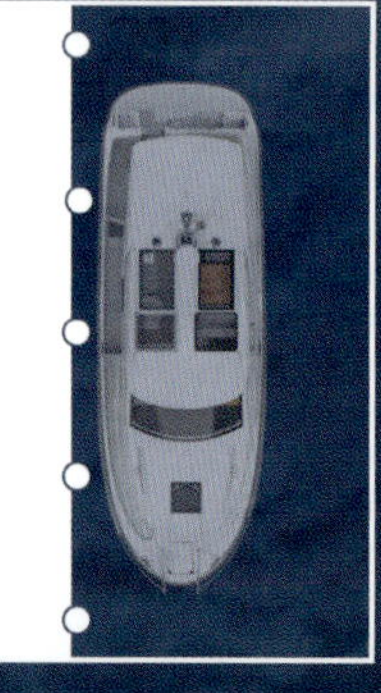

Diese sauber verkleidete Holzpier in Südnorwegen schont Fender und Scheuerleisten 3 , das „Bollwerk" mit Spundwand an der Unteren Havel weniger 4 . Auch nicht ideal für Fender: Pfähle vor dem Steg 5 .

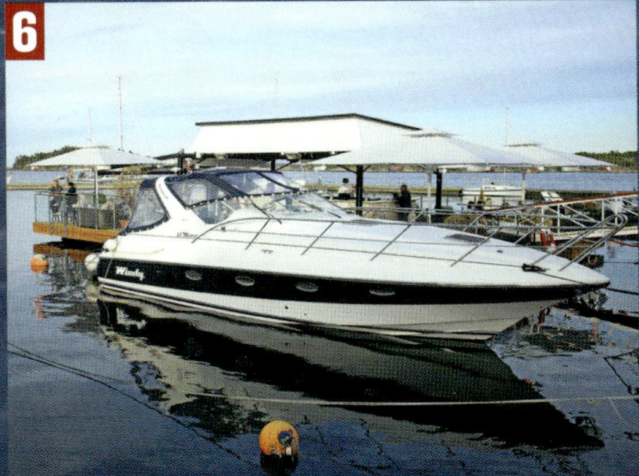

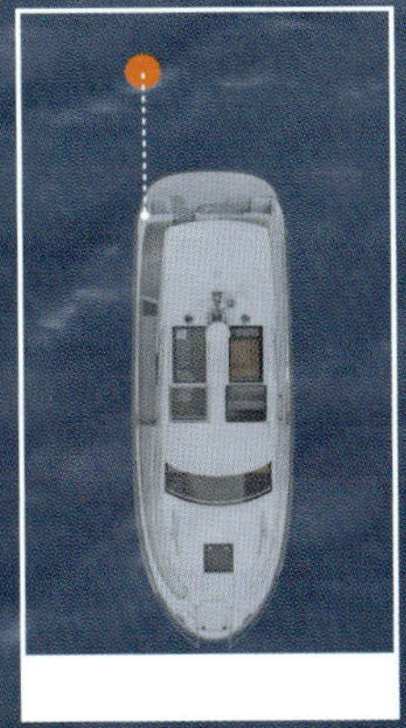

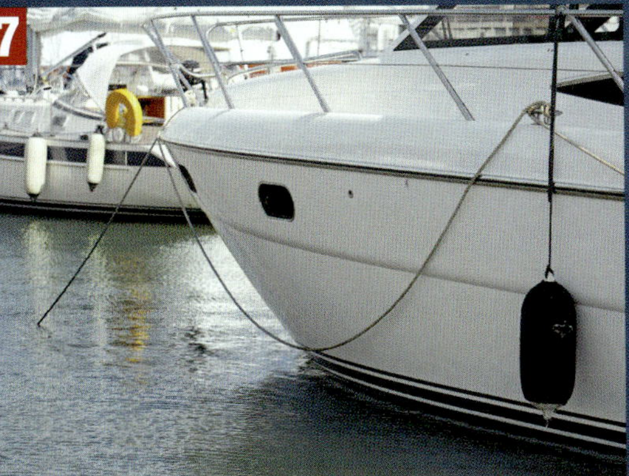

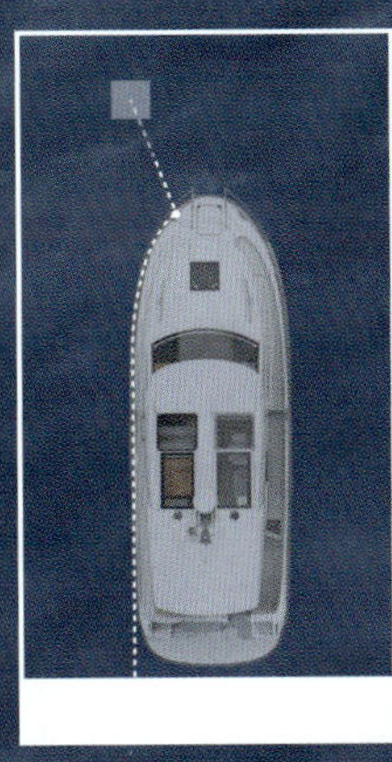

A

Muring

Murings sind die einfachste (und gleichzeitig günstigste) Methode, um möglichst viele Liegeplätze an einem Steg oder einer Kaimauer einzurichten. Auf Fingerstege oder Pfähle wird verzichtet, dafür werden in einer Reihe parallel zum Steg Anker- oder Muringsteine versenkt, die als Befestigungspunkt für die Muringleine dienen. Diese wiederum führt entweder zu einer Muringboje A, an der die Heckleine festgemacht wird, während der Bug am Steg liegt 6, oder sie führt über Grund zur Stegkante. Mit dem Heck am Steg wird die Leine dann neben dem Rumpf nach oben geholt und am Bug dichtgeholt 7. Tipp: Arbeitshandschuhe schützen vor Dreck und Muscheln!

In Skandinavien oft Standard: Um sich an der Muringboje einzuklinken, haben viele Boote eine Leine mit Karabinerhaken 6. Muringleine, auf Vor- und Mittelklampe belegt 7.

Auf dem Steg

Beschläge, an denen die Leinen festgemacht werden können, gibt es in vielen Formen und Größen. Meistens sind sie so dimensioniert, dass die zu den Booten (und Leinen) passen, für die der Steg gedacht ist. Wer an einem Steg für Paddler nur winzige Ringe findet, sollte sich also besser einen anderen Platz suchen. Am häufigsten (und vielseitigsten) sind Klampen 1, auf denen jedoch richtig belegt werden muss, wenn man kein Auge zum Durchstecken und Überlegen in der Leine hat (siehe Seite 10). Ganz ähnlich funktionieren Doppel- und Doppelkreuzpoller 2, die man jedoch in Sportboothäfen nur selten findet. Pfähle 3 kommen dagegen häufig vor. Sind sie kurz, besteht allerdings die Gefahr, dass ein Auge (etwa bei einem Palstek) unter Zug nach oben rutschen kann. Der gelegte Webeleinstek ist dann die bessere Alternative. Einfache Poller aus Eisen 4 sind noch robuster und außerdem am oberen Ende meistens mit einem Kragen versehen, der das Abrutschen einer Leine verhindert. An Ringen 5 und Bügeln 6 kommt der Rundtörn mit zwei halben Schlägen zum Einsatz. An Leitern nicht festmachen: Sie dienen als Rettungswege!

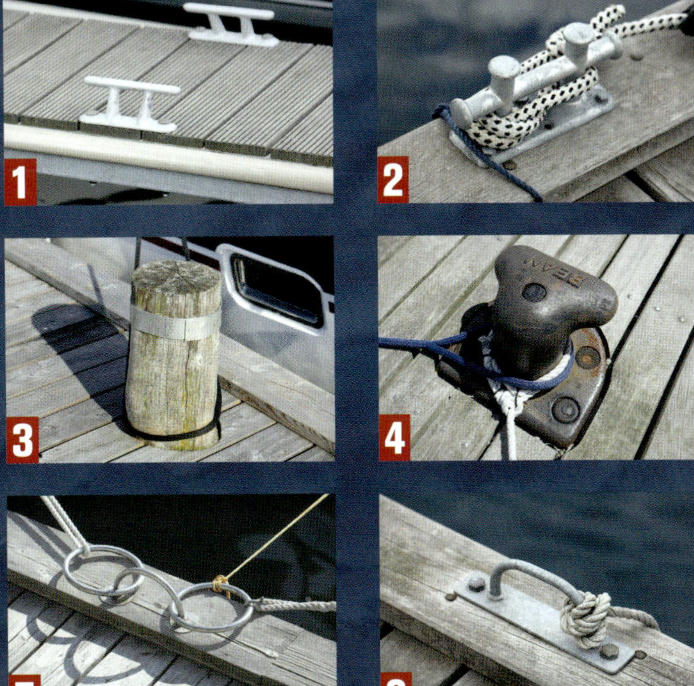

Wind und Wetter

Äußere Einflüsse können bei Hafenmanövern eine große Rolle spielen. Wer auf seinem Wunschliegeplatz landen will, muss deshalb auch immer die Elemente im Auge haben.

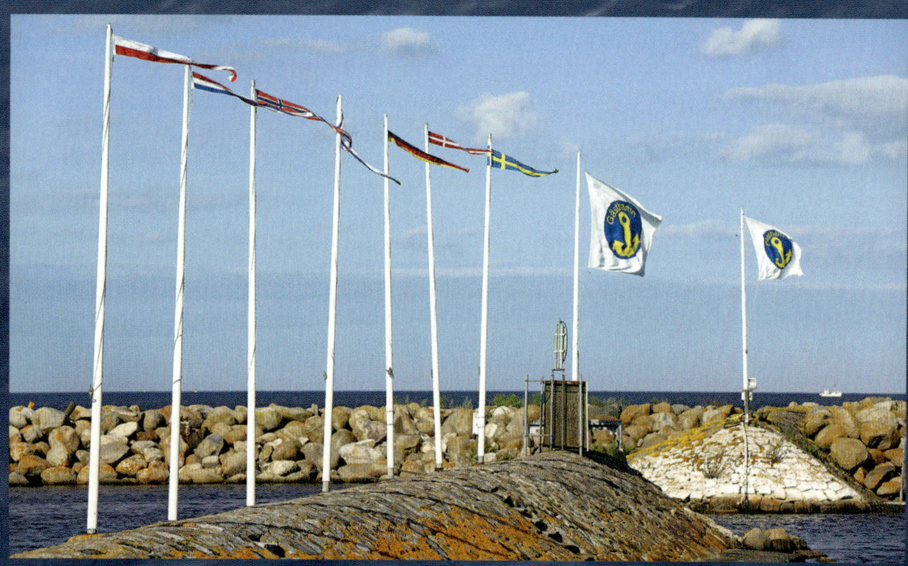

Diese Flaggen und Wimpel an der Hafeneinfahrt von Simrishamn in Schweden sind nicht nur Zier, sondern lassen auch Rückschlüsse auf Windrichtung und -stärke zu.

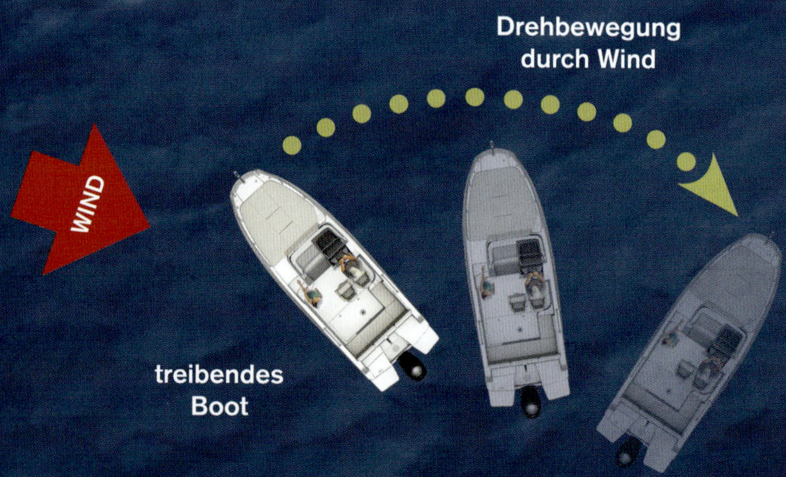

Besonders Gleiter sind windanfällig, da sie ein flaches Unterwasserschiff haben, während Rumpf und Aufbauten dem Wind vergleichsweise viel Angriffsfläche bieten. Verdränger mit tiefem Kiel sind dagegen eher dem Einfluss von Strom ausgesetzt.

Wind

Frischer Wind aus falscher Richtung hat schon so manchen Manöverplan zunichte gemacht. Besonders im Hafen, wo oft ohnehin nicht viel Platz zwischen den Stegen ist, schränkt er den „Spielraum" im wahrsten Sinne noch weiter ein – denn ein ausreichender Sicherheitsabstand nach Lee ist Pflicht, auch wenn es deshalb haarscharf an der Pfahlreihe auf der Luvseite entlanggeht. Außerdem verringert Wind die zur Verfügung stehende Zeit, da er ein langsames oder gar aufgestopptes Boot sehr schnell drehen und vertreiben kann (siehe unten links). Wenn sich ein Boot einmal dreht und nur wenig Platz zur Verfügung steht, sollte man aus der Not eine Tugend machen und sogar soweit nachhelfen, bis es sich um 180 Grad gedreht hat: Denn das schwere Heck lässt sich in Fahrt achteraus besser im Wind halten – besonders mit steuerbaren Antrieben oder zwei Maschinen. So kann man versuchen, das Ziel zumindest über Heck noch zu erreichen oder voraus für einen zweiten Versuch ablaufen. Zumindest überraschen lassen sollte man sich vom Wind nicht: Wer nicht zufällig einen Windmesser an Bord hat, achtet deshalb auf Flaggen, Wimpel, Verklicker oder auf das Wellenbild und kann den Wind sogar nutzen, etwa indem man sich längsseits an den Liegeplatz treiben lässt – wenn man das Bootsverhalten gut kennt. Bei einem Anleger gegen den Wind wird das Boot hingegen von selbst abgebremst.

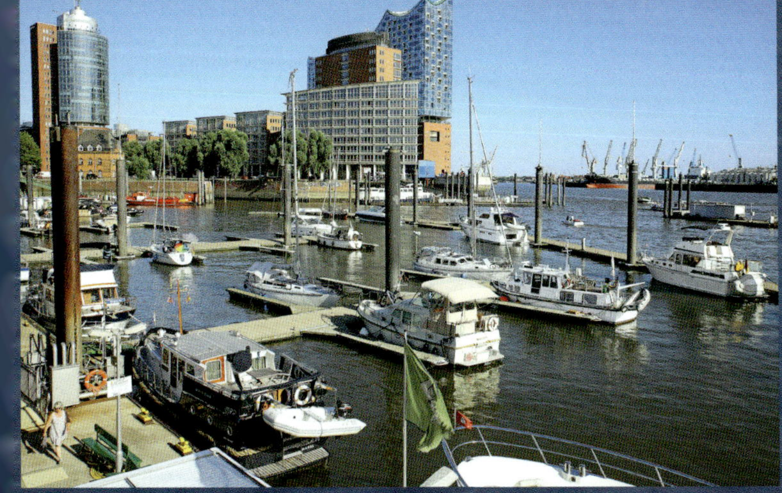

City Sporthafen Hamburg: Wer hier festmachen will, kann Dank der Schwimmstege an den langen Steigpfählen zumindest den Tidenhub außer Acht lassen. Dafür muss auf dem Fluss nicht nur die Strömungsgeschwindigkeit der Elbe bedacht werden, sondern gleichzeitig auch der wechselnde Gezeitenstrom.

Strom

Stromwirkung gibt es binnen und buten; drei Faktoren sind dafür bestimmend: die Fließgeschwindigkeit eines Fluss (die durch den Wasserstand beeinflusst werden kann), der Gezeitenwechsel in Tidenrevieren, wie etwa der Nordseeküste, oder länger anhaltende Winde aus gleicher Richtung, die auch in tidenfreien Revieren größere Wassermassen in Bewegung bringen. Ob das Boot, wie rechts abgebildet, versetzt seitwärts wird, lässt sich mit einer einfachen Deckspeilung voraus feststellen: Wandert eine anvisierte Landmarke zur einen oder anderen Seite aus, obwohl der Kurs nicht geändert wird, ist Strom am Werk. Besonders gut wird er auch an Tonnen, Pfählen und Stegbeinen sichtbar, wenn sie „Bugwelle" und „Kielwasser" aufweisen, oder wenn Leinen dauerhaft in eine Zugrichtung gespannt sind.

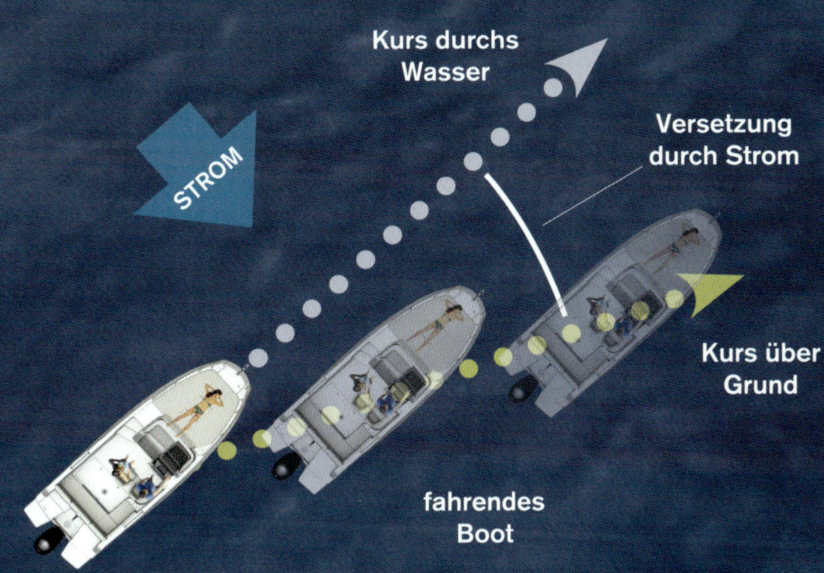

Dunkelheit

Ob geplant oder ungeplant: Wer bei Dunkelheit in einen Hafen einläuft, muss besonders aufmerksam sein – selbst wenn er den Ort gut kennt. Nachts sind Sehkraft und räumliches Wahrnehmungsvermögen erheblich eingeschränkt, und das wirkt sich negativ auf die Reaktionszeit aus. Deswegen ist es doppelt wichtig, dass man sich vorab genaue Informationen über die Aufteilung des Hafen und natürlich Art und Ort der möglichen Liegeplätze besorgt. Gut ist ein Arbeitslicht für das Vorschiff, das die Crew allerdings nicht blenden darf. Auch am Fahrstand darf nur das nötigste Licht brennen. Rotlicht schränkt die Nachtsichtfähigkeit übrigens am wenigsten ein. Eine Person sollte zudem mit einem Handscheinwerfer nach Hindernissen suchen und für den Skipper anleuchten – etwa kleine unbefeuerte Tonnen, gespannte Leinen, tiefliegende Stegecken oder Pfähle.

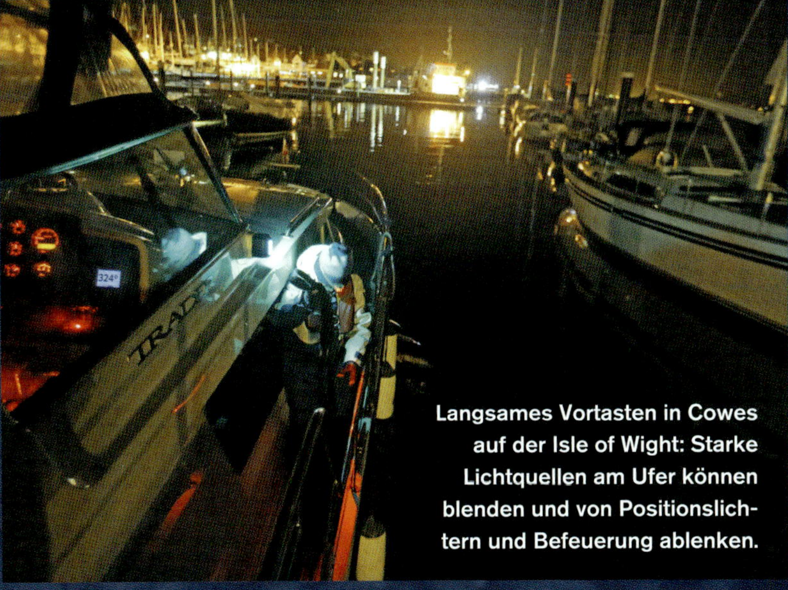

Langsames Vortasten in Cowes auf der Isle of Wight: Starke Lichtquellen am Ufer können blenden und von Positionslichtern und Befeuerung ablenken.

Spezialeffekte

Damit das Hafenmanöver gelingt, muss man das Fahrverhalten des eigenen Bootes richtig einschätzen können. Wie wirken sich Radeffekt und Drehpunkt aus?

Radeffekt

Jeder Bootspropeller hat eine bestimmte Drehrichtung; er ist entweder – wie in diesem Beispiel – rechtsgängig und dreht in Vorausfahrt im Uhrzeigersinn, oder linksgängig. Dann dreht er gegen den Uhrzeigersinn. Gleichzeitig sorgt diese Drehrichtung aber nicht nur für Vortrieb, sondern auch dafür, dass das Heck in die gleiche Richtung versetzt wird. Man kann sich den Propeller dabei wie ein Rad vorstellen, das über den Boden läuft. Deshalb wird diese „Nebenwirkung" auch Radeffekt genannt. In Vorausfahrt spielt er keine große Rolle, dafür sorgen Rumpfform, Gewichtsverteilung und Ruderblatt. Geht es dagegen über Heck achteraus ist seine Wirkung umso größer. Häufig macht er gerade Rückwärtsfahrt oder das Steuern in die dem Radeffekt entgegengesetzte Richtung unmöglich – ein Umstand, der viele Hafenmanöver erschwert und einige Optionen von vornherein ausschließt. Entsprechend wichtig ist es deshalb bei Booten mit nur einer Welle, die Drehrichtung des Propellers zu kennen und einzukalkulieren.

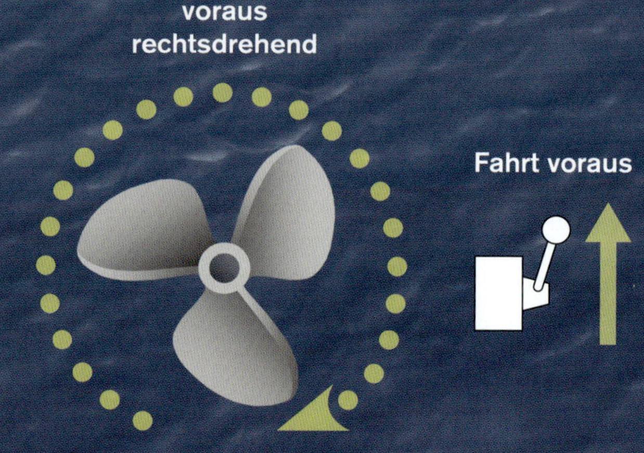

Der Radeffekt bei einem rechtsdrehenden Propeller: In Fahrt voraus dreht sich der Propeller im Uhrzeigersinn (oben), in Fahrt achteraus dreht er sich in die andere Richtung. Obwohl das Ruder mittschiffs liegt, wird das Heck dabei nach links versetzt (unten).

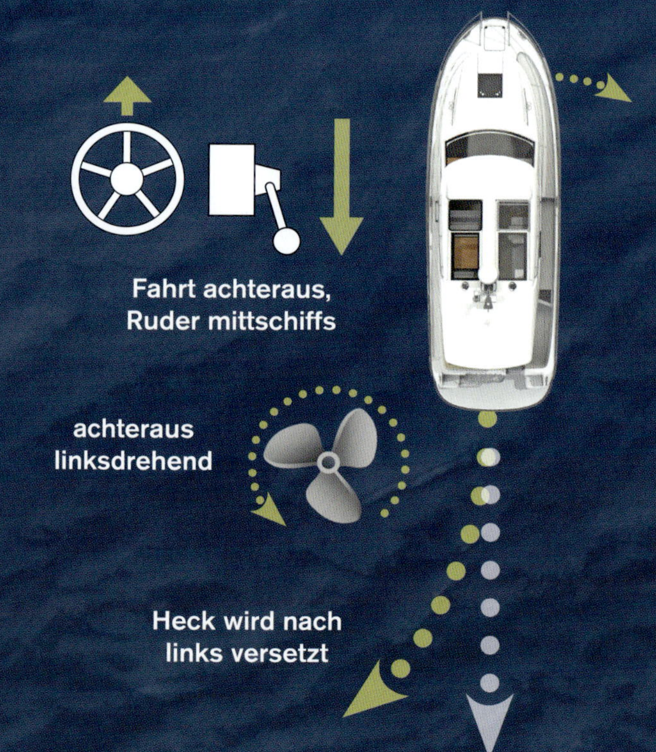

Gegenläufige Propeller

Verfügt ein Boot über zwei Propeller, sind sie meistens gegenläufig; das heißt, der eine dreht rechts- und der andere linksherum **1**. Die entgegengesetzte Bewegung hebt den Radeffekt auf. Das betrifft übrigens nicht nur Boote mit zwei Motoren, sondern auch Z-Antriebe mit zwei Propellern hintereinander **2**.

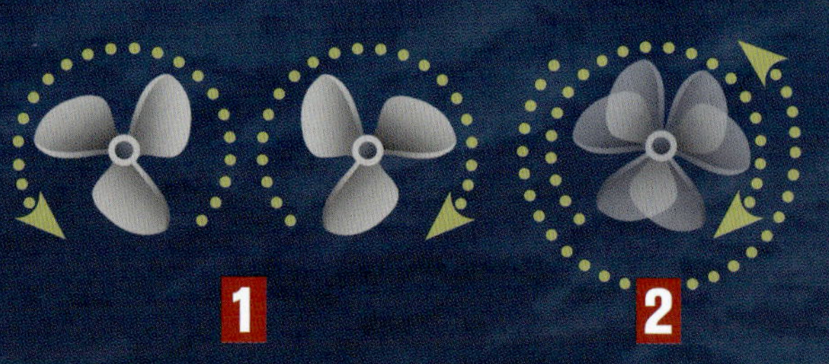

Drehpunkt

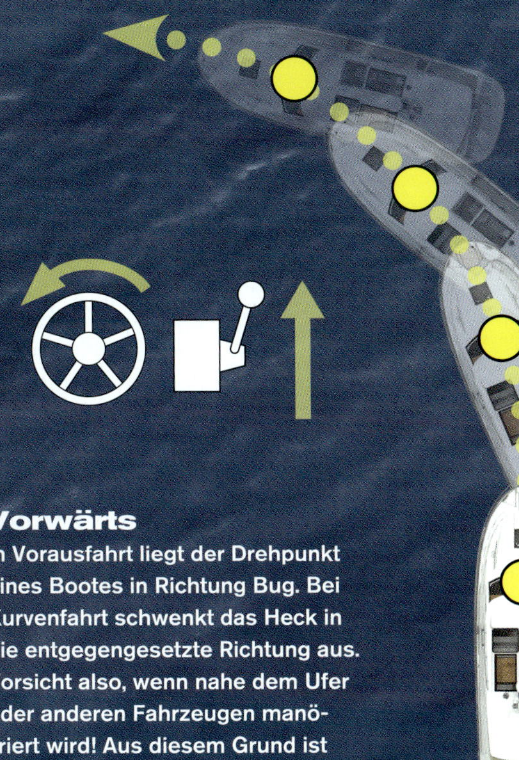

Vorwärts

In Vorausfahrt liegt der Drehpunkt eines Bootes in Richtung Bug. Bei Kurvenfahrt schwenkt das Heck in die entgegengesetzte Richtung aus. Vorsicht also, wenn nahe dem Ufer oder anderen Fahrzeugen manövriert wird! Aus diesem Grund ist auch das Ablegen vom längsseitigen Liegeplatz in Vorausfahrt meist ausgeschlossen.

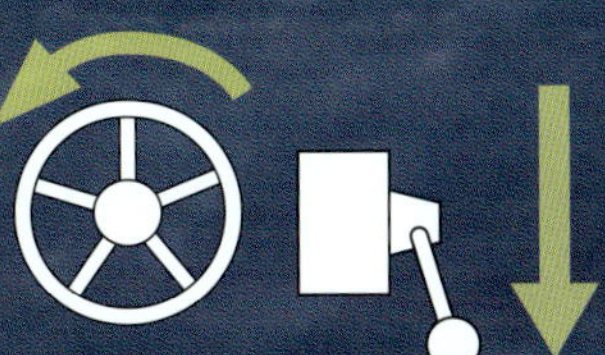

Rückwärts

In Achterausfahrt kehrt sich dieser Effekt entsprechend um. Der Drehpunkt wandert dann weit in Richtung Heck, ungefähr in den Bereich des Propellers. Nun ist es der Bug, der entgegen der Drehrichtung ausschwenkt und beim Manövrieren auf engem Raum entsprechend beachtet werden muss.

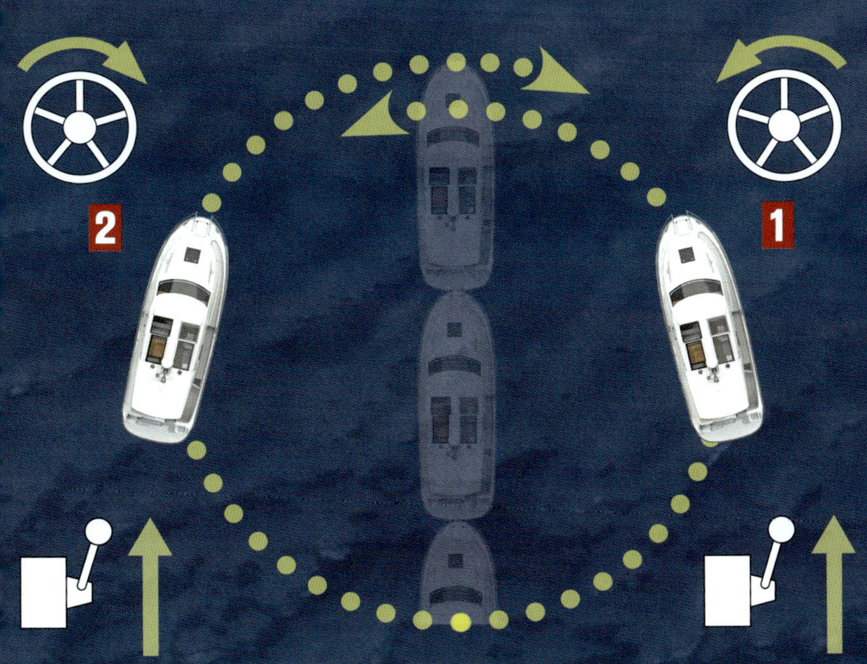

Vollkreis

Wenn auf engem Raum zügig gewendet werden muss, geht das mit vollem Rudereinschlag am schnellsten. Doch muss man dafür wissen, wie viel Platz das eigene Boot für einen Vollkreis – also eine Drehung um 360 Grad benötigt. Am besten probiert man das bei ruhigen Verhältnissen und viel Platz in verschiedenen Fahrtstufen aus. Das Kielwasser zeigt den Durchmesser des Kreises an. In der Regel wird er je nach Rumpf und Antrieb zwei bis drei Bootslängen betragen. Bei einfacher Wellenanlage kommt zudem der Radeffekt zum Tragen: bei rechtsdrehendem Propeller wird das Heck in Vorausfahrt leicht zusätzlich nach rechts versetzt und der Wendekreis fällt bei einer Drehung über Backbord etwas kleiner aus 1, als über Steuerbord 2.

Für alle Fälle

Es gibt Situationen, in denen man auf Unterstützung angewiesen ist – sei es durch fremde Hilfe oder durch das eigene Bug- und Heckstrahlruder.

Schlepphilfe

Wenn die Maschine ausfällt, bleibt oft nur das Abschleppen an langer Leine. Sobald der Verband jedoch in Hafennähe kommt, wird die Formation geändert: Denn längsseits im Päckchen lässt sich der Havarist wesentlich leichter an einen Liegeplatz manövrieren. Der Schlepper kommt dafür beim anderen Boot möglichst weit auf jener Seite achtern längsseits, in die sein Propeller in Vorausfahrt dreht, da der Radeffekt dann zusätzlich stabilisiert. Zu Vor- und Achterleine werden zwei Springs gelegt, die die Kräfte voraus und achteraus beim Aufstoppen übertragen 1. Ist kein anderes Boot in Sichtweite und man selbst noch in Hafennähe, kann – bei ruhigen Bedingungen – im Notfall selbst der kleine Außenborder des Beibootes zur großen Hilfe werden. Sogar größere Kajütboote und Motoryachten können so über kurze Strecken bewegt werden. Dazu wird das Dingi ebenfalls weit achtern längsseits festgemacht, und zwar mit Vor- und Achterleine und einer Vorspring, die die Antriebskraft des kleinen Helfers überträgt. Mit dem Außenborder wird jedoch nur Schub gegeben, gesteuert wird nach wie vor mit dem größeren Boot 2. Das funktioniert aber nur, wenn auch ein Ruderblatt vorhanden ist, da die Steuerwirkung eines Z-Antriebes ohne Schub minimal ist. Für das Manövrieren können – wenn vorhanden – aber auch Bug- und Heckstrahlruder benutzt werden (siehe rechts). Rechtzeitig vor dem Anlegen müssen überall Leinen bereitgelegt werden, die schnell an Land gegeben werden können, um das Boot aufzustoppen – denn bremsen lässt sich mit dem Dingi, wenn überhaupt, nur auf sehr langer Strecke. Im Hafen kann der Geschleppte leichter an der Leine manövriert werden 3: Das Dingi nimmt die Schleppleine vom Vorschiff des großen Bootes an seine vordere Zugöse und zieht über Heck, da es sich so besser steuern lässt.

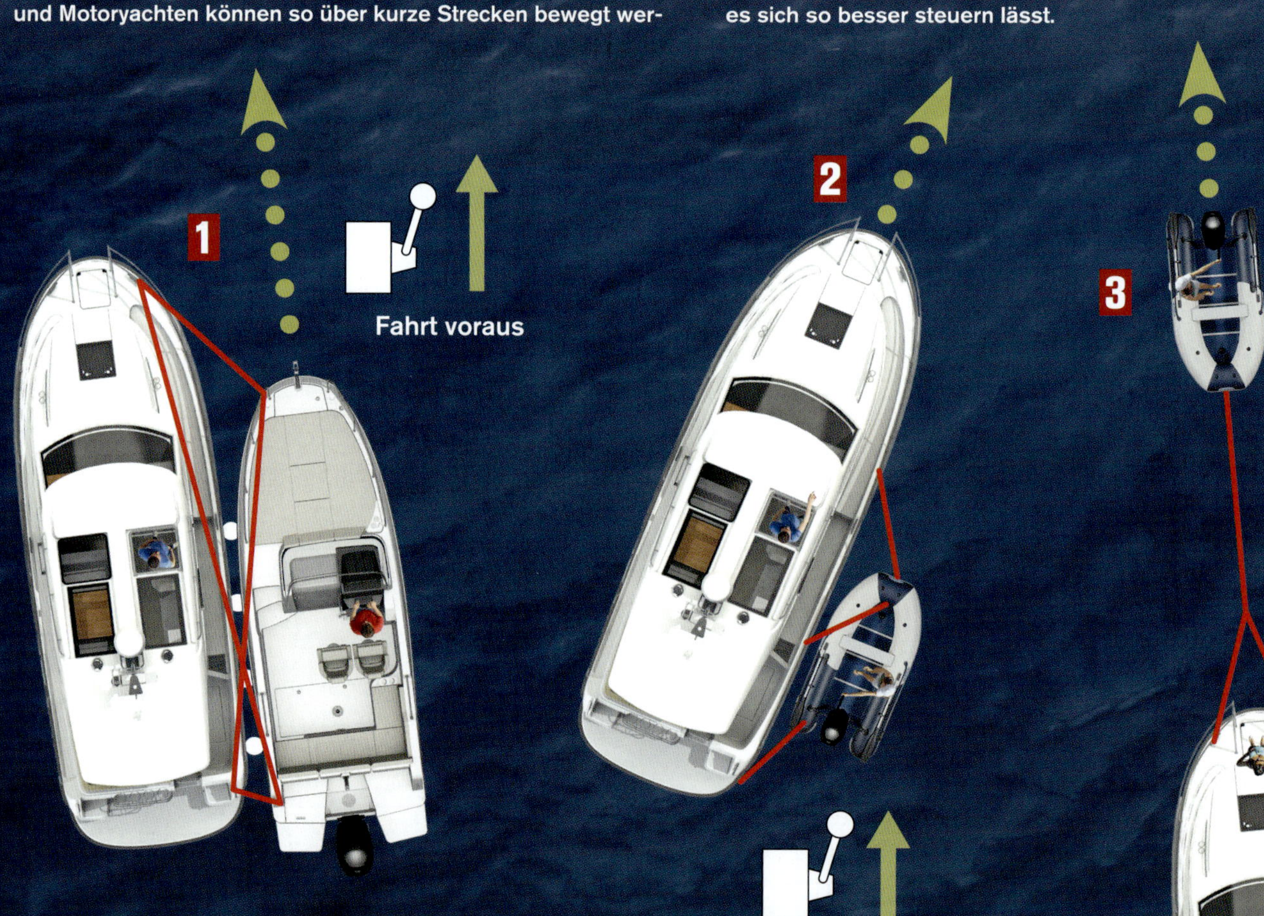

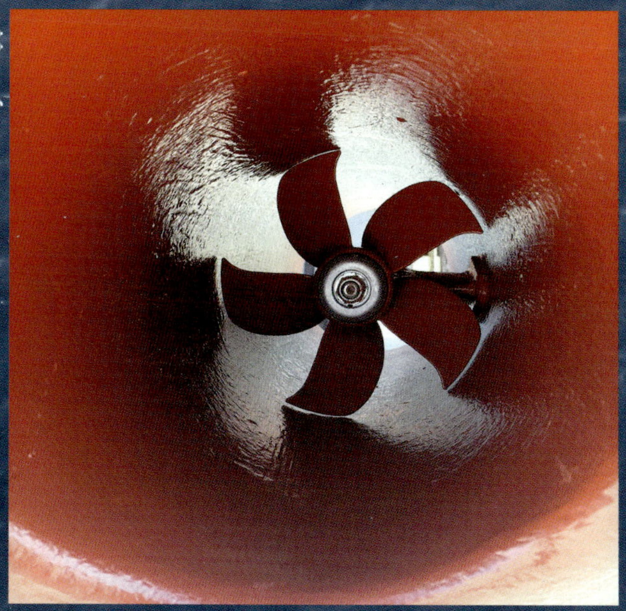

Der möglichst geringe Durchmesser des Tunnels erzeugt einen Düseneffekt und erhöht die Wirkung des Propellers.

Querstrahlruder

Heutzutage sind Bugstrahlruder selbst bei Kajütbooten unter zehn Metern Länge keine Seltenheit mehr. Besonders größere Verdränger mit einfacher Wellenanlage sind zusätzlich sogar mit einem Heckstrahlruder ausgestattet. Das gilt ganz besonders für Charterboote, deren Skipper die Fahreigenschaften des unbekannten Bootes erst kennenlernen müssen und jede Unterstützung gebrauchen können. Querstrahler gleichen nämlich nicht nur das Handicap des Radeffektes aus, sie helfen auch in einer Vielzahl weiterer Manöversituationen. Natürlich ist es wichtig, alle Manöver soweit zu beherrschen, dass es auch ohne „Hilfsquirl" geht, gleichzeitig spricht jedoch nichts gegen die Benutzung von Bug- oder Heckschraube, wenn es das Manöver einfacher, schneller und sicherer macht – selbst wenn einige echte (oder gefühlte) Salzbuckel im Hafen die Nase rümpfen. Schließlich käme auch kein Frachtschiffkapitän auf die Idee, auf seine Strahler zu verzichten, nur um seine Seemannschaft unter Beweis zu stellen. Wichtig ist jedoch, den Punkt zu erkennen, wenn Wind und Strom so stark sind, dass die kleinen Propeller in ihren Tunneln nicht mehr gegenhalten können. Dann muss es klassisch gehen! Außerdem sind sie nicht für Dauerbetrieb konstruiert und dürfen nur in kurzen Schüben benutzt und nicht überlastet werden, da sie sonst abschalten oder ganz ausfallen können.

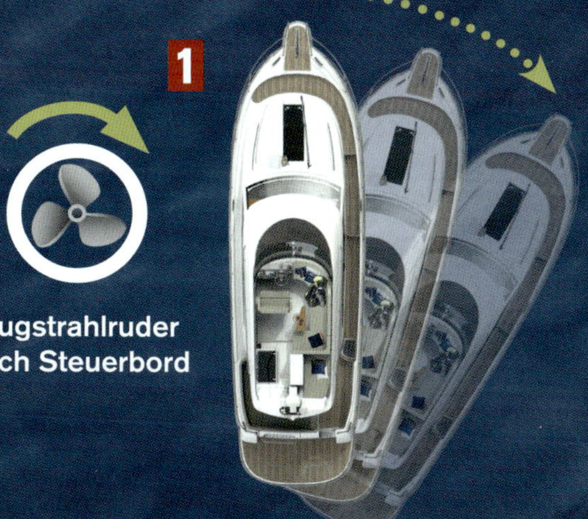

Bugstrahlruder nach Steuerbord

Heckstrahlruder nach Steuerbord

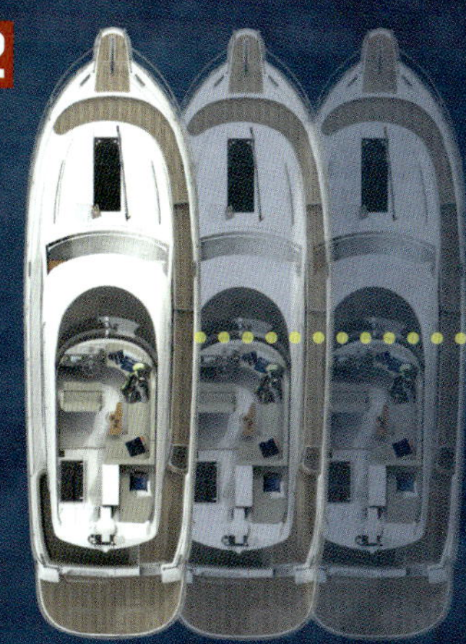

Bugstrahlruder nach Steuerbord

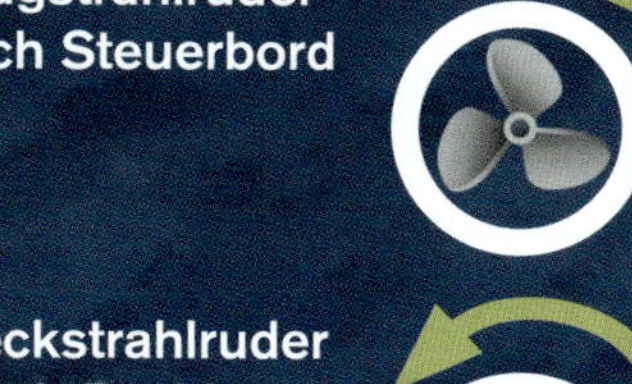

Heckstrahlruder nach Backbord

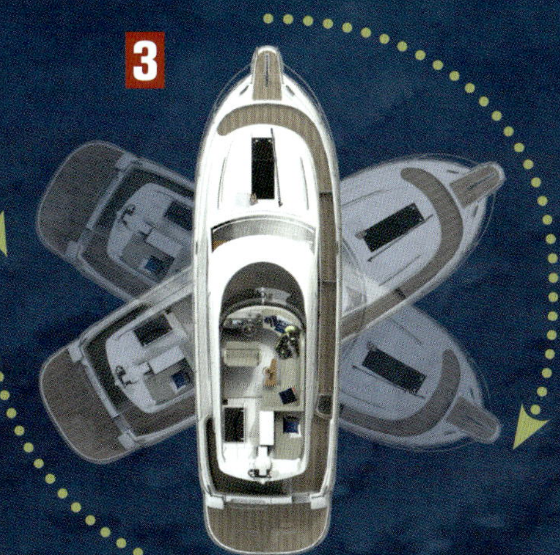

Mit dem Bugstrahlruder lassen sich Wind und Strom leichter ausgleichen und eine ungewünschte Drehung des Bootes verhindern. Beim Anlegen kann der Bug soweit an den Steg gebracht werden, dass eine Leine übergeben werden kann 1. Werden Bug- und Heckstrahler in die gleiche Richtung eingesetzt, kann man auch seitwärts in sehr kleinen Lücken längsseits gehen 2. Mit kurzen Schüben gegeneinander drehen Bug- und Heckstrahlruder das Boot so gut wie auf der Stelle 3.

Längsseits anlegen

Ein längsseitiger Liegeplatz hat vor allem den Vorteil, dass man sich nicht erst umständlich in eine Box zwängen muss (siehe Seite 16). Schnell hat man angelegt und ist – wenn man möchte – schnell wieder weg. Also perfekt für einen kurzen Stopp, um jemanden an Bord zu nehmen, zum Einkaufen, Essen oder Bunkern. Aber natürlich kann man es längsseits auch länger aushalten. Wie das Anlegemanöver an einem solchen Platz abläuft, wird auf den folgenden Seiten geschildert – und das hängt nicht nur von den äußeren Faktoren ab, sondern auch vom Boot und der Art seines Antriebes. Wichtig: Ist man mit dem Boot noch nicht voll vertraut, sollte die Länge des Liegeplatzes mindestens der doppelten Bootslänge entsprechen.

Mit Wellenantrieb

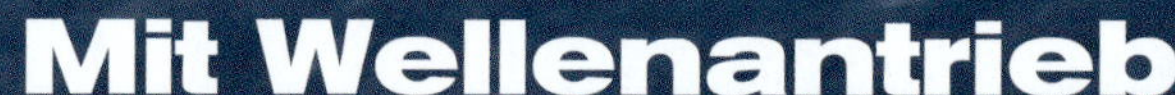

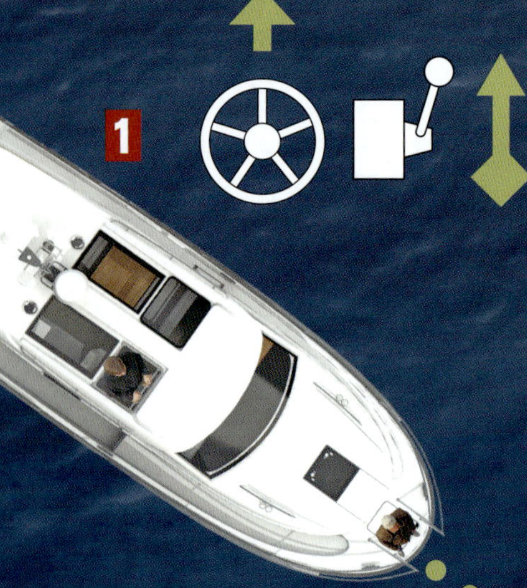

1 Die Fender sind ausgebracht, Vor- und Achterleinen vorbereitet, dazu eine Querleine mittschiffs. Langsam in einem Winkel von etwa 45 Grad auf das hintere Drittel der Lücke zuhalten. Mit dem Ruder mittschiffs abwechselnd voraus ein- und auskuppeln, um das Boot manövrierbar zu halten. Ist der Steg vom Fahrstand aus nicht mehr einsehbar, muss sich der Skipper die Entfernung in Metern anzeigen oder zurufen lassen (siehe Seite 7).

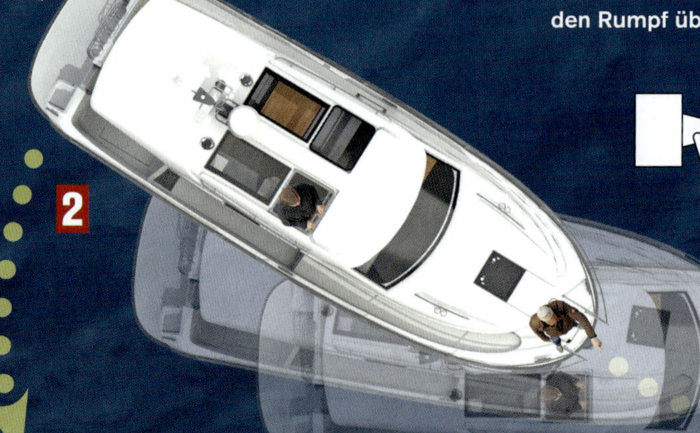

2 Bei einer Entfernung von ein bis zwei Metern zum Steg das Ruder vom Land weg legen (in diesem Fall also voll nach Backbord eingeschlagen) und kurz voraus eingekuppeln. Durch den Drehpunkt weit achtern wird das Heck in Richtung Steuerbord zum Steg gedreht.

3 Sobald der Rumpf parallel zum Steg ausgerichtet ist, mit einem kurzen Schub achteraus aufstoppen. Besonders bei kleiner Crew (und fehlender Hilfe auf dem Steg) kann es hilfreich sein, das Boot zuerst mit einer kurzen Querleine zu sichern, da es so am schnellsten „eingefangen" und am Steg gehalten werden kann. Als nächstes die luvseitige Vorleine belegen, um zu verhindern, dass das Boot nach achtern abtreibt. Danach die Achterleine festmachen, gefolgt von Vor- und Achterspring. Die Maschine erst ausschalten, wenn alle Leinen fest sind. Die Querleine hat nun ihren Zweck erfüllt und wird wieder entfernt; bei Schwell könnte sie unangenehme Ruckbewegungen auf den Rumpf übertragen.

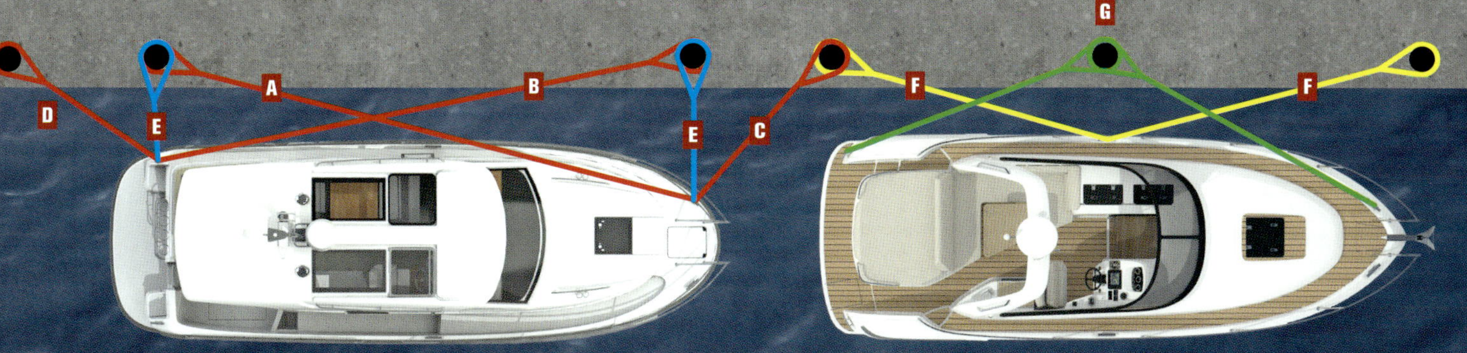

Leinen an der Pier

Wie bereits erwähnt, sind längsseitige Liegeplätze in den meisten Sportboothäfen eher die Ausnahme. Anders sieht das in Hafenbecken aus, die auch von der Berufsschifffahrt genutzt werden können, oder an öffentlichen Liegestellen. Dort geht man entweder an der Pier aus Stein beziehungsweise Beton längsseits oder an der Spundwand. Auch an Servicestegen, an Wartestellen und in Schleusen wird auf diese Weise festgemacht. Dabei sind Vorspring **A** und Achterspring **B** die wichtigsten Leinen. Sie nehmen die in Längsrichtung wirkenden Kräfte auf und halten das Boot am Liegeplatz. Vorleine **C** und Achterleine **D** dienen dagegen nur als Entlastung für die Springs und dämpfen die Drehbewegungen. Bei viel Wind oder Schwell kann der Drehimpuls des Bootes zudem durch Brustleinen **E** unterbunden werden. Ohne Springs würde das Boot bei ablandigem Wind ein Stück vor der Pier wegtreiben. Wenn der Abstand der Poller ungünstig ist, können diese auch als Mittelsprings **F** gelegt werden oder zu einem Poller mittschiffs laufen **G**.

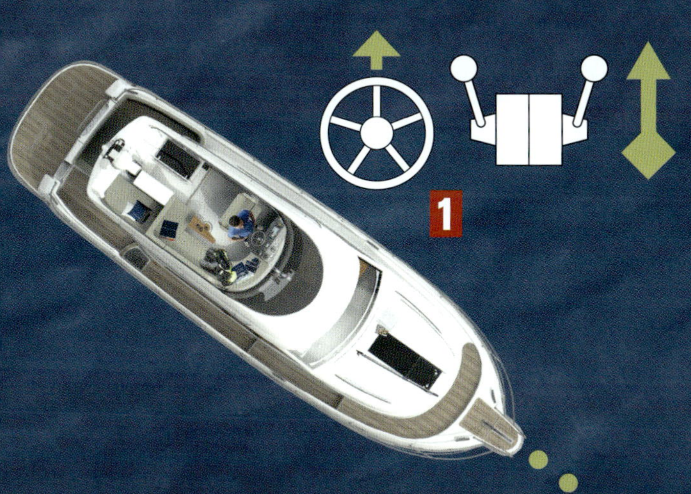

Mit doppeltem Wellenantrieb

2 Wenn die Leine dichtgeholt und belegt ist, die außenliegende Maschine (hier Backbord) kurz achteraus eingekuppeln. Das Heck wird nun um den Drehpunkt der Vorleine herum an den Steg gezogen. Liegt das Boot parallel, folgen auch hier Achterleine und Springs.

1 In einem Winkel von 35 bis 45 Grad und mit dem Ruder mittschiffs das vordere Drittel des gewünschten Liegeplatzes langsam in gerader Linie ansteuern. Im Idealfall hält man dabei bereits auf den Poller oder die Klampe für die Vorleine zu. Um die Geschwindigkeit gering zu halten, beide Maschinen abwechselnd voraus ein- und auskuppeln. Der Bug sollte so dicht an den Anleger heran bewegt werden, dass die Person auf dem Vorschiff die Vorleine nun entweder selbst über den Poller werfen oder an Land geben kann.

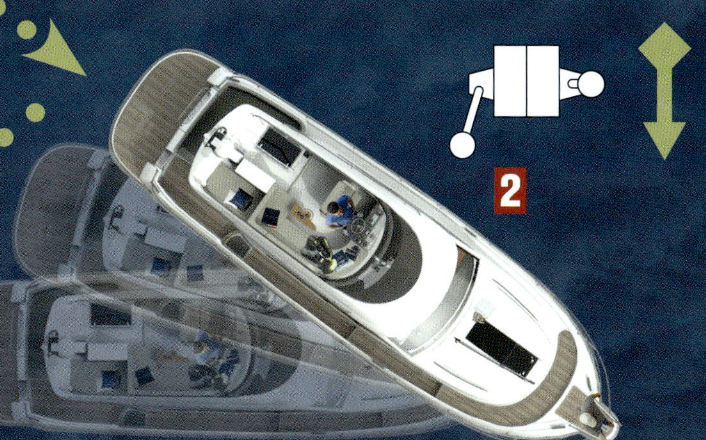

Mit Z-Antrieb und Außenborder

Z-Antrieb und Außenbordmotor haben den Vorteil, dass sie steuerbar sind und die Schubwirkung des Propellers direkt in die gewünschte Richtung leiten. Das Boot reagiert schnell und exakt auf Lenkbewegungen. Bedenken muss man dabei jedoch, dass hier kein zusätzliches Ruderblatt mehr vorhanden ist. In Geradeausfahrt sorgen allein der Kiel und die Finne am Antrieb für die nötige Kursstabilität. Das bedeutet aber auch, dass die Lenkwirkung schlagartig aussetzt, sobald der Motor ausgekuppelt wird. Je nach Bootsgröße und Rumpfform kann zwar ein leichter Rudereffekt allein durch das Unterwasserteil bewirkt werden, zum verlässlichen Manövrieren reicht er aber in keinem Fall aus. Für das Längsseitsgehen bieten sich zwei Varianten an.

3 Mit einem kurzen Schub achteraus wird das Boot nun zum Stehen gebracht; es sollte jetzt nur noch soweit vom Steg entfernt sein, dass ein Mitglied der Crew mit den Leinen übersteigen kann. Auch hier kann zunächst eine Querleine eingesetzt werden.

2 Wenn der Steg noch etwa eine Bootslänge entfernt ist, wird ausgekuppelt. Wer möchte, kann auch kurz aufstoppen. Danach wird aber in jedem Fall das Steuer vom Land weg eingeschlagen und wieder kurz voraus eingekuppelt. Da sich das Boot um seinen Drehpunkt im vorderen Teil bewegt, wird sich das Heck jetzt in Richtung Steg bewegen und das Boot parallel kommen.

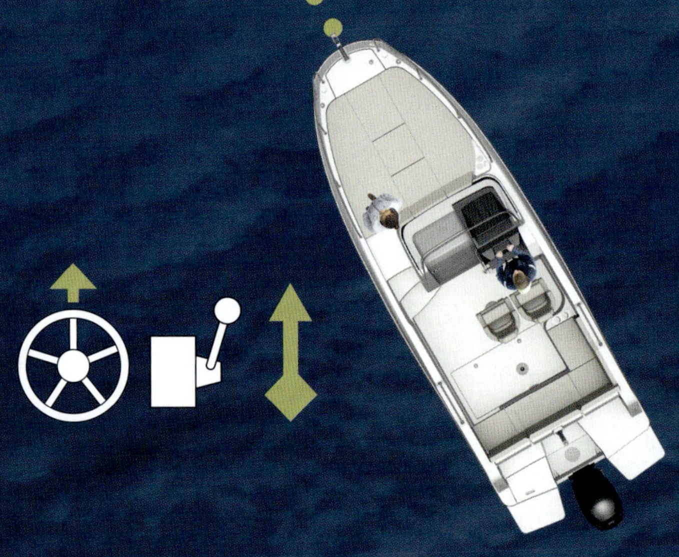

1 Wenn Fender und Leinen an der gewünschten Seite vorbereitet sind, erfolgt der Anlauf auf den Liegeplatz gegen Wind und Strom aus einer Distanz von etwa vier Bootslängen in einem Winkel von 30 bis 40 Grad. Dabei wird über den Bug die Mitte der Lücke angepeilt. Langsam und kontrolliert geht es vorwärts; damit die Geschwindigkeit nicht zu hoch wird, muss immer wieder aus- und eingekuppelt werden.

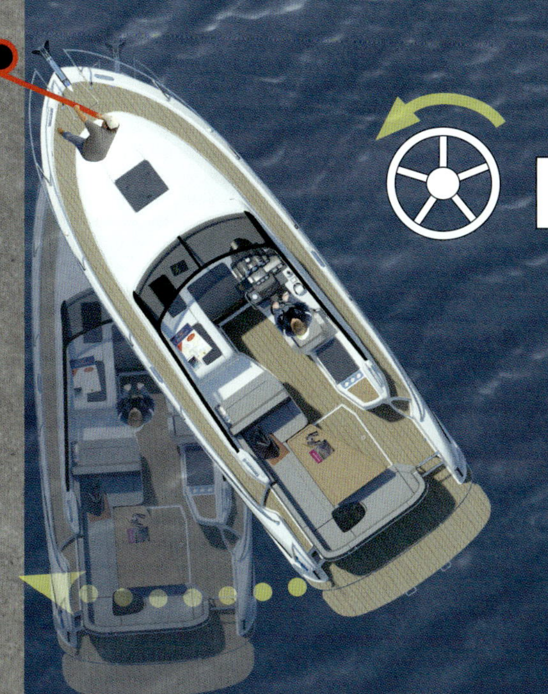

An die Pier ziehen

Auch hier erfolgt die Ansteuerung auf den Liegeplatz wie beschrieben: Am besten auf den Poller zuhalten, der für die Vorleine vorgesehen ist. In langsamer Fahrt so dicht wie möglich an Steg und Poller heranfahren, die genaue Entfernung vom Vorschiff anzeigen lassen, wenn die Sicht vom Fahrstand aus eingeschränkt ist. Sobald der Bug nah genug am Poller ist, kann eine Leine darüber geworfen (oder an Land gegeben) und belegt werden. Die Bugpartie muss gut abgefendert sein! Jetzt das Steuer in Richtung Land einschlagen und kurz achteraus einkuppeln. Bei straffer Vorleine wird das Boot nun mit dem Heck an den Steg gezogen und parallel kommen. Die restlichen Leinen festmachen.

Mit zwei Maschinen

So funktionieren beide Varianten noch komfortabler, egal ob mit Z-Antrieb oder Außenborder.

Variante **A** entspricht dem Manöver auf der gegenüberliegenden Seite: Am Ende von Schritt 2 wird ebenfalls das Steuer vom Land weg eingeschlagen, dann aber nur mit der innen (zum Steg hin) liegenden Maschine voraus eingekuppelt. Durch den so ebenfalls nach innen verlagerten Drehpunkt, kommt das Heck schneller herum als bei einem einzelnen Antrieb und nimmt weniger Fahrt voraus auf. Mit einer Leine übersteigen, sobald das Boot parallel ist. Variante **B** entspricht dagegen dem Manöver oben auf dieser Seite, wobei das Boot aber nur mit der außen liegenden Maschine an den Steg gezogen wird.

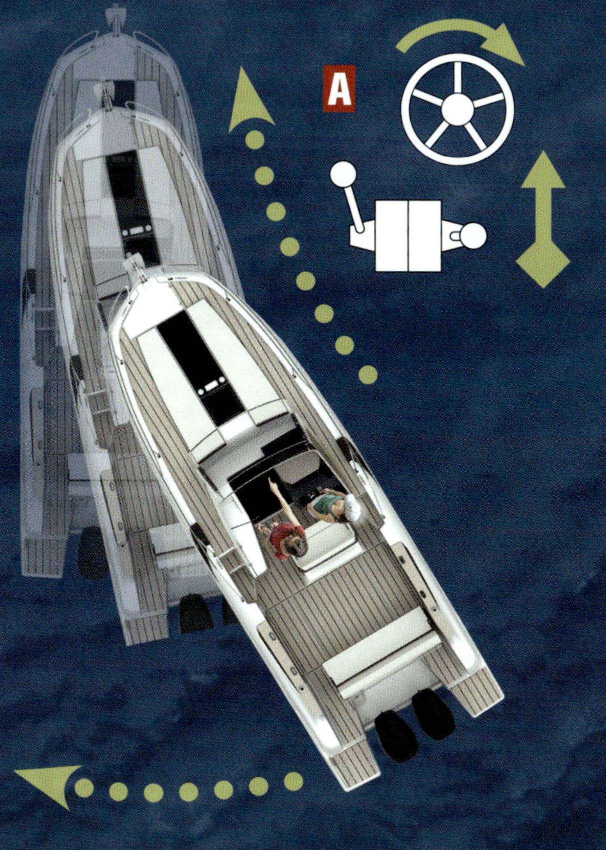

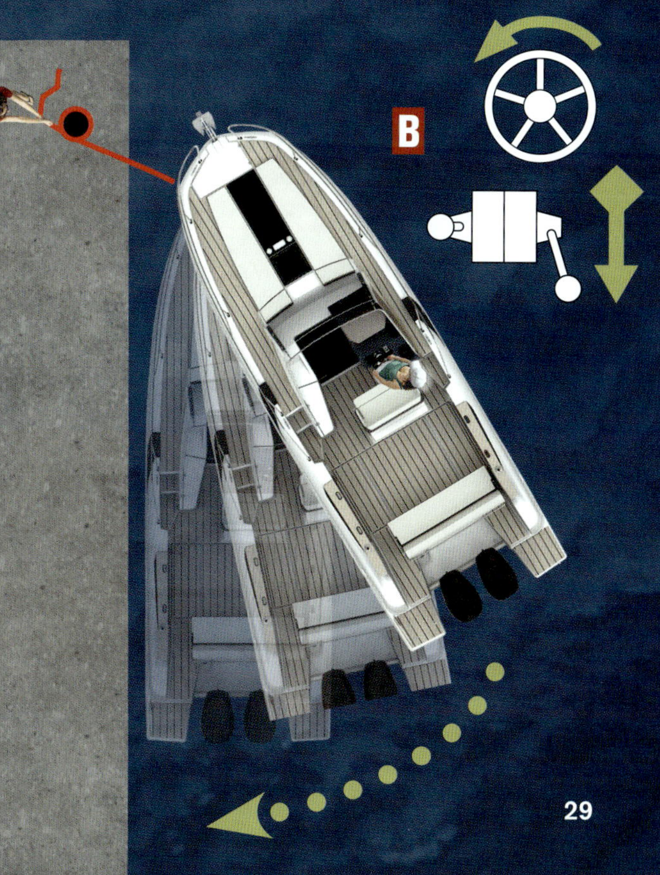

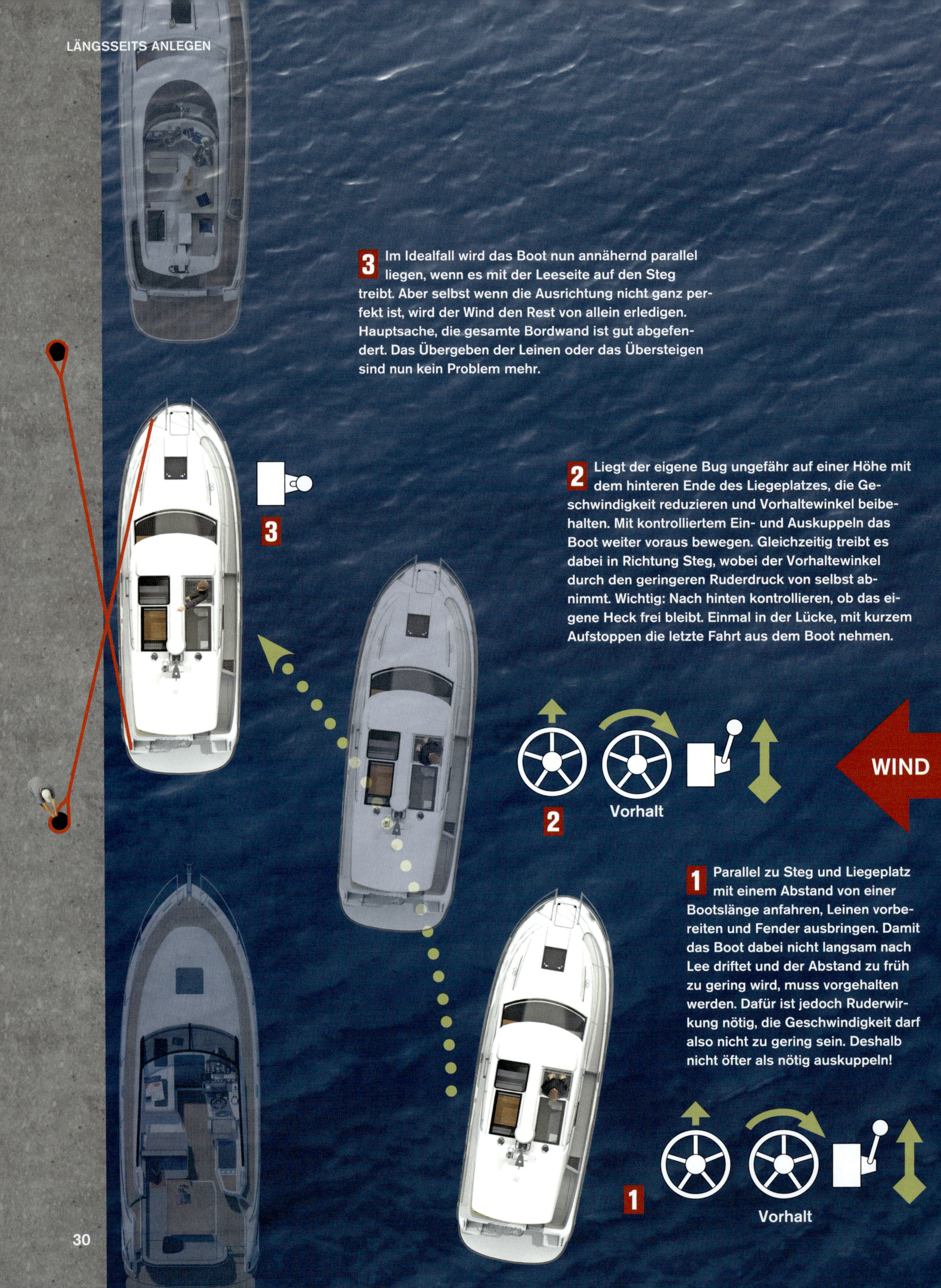

3 Im Idealfall wird das Boot nun annähernd parallel liegen, wenn es mit der Leeseite auf den Steg treibt. Aber selbst wenn die Ausrichtung nicht ganz perfekt ist, wird der Wind den Rest von allein erledigen. Hauptsache, die gesamte Bordwand ist gut abgefendert. Das Übergeben der Leinen oder das Übersteigen sind nun kein Problem mehr.

2 Liegt der eigene Bug ungefähr auf einer Höhe mit dem hinteren Ende des Liegeplatzes, die Geschwindigkeit reduzieren und Vorhaltewinkel beibehalten. Mit kontrolliertem Ein- und Auskuppeln das Boot weiter voraus bewegen. Gleichzeitig treibt es dabei in Richtung Steg, wobei der Vorhaltewinkel durch den geringeren Ruderdruck von selbst abnimmt. Wichtig: Nach hinten kontrollieren, ob das eigene Heck frei bleibt. Einmal in der Lücke, mit kurzem Aufstoppen die letzte Fahrt aus dem Boot nehmen.

1 Parallel zu Steg und Liegeplatz mit einem Abstand von einer Bootslänge anfahren, Leinen vorbereiten und Fender ausbringen. Damit das Boot dabei nicht langsam nach Lee driftet und der Abstand zu früh zu gering wird, muss vorgehalten werden. Dafür ist jedoch Ruderwirkung nötig, die Geschwindigkeit darf also nicht zu gering sein. Deshalb nicht öfter als nötig auskuppeln!

Auflandiger Wind: mit Wellenantrieb

Weht der Wind beim längsseitigen Anlegen aus mehr oder weniger rechtem Winkel auf den Steg, kann man diesen Umstand nutzen – vorausgesetzt, dass er nicht zu stark und die angepeilte Lücke auch wirklich groß genug ist. Die Herausforderung ist, das Boot parallel zum Steg zu halten, denn der vergleichsweise leichte Bug ist windanfällig und treibt schnell nach Lee. Das Ruhighalten gelingt mit dem entsprechenden Vorhalt, also wenn der Bug leicht in den Wind gedreht wird, oder bis zu einem gewissen Grad auch mit dem Bugstrahlruder. In jedem Fall erfordert das Manöver ein wenig Fingerspitzengefühl. Links ist die Variante mit einfacher Wellenanlage dargestellt, rechts mit doppelter.

2 Es genügt, erst genau auf Höhe des Liegeplatzes aufzustoppen und dann langsam auf den Steg zu treiben. Wenn der Bug nach Lee drehen will, die Bewegung mit den Maschinen ausgleichen. Dazu die äußere Maschine kurz achteraus einkuppeln. Auch hier ist der Kontrollblick achteraus sehr wichtig.

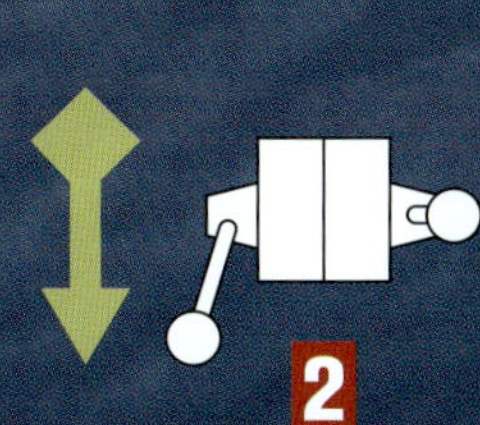

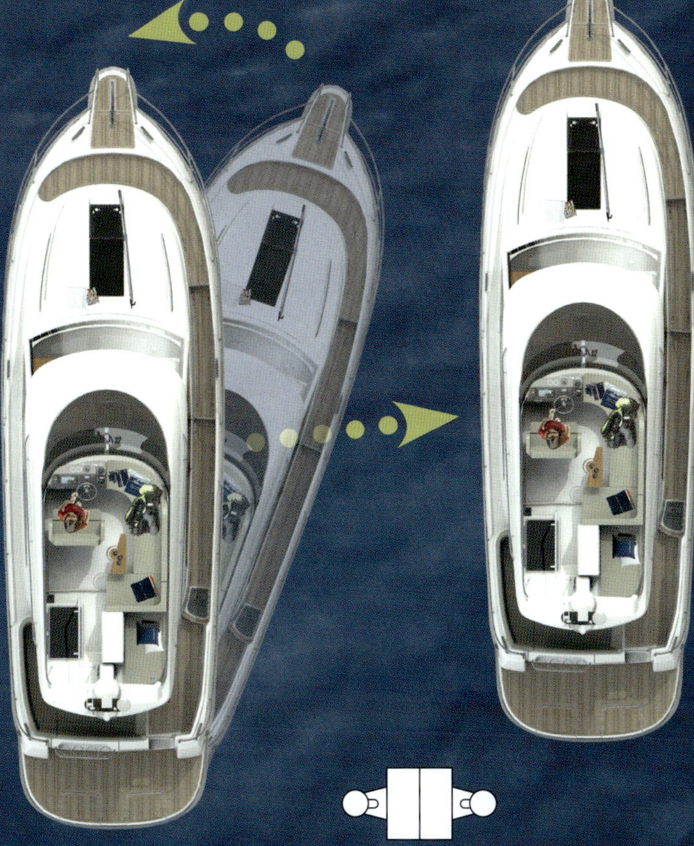

WIND

1 Boote mit Doppelwellenanlage haben bei diesem Manöver den großen Vorteil, dass sie durch den entgegengesetzten Einsatz beider Maschinen auf der Stelle drehen und leichter in rechtem Winkel zum Wind (und damit parallel zum Steg) gehalten werden können. Statt bei der Anfahrt vorzuhalten, reicht es in der Regel aus, mit der stegseitigen (inneren) Maschine ein paar Umdrehungen mehr zu machen, um ein Abtreiben nach Lee zu verhindern.

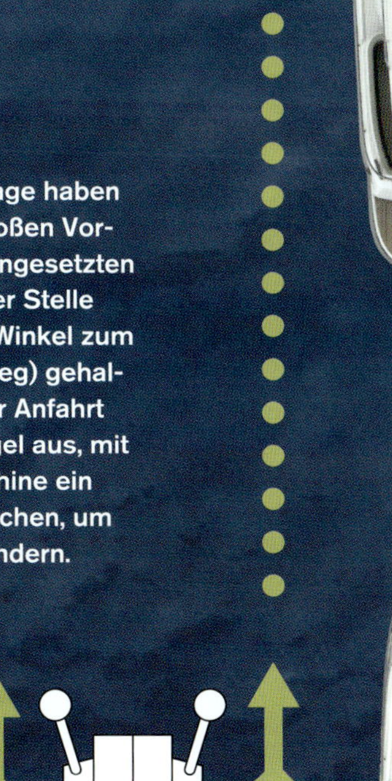

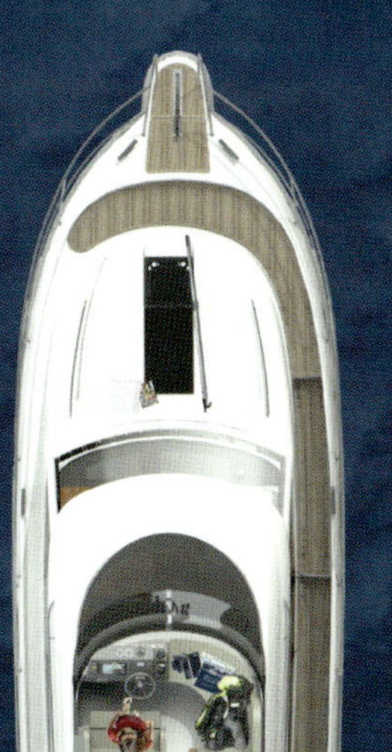

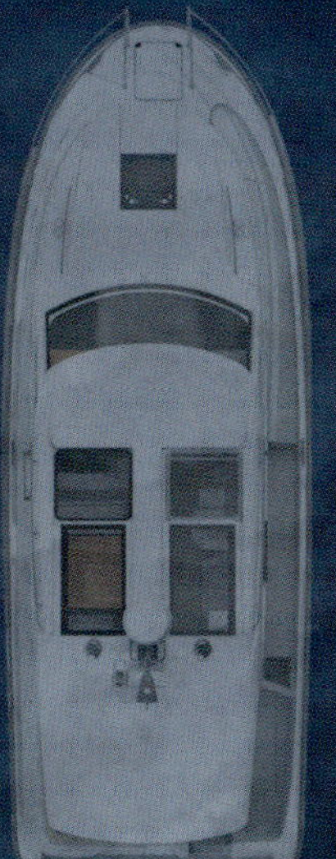

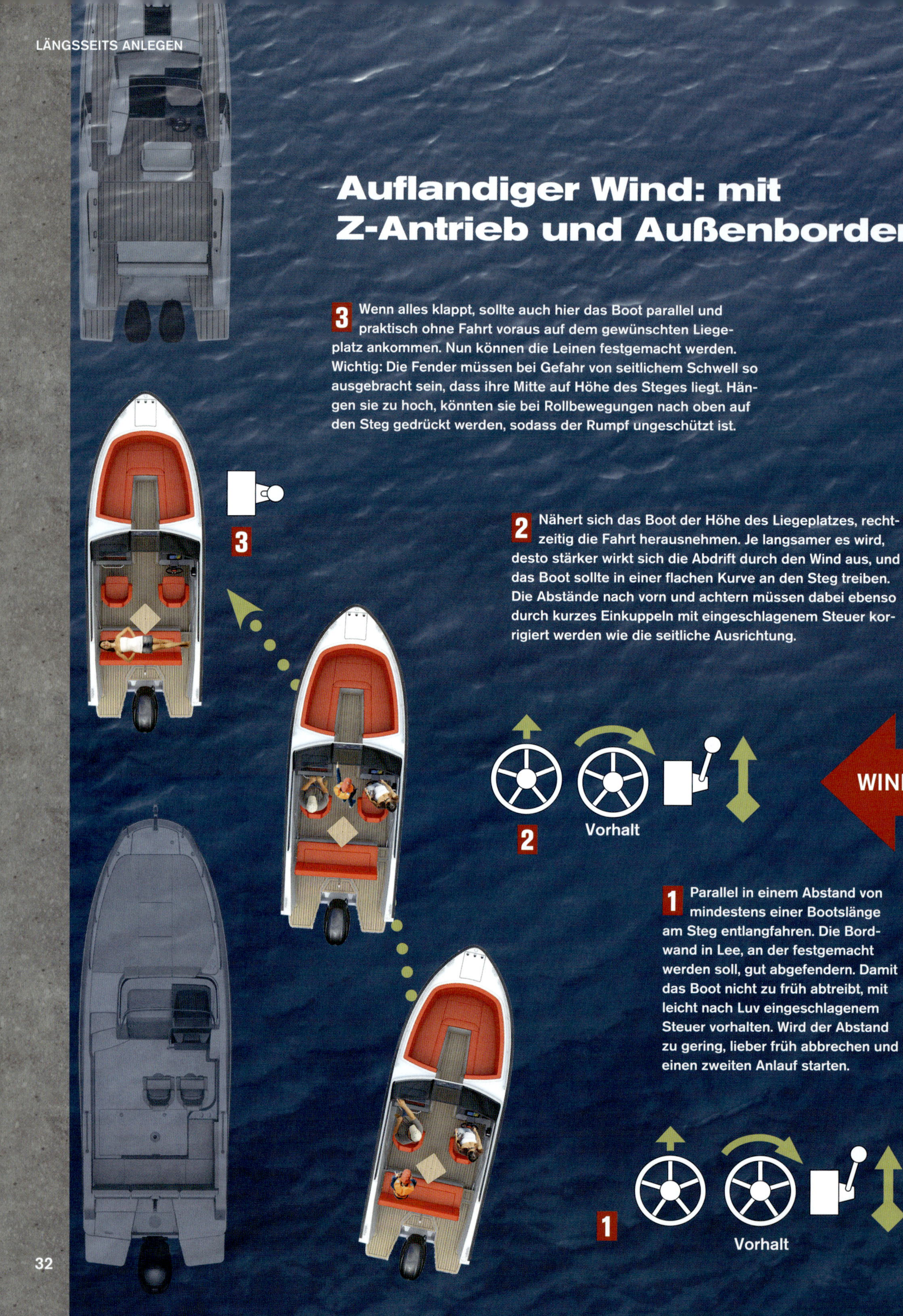

Auflandiger Wind: mit Z-Antrieb und Außenborder

3 Wenn alles klappt, sollte auch hier das Boot parallel und praktisch ohne Fahrt voraus auf dem gewünschten Liegeplatz ankommen. Nun können die Leinen festgemacht werden. Wichtig: Die Fender müssen bei Gefahr von seitlichem Schwell so ausgebracht sein, dass ihre Mitte auf Höhe des Steges liegt. Hängen sie zu hoch, könnten sie bei Rollbewegungen nach oben auf den Steg gedrückt werden, sodass der Rumpf ungeschützt ist.

2 Nähert sich das Boot der Höhe des Liegeplatzes, rechtzeitig die Fahrt herausnehmen. Je langsamer es wird, desto stärker wirkt sich die Abdrift durch den Wind aus, und das Boot sollte in einer flachen Kurve an den Steg treiben. Die Abstände nach vorn und achtern müssen dabei ebenso durch kurzes Einkuppeln mit eingeschlagenem Steuer korrigiert werden wie die seitliche Ausrichtung.

1 Parallel in einem Abstand von mindestens einer Bootslänge am Steg entlangfahren. Die Bordwand in Lee, an der festgemacht werden soll, gut abgefendern. Damit das Boot nicht zu früh abtreibt, mit leicht nach Luv eingeschlagenem Steuer vorhalten. Wird der Abstand zu gering, lieber früh abbrechen und einen zweiten Anlauf starten.

Auch Boote mit Z-Antrieb können auflandigen Wind beim längsseitigen Anlegen nutzen und sich zum passenden Zeitpunkt von der Abdrift in die Lücke schieben lassen. Auch hier muss das Boot immer parallel zum Steg ausgerichtet bleiben, allerdings verfügt der Z-Antrieb wie ein Außenborder dank direkter Steuerwirkung über einen praktischen Vorteil: Selbst bei geringer Fahrtstufe oder mit kurzem Einkuppeln lässt sich die Lage des Bootes korrigieren – und das sowohl voraus wie achteraus.

WIND

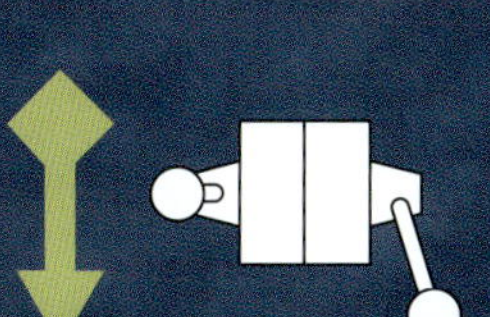

2 Auf Höhe der Liegeplatzes das Boot aufstoppen, danach den Wind nutzen, um es auf den Steg treiben zu lassen. Die Maschinen nur noch dann einsetzen, wenn der Bug zu schnell nach Lee dreht und korrigiert werden muss.

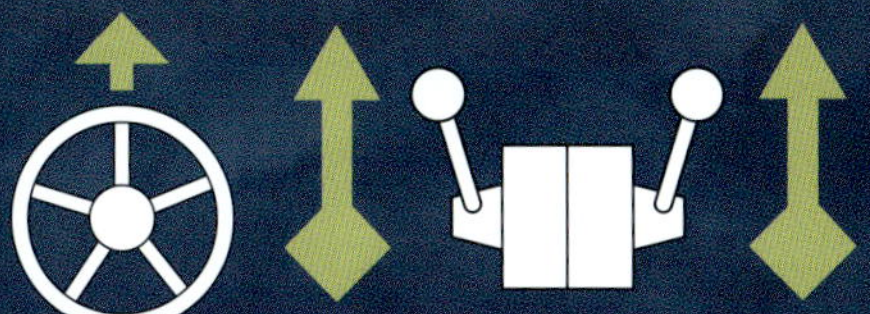

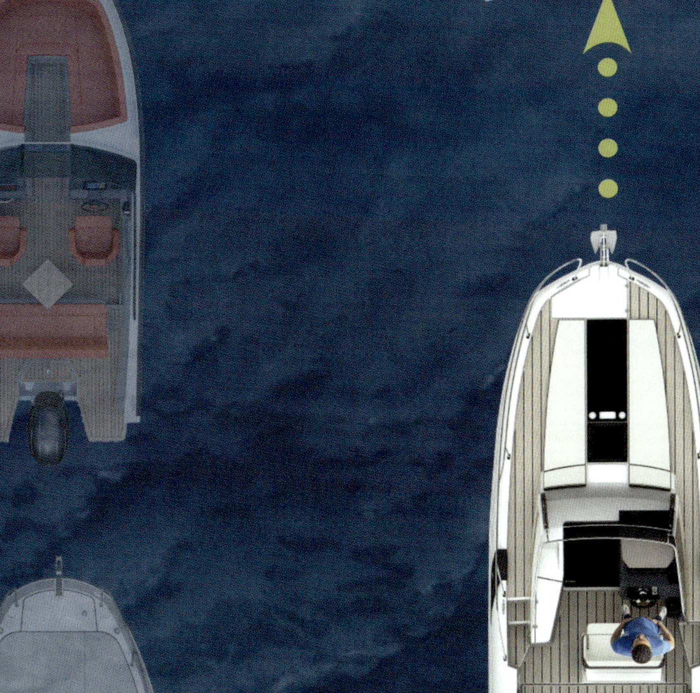

1 Auch Boote mit zwei Z-Antrieben oder Außenbordern können bei entgegengesetztem Einsatz beider Maschinen auf der Stelle manövrieren. Um die Abdrift bei der Anfahrt auszugleichen, leicht vorhalten, indem das Steuer nur leicht nach Luv eingeschlagen und mehr mit der leeseitigen Maschine gefahren wird.

WIND

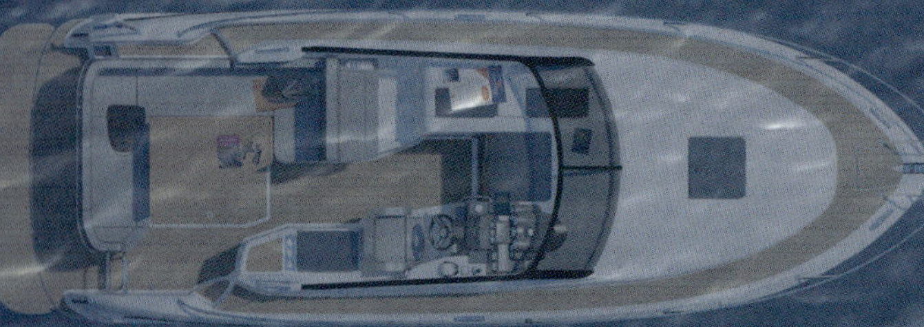

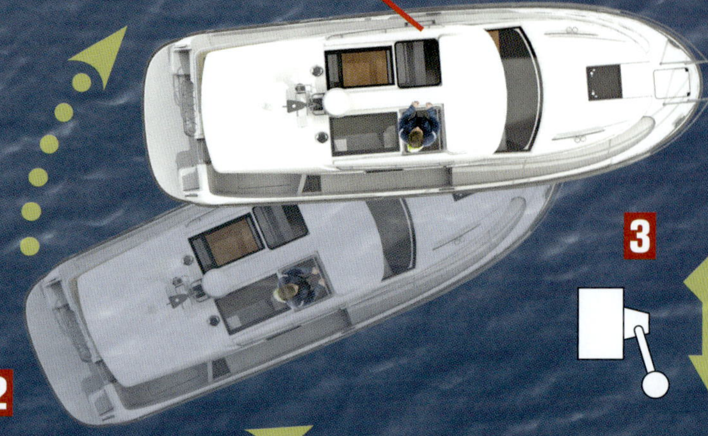

3

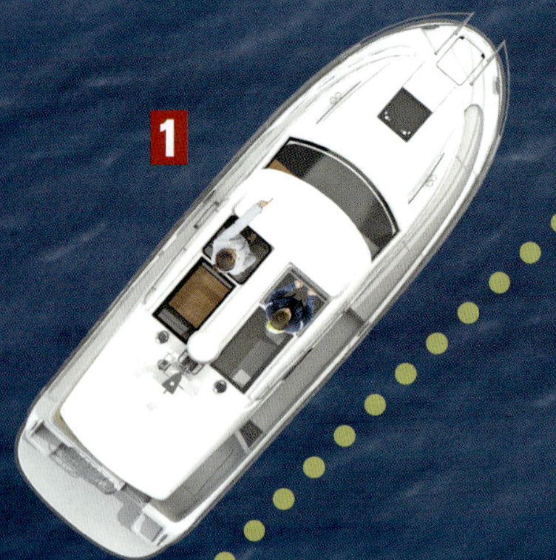

1

2

2 Beim letzten Stück vor dem Steg kommt dann die Erfahrung ins Spiel: Bei welcher Entfernung genau das Steuer hart vom Steg weg (und damit nach Lee) gelegt wird, um das Heck im unmittelbaren Anschluss mit einem kurzen Schub voraus an den Steg zu drehen, hängt von den äußeren Umständen ebenso ab wie von der Ausgangsgeschwindigkeit, dem Fahrverhalten und der Reaktionsschnelligkeit des Bootes. In der Regel sollte der Abstand ungefähr eine halbe Bootslänge betragen.

1 In einem Winkel von mindestens 45 Grad anfahren, um dem Wind möglichst wenig Angriffsfläche zu bieten, angepeilt wird das hintere Drittel des Liegeplatzes. Versetzung und Kursabweichung dabei im Auge behalten. Werden sie zu groß, aufstoppen und einen zweiten Anlauf mit etwas mehr Vorhalt starten. Die Geschwindigkeit voraus darf dabei nicht zu gering sein, der Ruderdruck muss auf jeden Fall erhalten bleiben, da das Boot sonst seine Steuerbarkeit verliert und überraschend schnell dem Wind folgen wird. Also nicht zu oft oder zu lange auskuppeln.

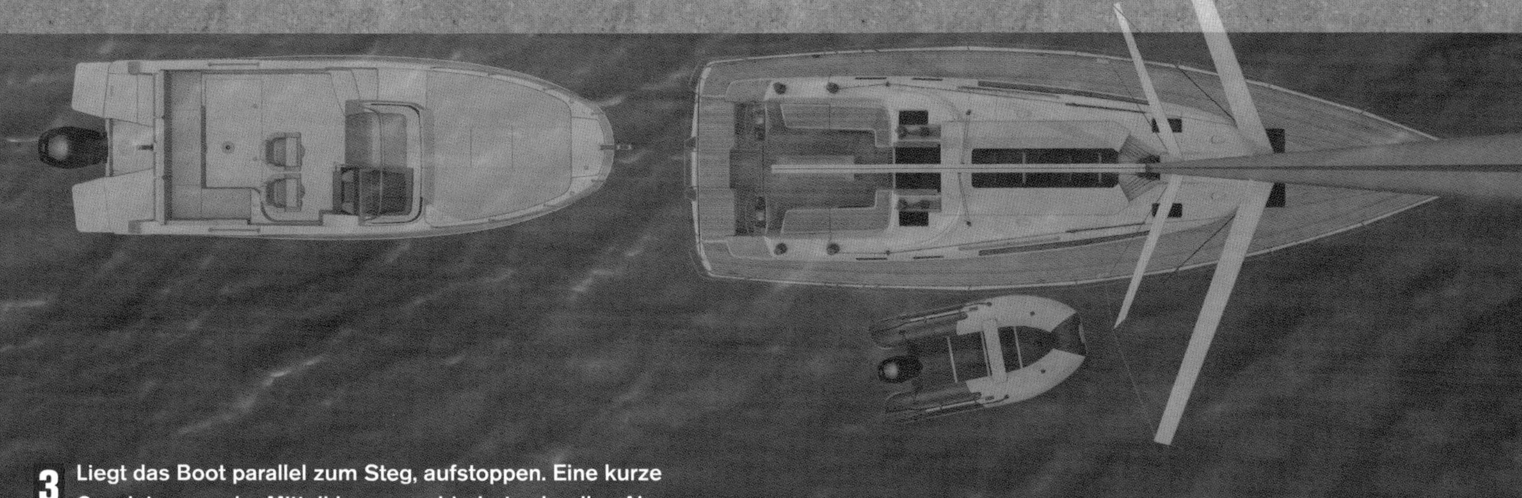

3 Liegt das Boot parallel zum Steg, aufstoppen. Eine kurze Querleine von der Mittelklampe verhindert schnelles Abtreiben. Nun die anderen Leinen in Ruhe ausbringen. Ist der Abstand zum Steg zu groß, um sicher selbst überzusteigen zu können, Vor- und Achterleine an Land geben, wenn dort jemand steht. Dabei beachten, dass besonders größere Kajütboote und Yachten, die dem Wind viel Widerstand bieten, vom Steg aus schnell unhaltbar werden, wenn die Leinen nicht belegt sind. In diesem Fall kann man versuchen, mit unterstützendem Leineneinsatz an den Steg zu kommen (siehe Seite 36) oder man löst die Verbindung wieder, lässt sich nach Lee treiben und unternimmt einen neuen Versuch.

Ablandiger Wind: mit einer Maschine

Während ein auflandiger Wind beim längsseitigen Anlegen durchaus noch für die eigenen Zwecke genutzt werden kann, sieht das bei einem ablandigen Wind mit einfacher Wellenanlage oder Z-Antrieb schon anders aus: Mit vorsichtigem Herantasten wird man sein Ziel nur selten erreichen, besonders wenn es frischer weht. Der Bug wird die erste Gelegenheit nutzen, nach Lee zu drehen, und wenn das einmal passiert ist, dürfte es im gleichen Anlauf schwierig werden, das Boot wieder korrekt auszurichten. Eine gewisse Grundgeschwindigkeit ist also unerlässlich. Das wiederum setzt voraus, dass man das Verhalten des eigenen Bootes gut kennt, um auch wirklich im letzten Augenblick vor dem Steg die Kurve zu kriegen und aufstoppen zu können. Wird das Manöver jedoch richtig ausgeführt, bringt es das Boot in einer einzelnen, sauberen Kurvenbewegung an seinen Liegeplatz.

Ablandiger Wind: mit Leineneinsatz

Selbst bei gründlichem Studium des Wetterberichtes können immer wieder Fälle eintreten, bei denen der Wind beim Anlegen stärker ablandig bläst, als man erwartet hat. Möchte man trotzdem längsseits gehen, ist es besonders bei nur einem Motor mit einfachen Maschinen- und Rudermanövern nun nicht mehr getan. Die wichtigste Aufgabe ist in diesem Fall, zunächst eine Leinenverbindung mit dem Land herzustellen, die dann als Drehpunkt genutzt werden kann, um das Boot trotz allem so an den Steg zu bringen, dass auch die anderen Leinen übergeben werden können. Die drei häufigsten Varianten:

3 Jetzt das Steuer nach Lee, also vom Ufer weg, legen und voraus einkuppeln. Auch wenn das Boot inzwischen etwas vom Steg abgetrieben ist, wird es so in die Vorspring eindampfen und längsseits kommen, sodass die anderen Leinen übergeben werden können.

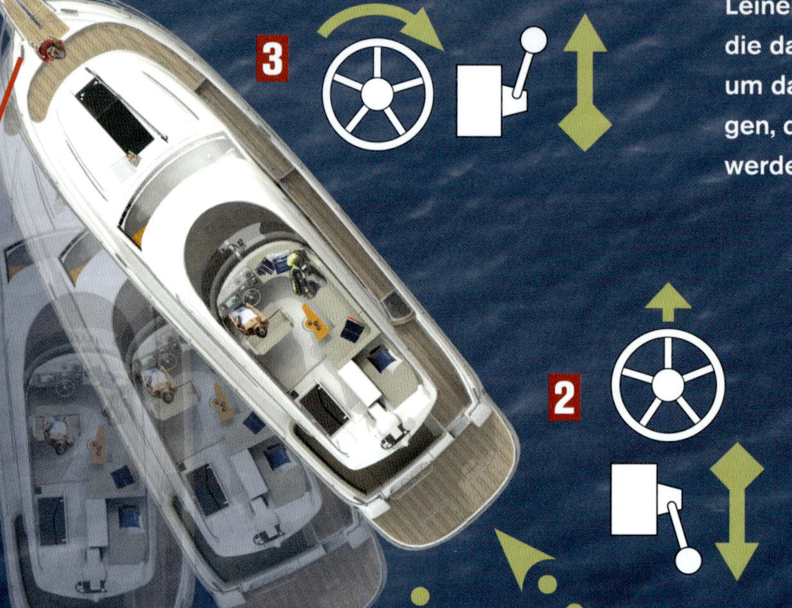

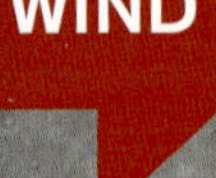

2 Sobald der Steg in Reichweite ist, aufstoppen, eine Leine, die auf der Bugklampe belegt ist, an Land geben und dort belegen. Da sie jedoch als Vorspring und nicht als Vorleine dienen soll, muss sie nach achtern geführt werden – eine Information, die dem Helfer auf dem Steg unbedingt zugerufen werden muss, bevor Missverständnisse entstehen. Alternativ kann man auch ein eigenes Crewmitglied mit der Leine vom Bug übersteigen lassen, falls es die Umstände erlauben.

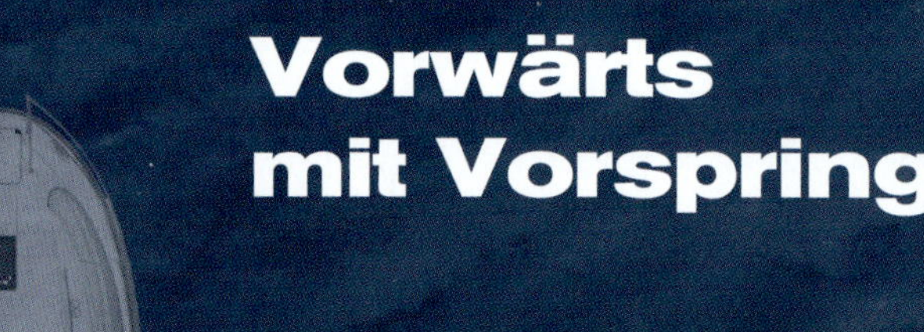

Vorwärts mit Vorspring

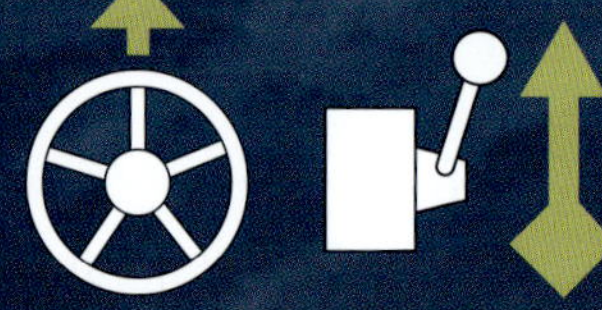

1 Vorwärts mit Vorspring: Die Bugpartie wird auf der Stegseite besonders gut abgefendert (mit einem großen Kugelfender möglichst weit vorn) und die Anfahrt erfolgt je nach Windstärke in einem Winkel von 45 Grad oder mehr.

Vorwärts mit Vorleine

3 Sobald das Boot parallel liegt und die abgefenderte Luvseite den Steg berührt, auch die Heckleine übergeben.

2 Eine Vorleine übergeben und in Bugnähe am Steg belegen. Nun das Steuer voll zum Steg hin einschlagen und achteraus einkuppeln. Das Heck wird um die Vorleine an den Liegeplatz gezogen.

1 Diese Variante funktioniert in erster Linie bei Booten mit steuerbarem Z-Antrieb oder Außenborder. Bei Wellenanlagen muss zumindest die Drehrichtung des Propellers stimmen und der Winkel zum Steg darf nicht zu groß sein, um Erfolg zu haben.

WIND

Rückwärts mit Achterleine

3 Die Vorleine übergeben, sobald das Boot längsseits liegt.

2 Die Achterleine an Land geben und dort belegen. Danach das Steuer voll nach Luv (zum Steg hin) einschlagen und voraus einkuppeln. Bei viel Wind auch etwas mehr Gas geben. Das Boot wird sich nun parallel zum Steg drehen.

1 Das Manöver kann ebenfalls sehr sicher über Heck gefahren werden. Auch hier sind Fender Pflicht, besonders an ungeschützten Stellen wie der Badeplattform. Den Liegeplatz in Windrichtung anlaufen.

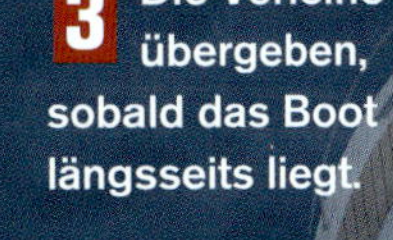

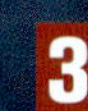

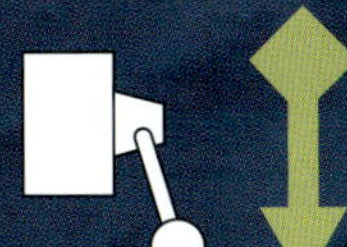

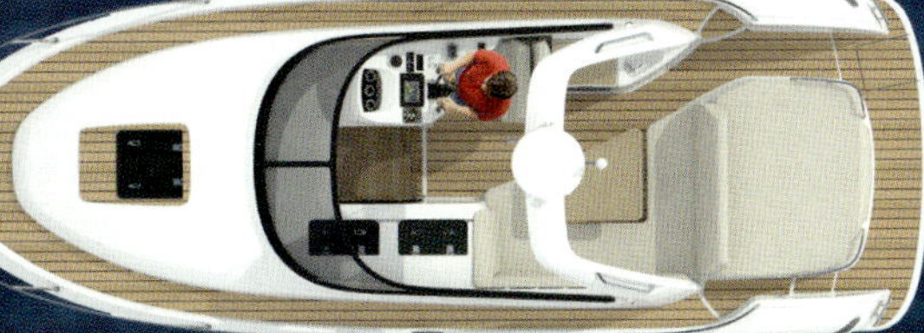

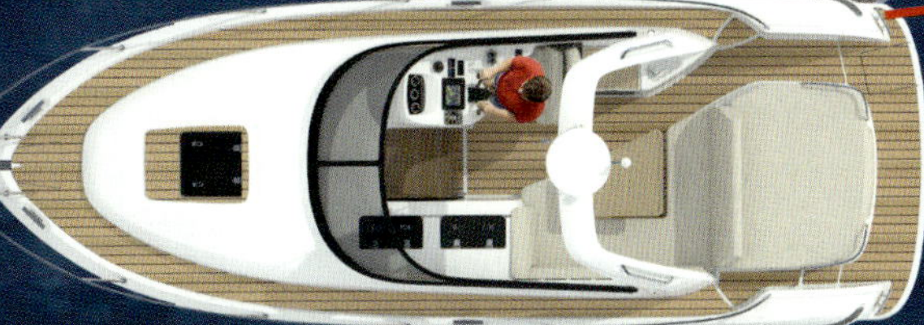

3

2

1

Ablandiger Wind: mit zwei Maschinen

In dieser Situation zahlt sich die bessere Manövrierbarkeit mit zwei Maschinen wieder aus, egal, ob es sich um Wellenanlagen oder Z-Antriebe handelt. Die kontrollierte Anfahrt auf den Liegeplatz mit ausreichender Geschwindigkeit lässt sich mit abwechselndem Ein- und Auskuppeln beider Maschinen erreichen, auch kurzfristige Korrekturen sind so möglich, wenn ein Skipper sein Boot gut kennt und manövrieren kann.

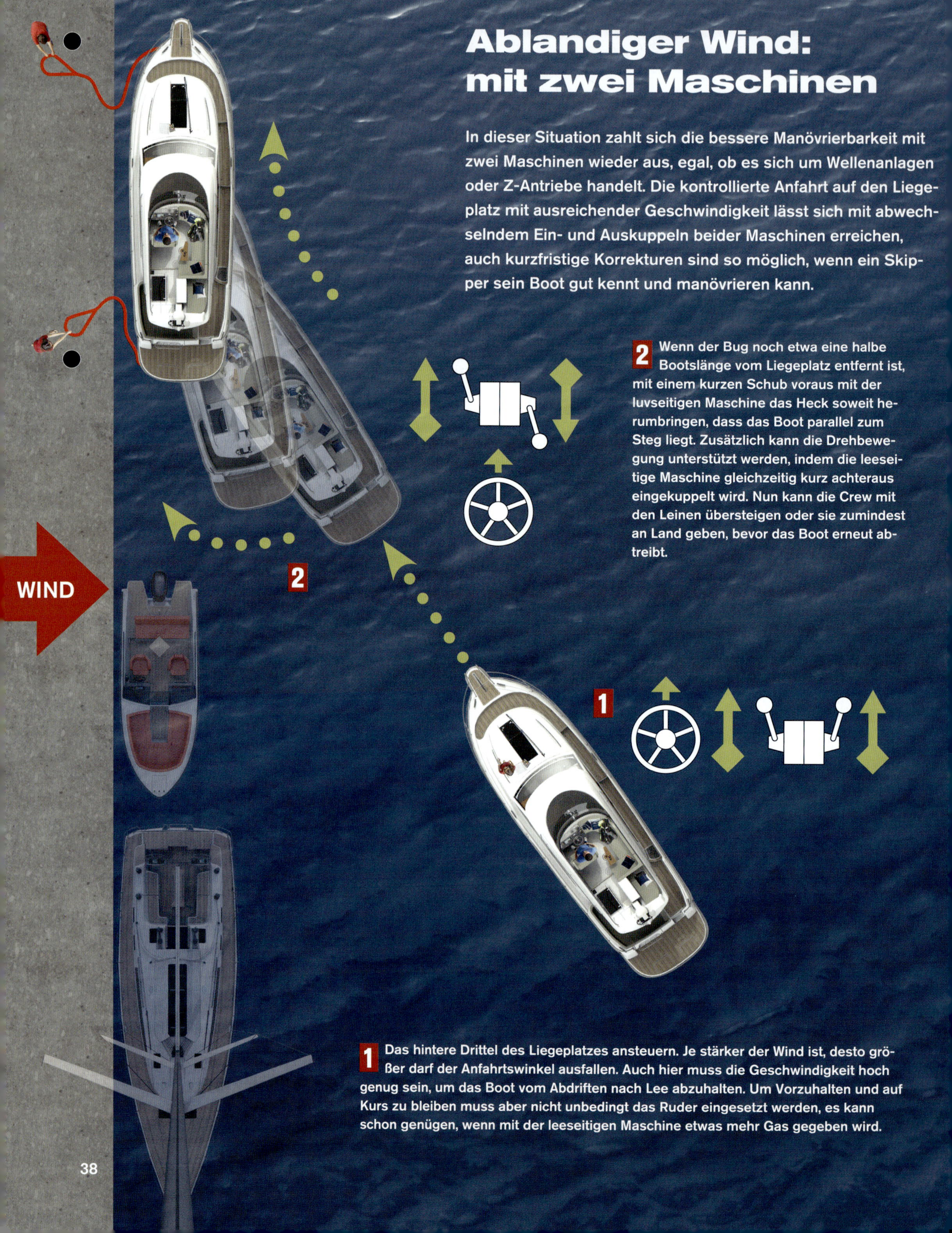

2 Wenn der Bug noch etwa eine halbe Bootslänge vom Liegeplatz entfernt ist, mit einem kurzen Schub voraus mit der luvseitigen Maschine das Heck soweit herumbringen, dass das Boot parallel zum Steg liegt. Zusätzlich kann die Drehbewegung unterstützt werden, indem die leeseitige Maschine gleichzeitig kurz achteraus eingekuppelt wird. Nun kann die Crew mit den Leinen übersteigen oder sie zumindest an Land geben, bevor das Boot erneut abtreibt.

WIND

2

1

1 Das hintere Drittel des Liegeplatzes ansteuern. Je stärker der Wind ist, desto größer darf der Anfahrtswinkel ausfallen. Auch hier muss die Geschwindigkeit hoch genug sein, um das Boot vom Abdriften nach Lee abzuhalten. Um Vorzuhalten und auf Kurs zu bleiben muss aber nicht unbedingt das Ruder eingesetzt werden, es kann schon genügen, wenn mit der leeseitigen Maschine etwas mehr Gas gegeben wird.

Vorwärts mit Vorleine und doppeltem Wellenantrieb

1 Bei stärkerem Wind oder sehr kleiner Lücke lässt sich das Manöver mit Hilfe einer Vorleine genauer, kontrollierter und mit geringerem Risiko durchführen: Mit gut abgefendertem Bug in annähernd rechtem Winkel zum Wind auf die Klampe zuhalten, auf der später die Vorleine liegen soll. Mit beiden Maschinen abwechselnd langsam vortasten.

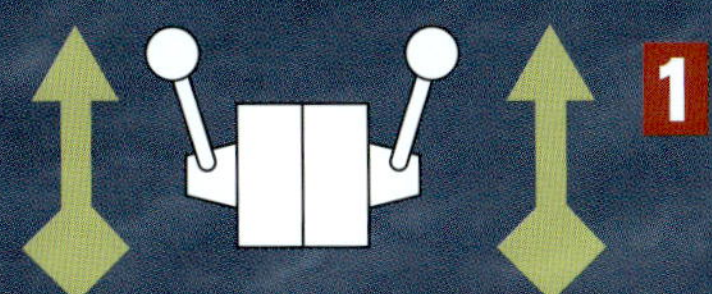

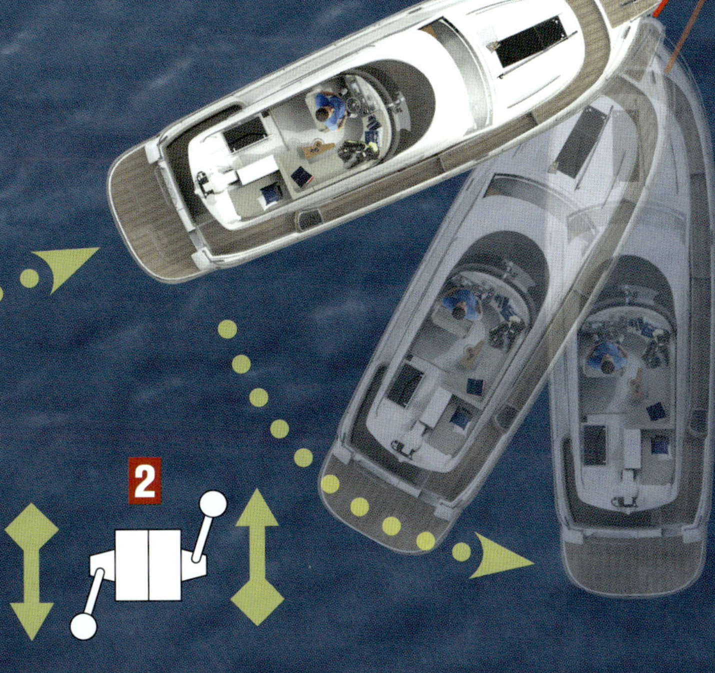

2 Ist der Steg noch etwa einen Meter entfernt, die Vorleine an Land geben (oder über die Klampe werfen) und belegen. Die leeseitige Maschine achteraus einkuppeln, sodass das Boot um die Vorleine nach achtern an den Steg gezogen wird. Reicht das nicht, wird die Drehbewegung unterstützt, indem die luvseitige Maschine kurz voraus eingekuppelt wird und eventuell das Steuer hart nach Lee (vom Steg weg) gelegt wird.

3 Liegt das Boot parallel zum Steg, aufstoppen und die Achterleine an Land geben. Die Springs folgen.

WIND

Vorwärts mit Vorleine und Doppel-Z-Antrieb

Ein Boot mit Doppel-Z-Antrieb, das bereits an der Vorleine hängt, wird ebenfalls rückwärts an den Steg gezogen: Dafür das Steuer hart nach Luv zum Steg hin legen und die leeseitige Maschine achteraus eingekuppeln, bis das Boot parallel an seinem Platz liegt.

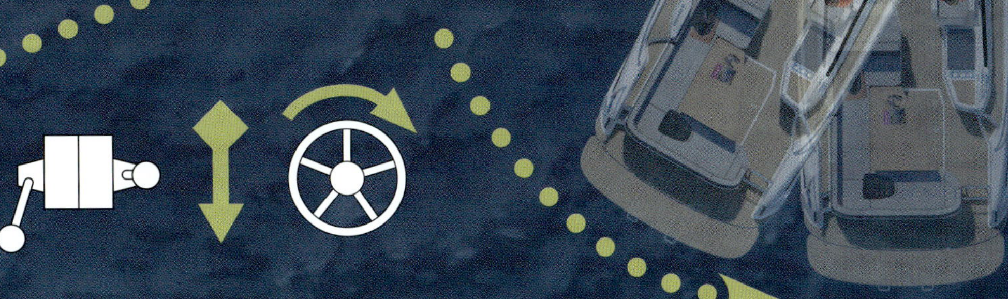

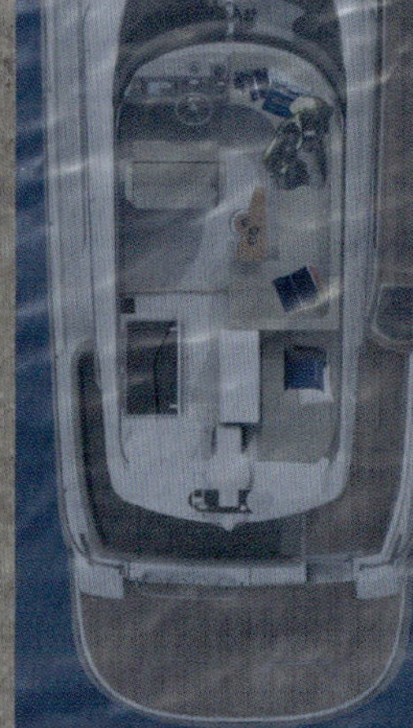

WIND

STROM

Seitlicher Wind

Seitwärts an den Liegeplatz? Das funktioniert nicht nur bei auflandigem Wind, sondern auch wenn Wind und/oder Strom parallel zum Steg wirken. Die Bootsgeschwindigkeit wird dabei so angepasst, dass sich die Fahrt voraus und die Versetzung achteraus aufheben, also eine stehende Peilung an Land entsteht. Das erfordert einige Übung im Spiel mit dem Gas, hat aber den Vorteil, dass selbst vergleichsweise kleine Lücken genutzt werden können.

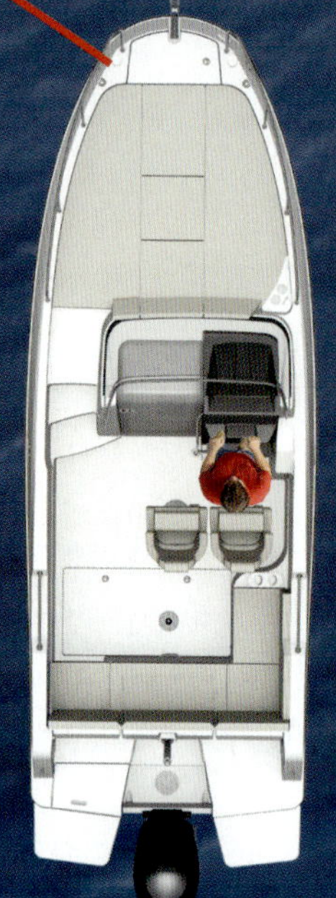

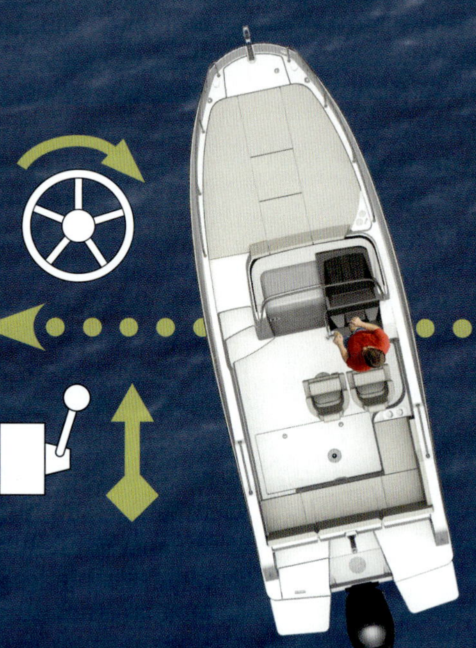

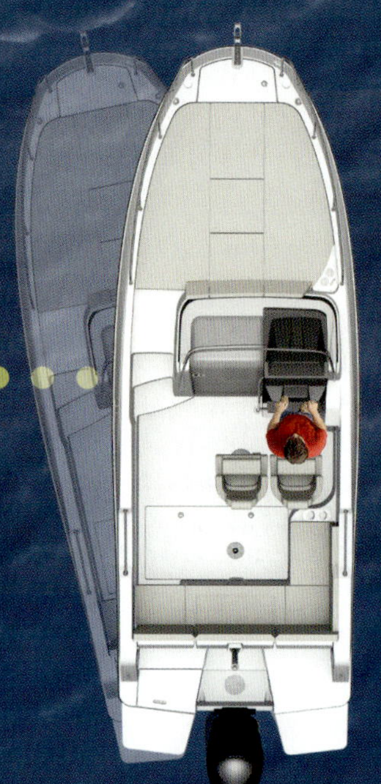

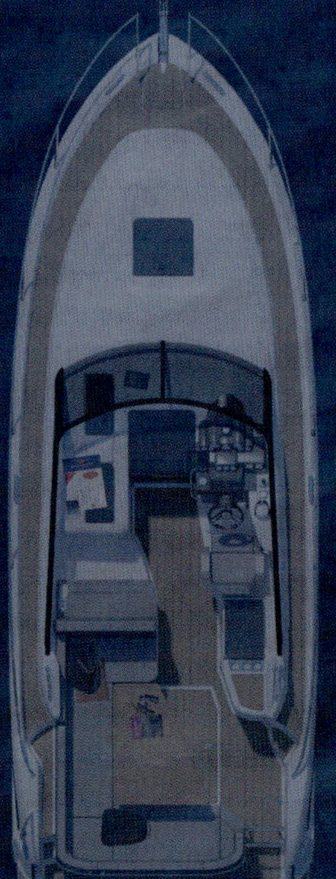

Seitwärts versetzen lassen

2 Jetzt genügt es, das Steuer leicht zum Steg hin einzuschlagen. Das Boot wird sich nun langsam in diese Richtung bewegen. Bevor der Bug jedoch zu weit herumkommt, leicht in die andere Richtung korrigieren. Hat das Boot den Steg mit seiner seitlichen Drift erreicht, Vor- und Achterleine übergeben. Erst danach die Maschine auskuppeln und abstellen.

1 Die Anfahrt erfolgt in etwa ein bis zwei Bootslängen Entfernung zum Steg. Befindet sich das Boot auf Höhe des Liegeplatzes, die Fahrt voraus soweit reduzieren, dass sie nur noch die Versetzung nach achtern ausgleicht und das Boot praktisch zum Stehen über Grund kommt (obwohl es natürlich nach wie vor Fahrt durchs Wasser macht).

Rückwärts mit Z-Antrieb und Außenborder

1 Boote mit steuerbarem Antrieb lassen sich auch über Heck gegen den Wind an den Liegeplatz bringen. Der Strom darf allerdings nicht zu stark sein, da sonst mit mehr Schub gearbeitet werden muss und Wasser überkommen kann. Der Anlauf erfolgt rückwärts mit gerade so viel Fahrt, wie zum Manövrieren nötig ist.

2 Sobald der Steg erreichbar ist, stoppt der Skipper mit einem kurzen Schub voraus auf und kuppelt dann aus. Ein Crewmitglied steigt über und belegt so schnell wie möglich die Achterleine. Das Boot hängt nun erst einmal sicher, sodass alle anderen Leinen in Ruhe ausgebracht werden können.

STROM

WIND

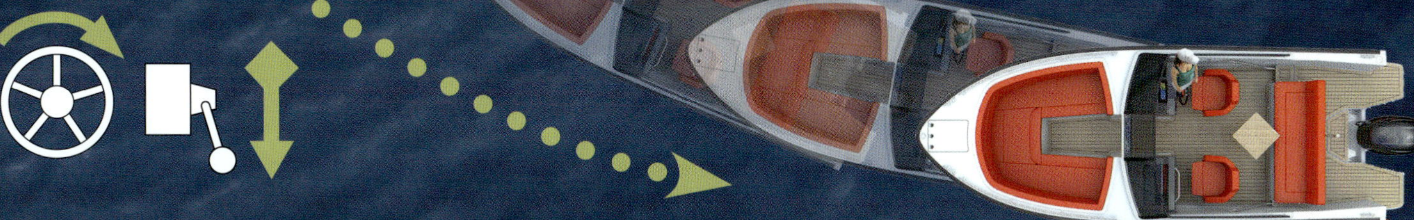

Vorwärts mit Wellenantrieb

1 Boote mit Wellenantrieb, die sich nur schlecht über das Heck steuern lassen, können das gleiche Manöver auch über den Bug fahren – mit dem Vorteil, dass die Plicht später windgeschützt ist. Der Skipper muss jedoch gut abschätzen können, wie dicht er sich dem Steg nähern kann, ohne dass Kollisionsgefahr besteht.

STROM

WIND

2 Mit langsamer Fahrt voraus dem Steg nähern. Wichtig ist das Zusammenspiel von Vorhaltewinkel, Schub und gegebenenfalls Ruder. Bei viel Wind besteht sonst die Gefahr, dass der Bug nach Lee driftet und auf den Steg prallt.

3 Aufstoppen, sobald der Steg erreicht ist. Jetzt geht ein Crewmitglied an Land und belegt die Vorleine. Nun kann der Skipper auskuppeln, das Boot hängt sicher, kommt von selbst längsseits, und die übrigen Leinen werden ausgebracht.

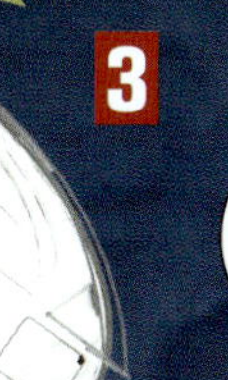

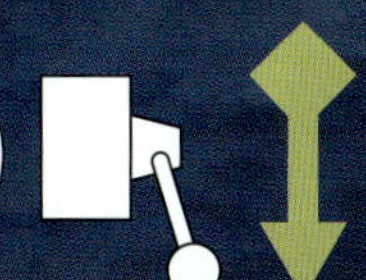

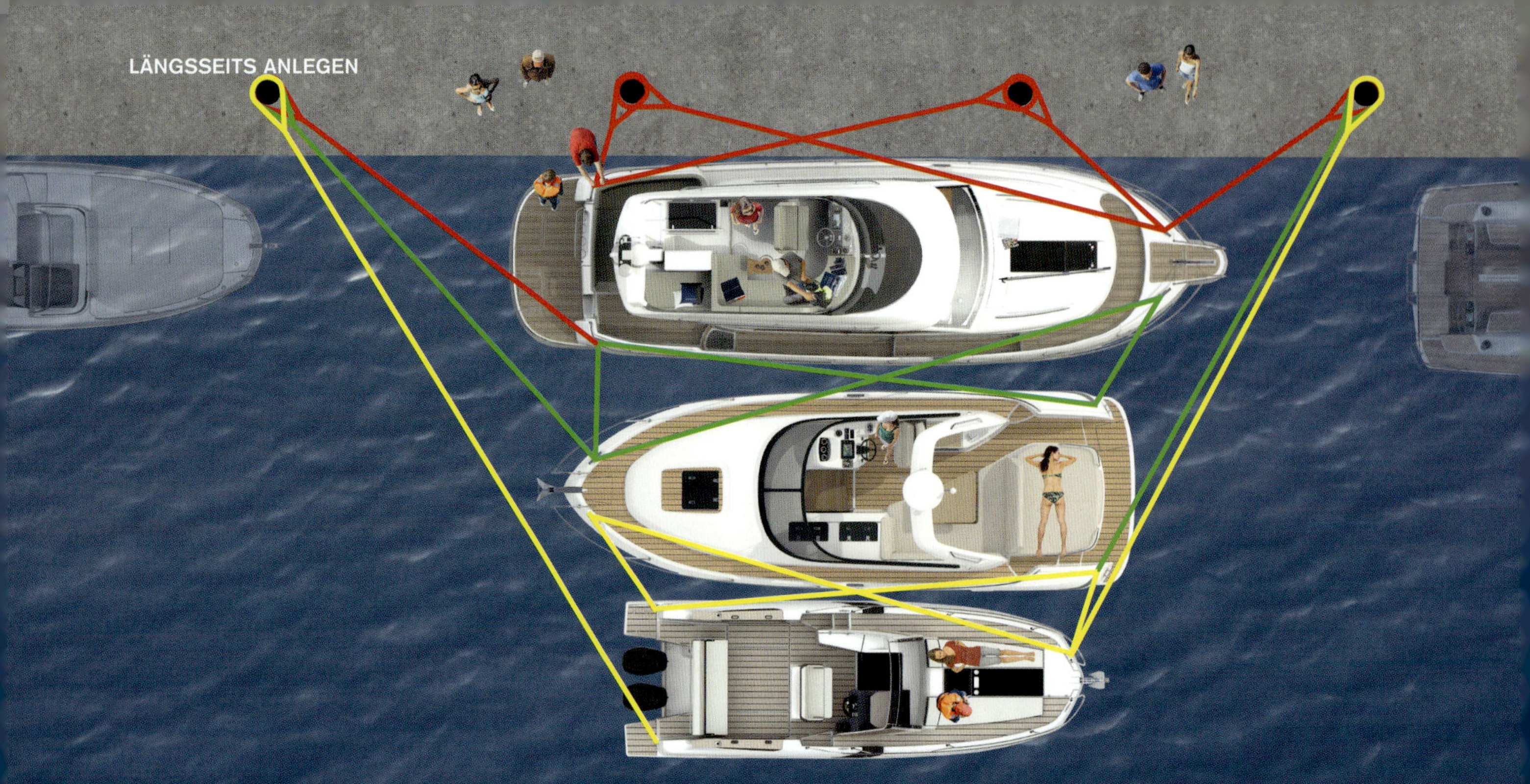

Im Päckchen

Das Liegen in zweiter oder dritter Reihe oder noch weiter außen gehört heute zum Standard. Festgemacht wird wie beim Anlegen am Steg oder an der Pier, idealerweise mit Mittelspring. Im Päckchen sollte das kleinste Boot außen liegen, nach innen hin die jeweils größeren. Das ist jedoch nur selten möglich, Päckchen bilden sich nach Ankunft oder gleich nach Größe. Dennoch sollten bei auflandigem Wind kleine Boote nach außen verholt werden, sie könnten sonst durch den enormen Druck, der durch die Windangriffsflächen der größeren Boote entsteht, schwer beschädigt werden. Darauf achten, dass sich Reling und Beschläge bei Rollbewegungen nicht verhaken können. Festgemacht wird in der Regel versetzt, so ensteht auch mehr Privatsphäre in den Cockpits. Jedes Boot sollte an seinem Nachbarn mit Springs und Brustleinen und zusätzlich über eigene Vor- und Achterleinen zum Land festgemacht werden. Sonst muss das ganz innen liegende Boot bei seitlichem Wind mitunter massive Scherkräfte aufnehmen. Noch ein Wort zur Etikette: Um die Nachbarcrews nicht zu stören, geht man immer über das Vorschiff. Außerdem sollte, wer außen liegt, sich nach dem gewünschten Ablegetermin der inneren Boote erkundigen. Zu diesem Zeitpunkt muss dann Crew an Bord sein, um das eigene Boot zu verholen.

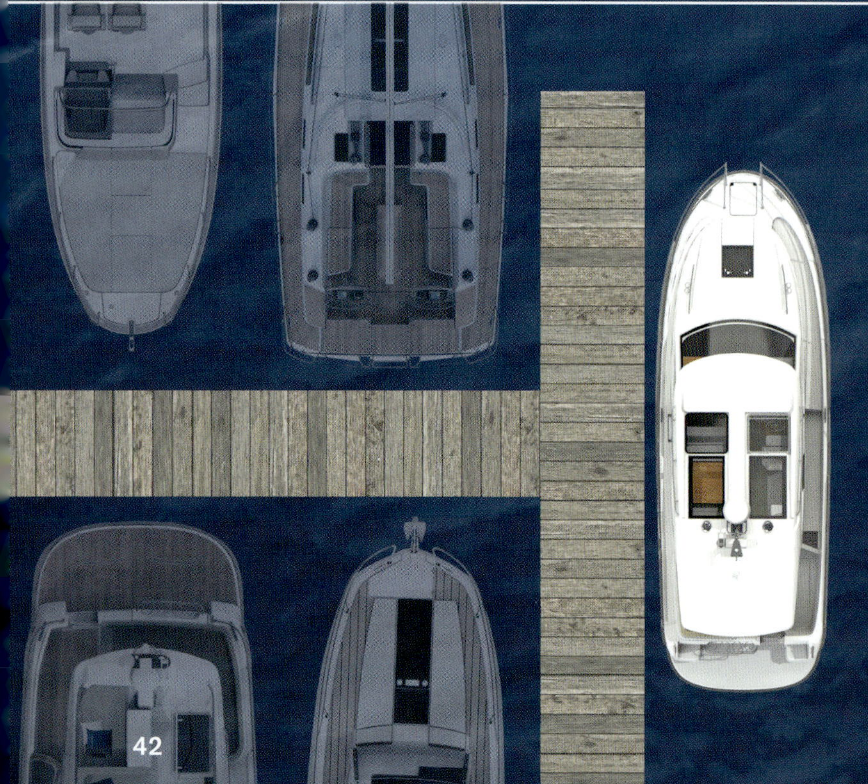

Am Kopfsteg

Die meisten Stege mit Pfahlreihen oder Fingerstegen verfügen an ihrem äußersten Ende über einen Kopfsteg im rechten Winkel. Diese Liegeplätze sind zwar relativ ungeschützt, haben aber den Vorteil, dass man bei widrigen Verhältnissen mehr Raum beim Anlegemanöver hat und sich nicht in eine enge Boxengasse begeben muss, ohne zu wissen, ob dort überhaupt ein Platz frei ist. Da die Länge des Steges begrenzt ist, muss besonders dann, wenn der Wind parallel weht, darauf geachtet werden, dass der Liegeplatz nicht zu weit hinten angepeilt wird. Das Boot kann sonst, wenn es achteraus treibt, schnell in der Luft hängen. Außerdem sind Kopfstege häufig für größere Yachten reserviert. Also vor dem Anlegen nach entsprechenden Schildern Ausschau halten.

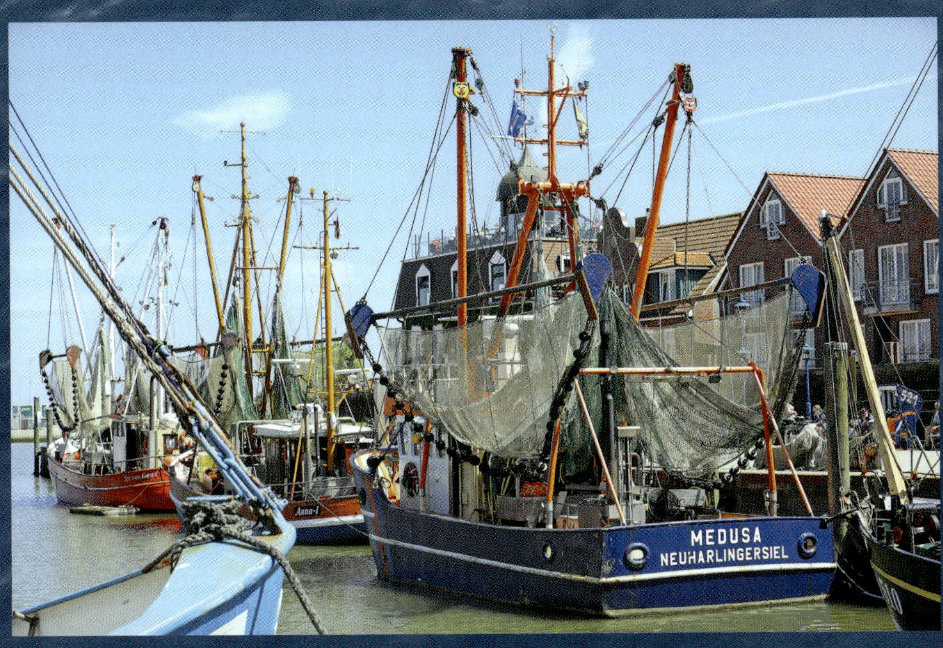

Fast alle deutschen Nordseehäfen stehen unter dem Einfluss der Gezeiten – egal, ob es große Seehäfen sind wie Hamburg und Bremerhaven oder kleine Insel- und Küstenhäfen wie Neuharlingersiel hier auf dem Bild. Für Sportboote gibt es eine kleine Schwimmsteganlage, die Kutter gehen an die Pier.

In Tidehäfen

Wer in gezeitenabhängigen Häfen keinen Platz an einem Schwimmsteg findet und nicht ständig an Bord bleiben möchte, um die Leinen dem sich ändernden Wasserstand anzupassen, kann sich mit langen Festmachern behelfen. Dabei gilt: Je länger, desto besser. Die Faustregel lautet, dass pro Meter Wasserstandsänderung eine halbe Bootslänge Festmacher eingeplant wird. Hier würde das Boot also rund drei Meter Höhenunterschied vertragen, da die Springs B sowie Vor- und Achterleine A 1,5-mal so lang wie das Boot bemessen sind. Damit sehr lange Festmacher bei Hochwasser nicht zu lose hängen, können Gewichte – wie etwa ein Anker – als Reitgewichte an die Leinen gehängt werden. Wichtig ist außerdem, die Festmacher an Bord vor dem Herausrutschen aus den Lippklampen durch Beibändseln zu sichern.

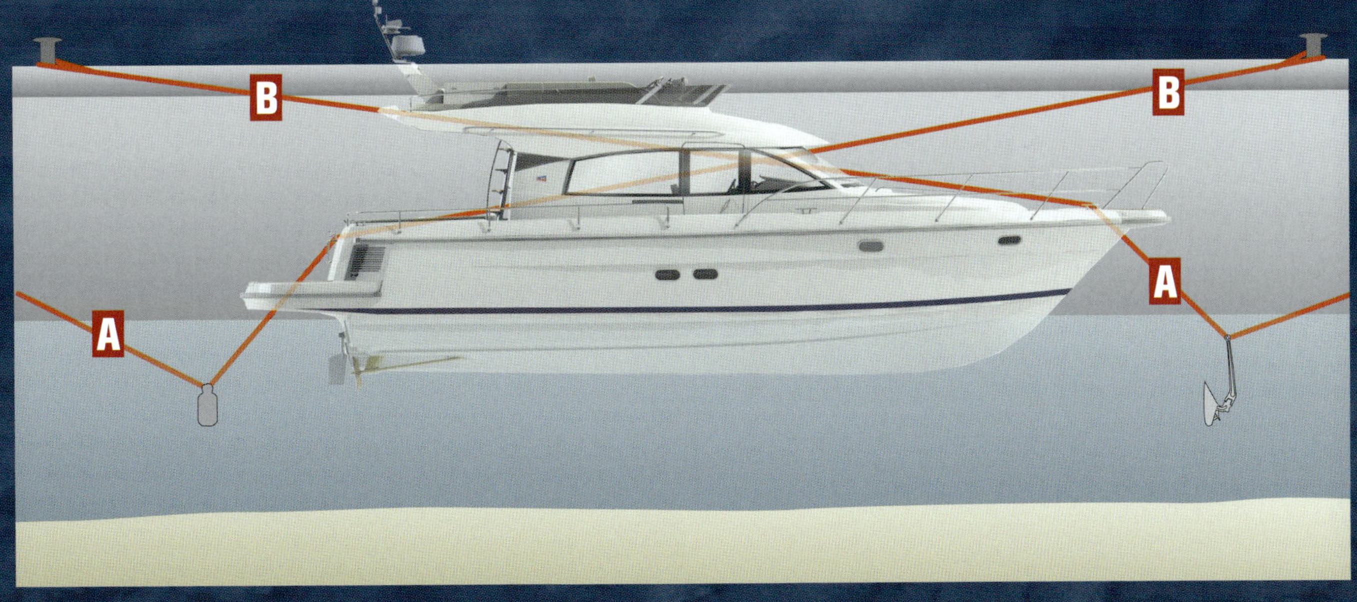

2 Das Boot kurz hinter dem Liegeplatz stoppen, das Ruder vom Steg weg legen und den Bug mit einem kurzen Schub voraus herumdrücken.

Mit Wellenantrieb rückwärts

3 Achteraus einkuppeln, sodass das Heck Richtung Steg gezogen wird. Das Ruder kann meist eingeschlagen bleiben, da es bei so langsamer Fahrt achteraus keine spürbare Wirkung entfaltet. Stimmt die Ausrichtung des Hecks nicht mehr, dann bei weiterhin eingeschlagenem Ruder erneut mit einem leichten Schub voraus korrigieren. Auch bei diesem Manöver kann der Radeffekt die leichte Kurvenbewegung unterstützen – wenn er in die richtige Richtung wirkt. In diesem Fall müsste der Propeller dafür bei Fahrt achteraus linksdrehend sein. Wenn mehrere Plätze zur Auswahl stehen, sollte diese „Schokoladenseite“ des Bootes auf jeden Fall berücksichtigt werden.

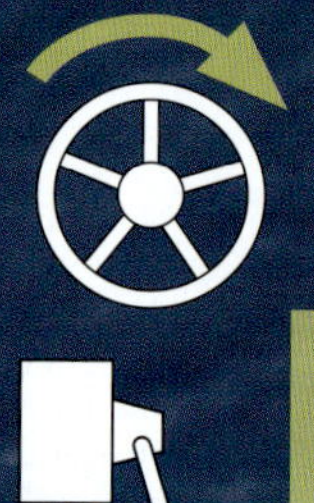

Fender und Leinen

Die Stegseite und Badeplattform müssen abgefendert werden. Passt noch ein zweites Boot daneben oder liegt dort schon, dann diese „offene“ Seite natürlich auch. Leinen werden je nach Länge des Fingerstegs längsseits gelegt (Vorspring **A**, Achterspring **B** und Heckleine **C**), ergänzt durch eine zweite Heckleine **D** auf der anderen Seite.

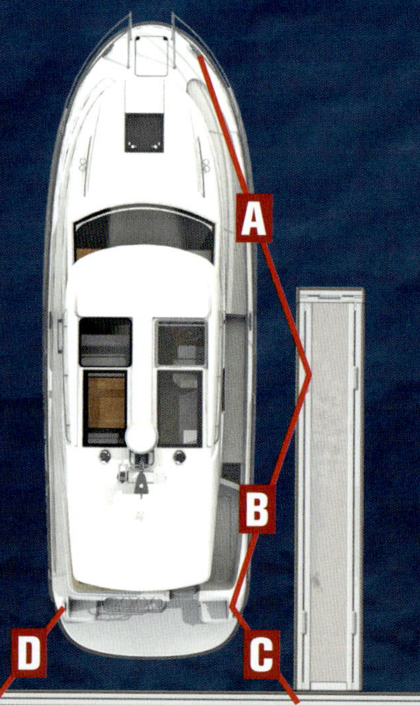

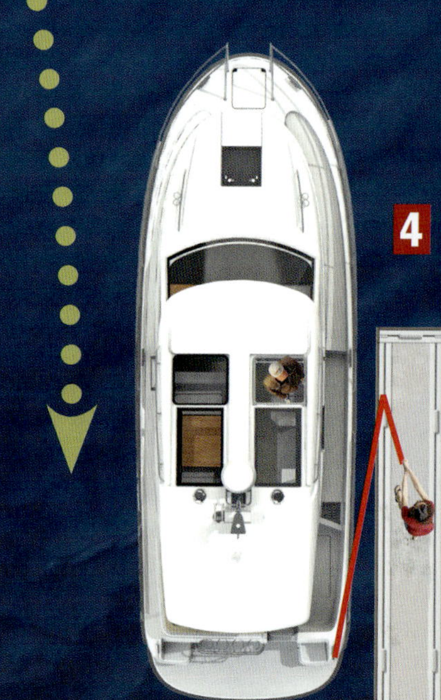

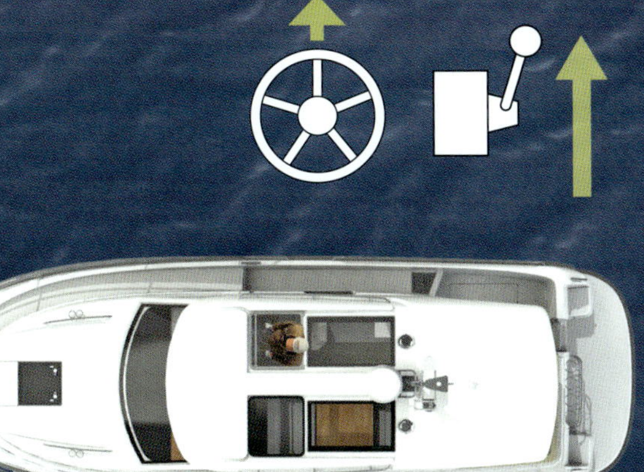

1 In langsamer Fahrt am Steg entlangsteuern, bis ein passender Liegeplatz ausgemacht ist. Fender an beiden Seiten und an der Badeplattform achtern sollten bereits ausgebracht sein. Der Skipper legt fest, mit welcher Seite an welchem Fingersteg festgemacht werden soll. Leinen müssen vorn, mittschiffs und achtern bereit liegen.

Am Fingersteg anlegen

Viele Häfen binnen und buten sind inzwischen mit komfortablen Schwimmsteganlagen ausgestattet, die sich mit dem Wasserstand heben und senken (siehe Seite 17). Da sie in der Regel niedriger als Feststege sind, kann man das Boot bequem über die Badeplattform verlassen, wenn man – wie hier gezeigt – über Heck anlegt.

4 Das Manöver solange wiederholen, bis die gewünschte Position erreicht ist. Kann der Steuermann das Heck selbst nicht einsehen, muss eine andere Person die Entfernung zum Steg ansagen, bis jemand mit einer Leine übersteigen kann – entweder an der Seite oder achtern.

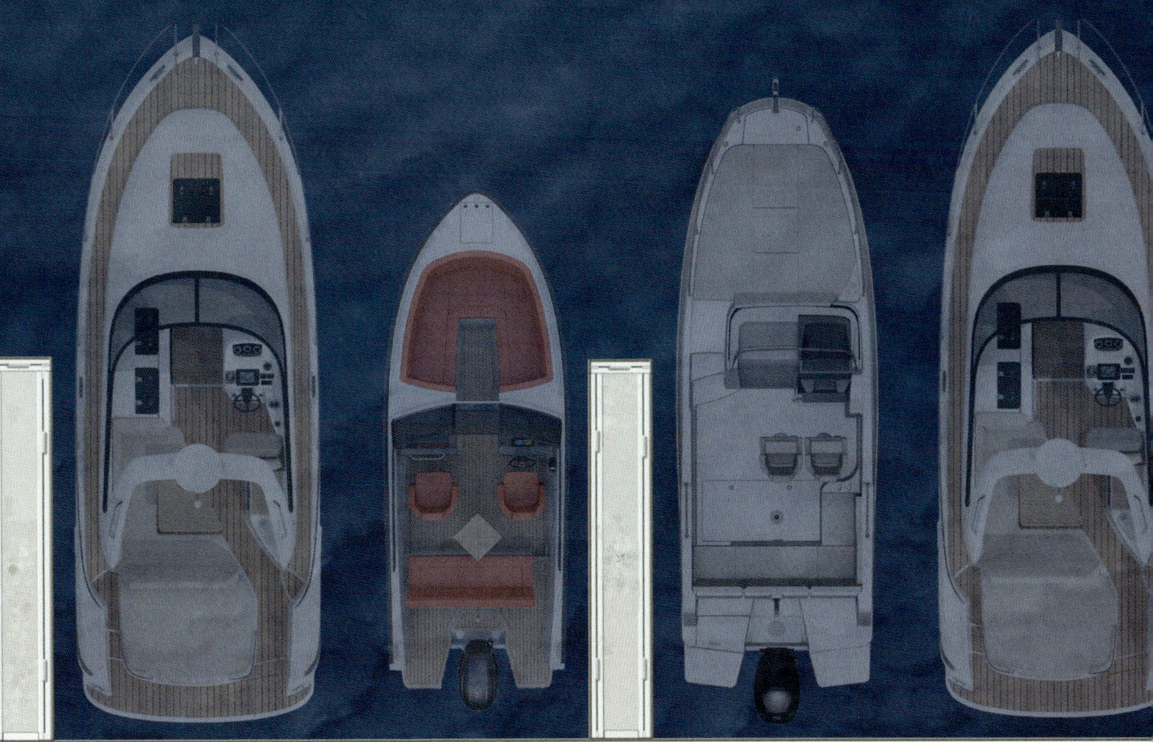

Mit Wellenantrieb vorwärts

In Sportboothäfen mit festen Steganlagen, etwa entlang der Ostseeküste, wird in den meisten Fällen voraus in den Liegeplatz eingelaufen – weil die Stege höher gebaut sind und sich eher auf Decksniveau befinden. Der Weg an Land führt also über den Bug oder die Seite und nicht über die Badeplattform. Aber auch bei Schwimmsteganlagen kann diese Variante besser sein, nämlich dann, wenn der Einfluss von Wind oder Strom nicht auszuschließen ist, sodass das Boot während des Manövers jederzeit gut steuerbar bleiben muss. Bei leichtem bis mäßigem Wind- und Stromeinfluss lässt sich der Kurs in Vorausfahrt immer noch korrigieren, da das Boot im Gegensatz zur Achterausfahrt eine größere Ruderwirkung hat. Ist ausreichend Raum vorhanden, der Steg gut einsehbar und das Bootsverhalten bekannt, kann der Liegeplatz in einem Zug angelaufen werden, was im Grunde einem Anlegemanöver längsseits entspricht. In jedem anderen Fall wird das Boot auf Höhe des Liegeplatzes oder kurz davor aufgestoppt und dann auf der Stelle gedreht, bis der Bug in die Lücke zeigt. Ist der Liegeplatz sehr schmal, wird vorsichtig und annähernd im rechten Winkel zum Hauptsteg eingelaufen. Ist mehr Platz vorhanden, kann man auch zunächst im spitzen Winkel am Fingersteg längsseits gehen.

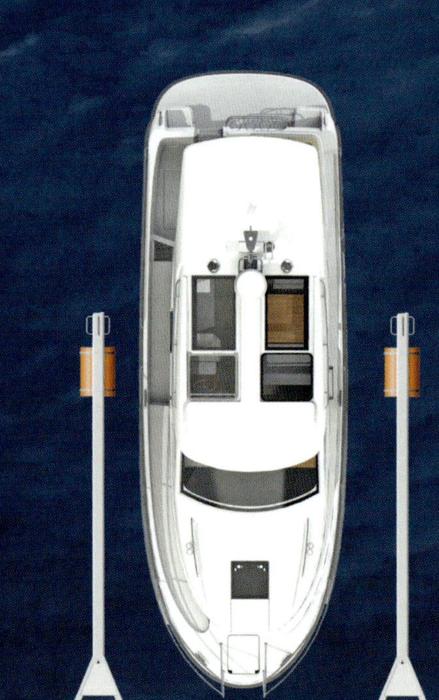

Vorsicht bei Auslegern

Da man die Ausleger nicht betreten sollte, und es vom hohen Vorschiff aus schwierig ist, beim Einlaufen einen Festmacher durch die kleinen Bügel zu ziehen, sind diese Plätze für das Anlegen vorwärts mit größeren Booten nicht gut geeignet. Falls es sein muss, auf die Stegkante aufpassen!

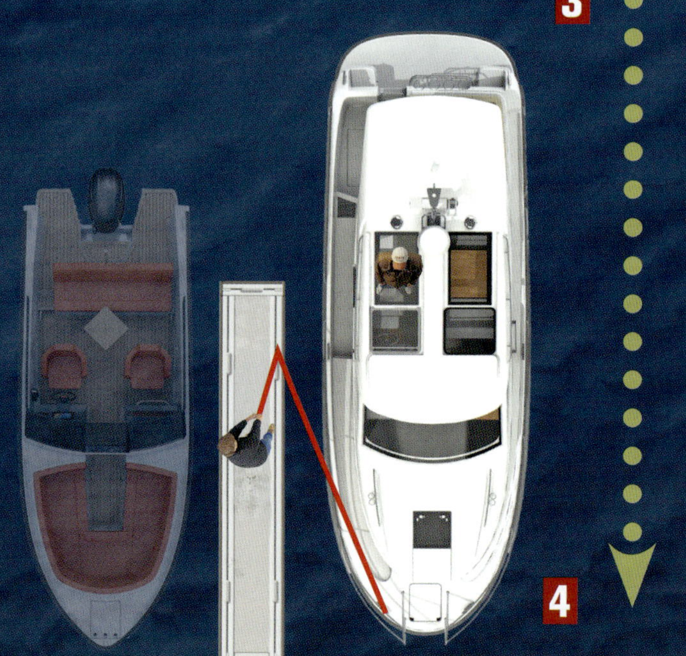

1 In langsamer Fahrt zunächst einen Liegeplatz bestimmen. Ist er gefunden, das Boot so aufstoppen, dass sich die Bugspitze etwa auf Höhe des vorderen Fingersteges befindet. Selbst geringer Wind oder Strom müssen einkalkuliert werden und sollten möglichst von vorn kommen. Ist das nicht der Fall, und der Platz zwischen den Stegen ausreichend, spricht nichts dagegen, die Stelle einmal zu passieren, um 180 Grad zu wenden und von der anderen Seite neu anzulaufen. Sollte das nicht möglich sein, etwas eher aufstoppen, da das Boot sonst während des Manövers am Liegeplatz vorbeitreiben könnte.

1

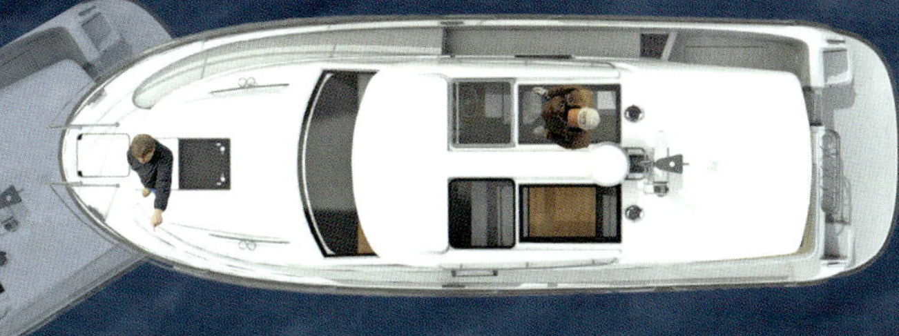

2 Das Steuer nun zum Land hin legen, und den Bug mit einem kurzen Schub voraus in Richtung Liegeplatz drücken, danach auskuppeln. Reicht der Winkel noch nicht aus, das Boot mit einem kurzen Schub achteraus bei weiterhin eingeschlagenem Ruder etwas zurücksetzen. Ein zweiter Schub voraus sollte nun ausreichen, um das Vorschiff weit genug herumkommen zu lassen.

3 Das Ruder wieder mittschiffs legen und das Boot sachte mit einem Wechsel aus Einkuppeln und wieder Auskuppeln in langsamer Vorausbewegung an den Steg schieben.

4 Lassen Sie sich die Entfernung nach vorn ansagen, um rechtzeitig aufstoppen zu können. Erfolgt die Annäherung in größerem Winkel, können Sie, wie beim Längsseitsgehen, das Ruder noch einmal vom Fingersteg weglegen und kurz voraus einkuppeln, um damit das Heck Richtung Steg zu drücken.

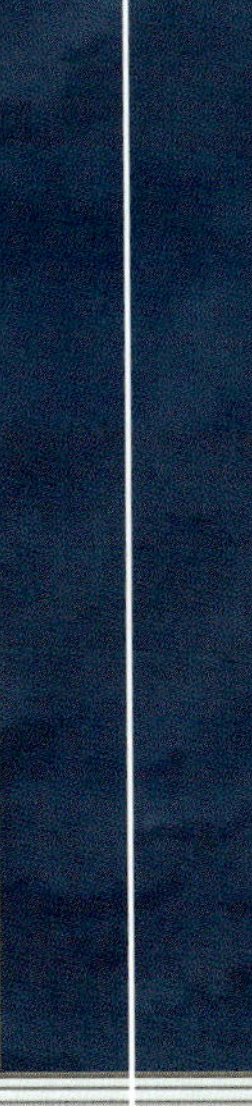

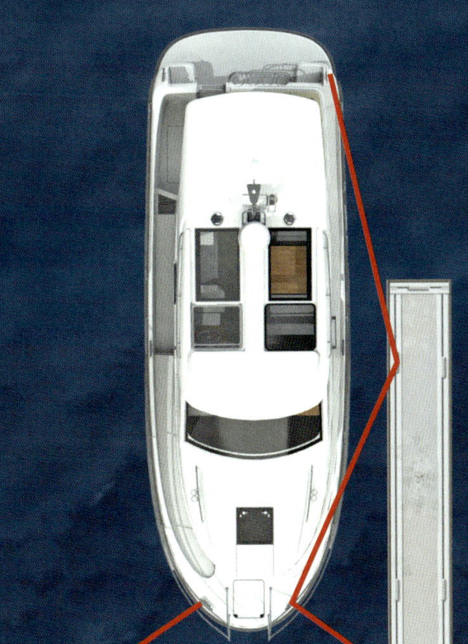

Fender und Leinen

Beide Seiten gut abfendern. Der Schutz der Badeplattform ist hier nicht so wichtig, der Abstand nach vorn zum Steg dafür umso mehr. Die Leinen, besonders die Vorspring, so legen, dass ausreichend Platz zwischen Vorsteven und Stegkante bleibt und die Bugspitze nicht über den Steg ragt – auch wenn dort ein- und ausgestiegen wird. Fällt der Wasserstand einmal, bleibt das Boot sonst schnell hängen.

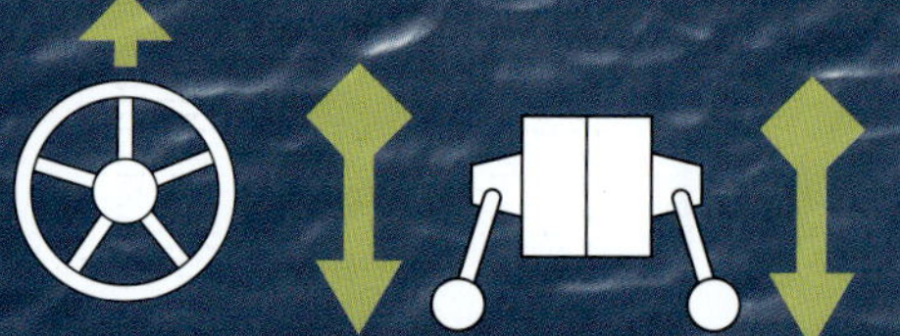

3 Vorsichtig und kontrolliert in gerader Linie zurücksetzen, dabei immer nur kurz einkuppeln. Das kann mit beiden Maschinen gleichzeitig geschehen. Sollte die Ausrichtung dennoch nicht mehr stimmen, erneut ohne Rudereinsatz nur mit den Gashebeln der Schaltung entsprechend korrigieren.

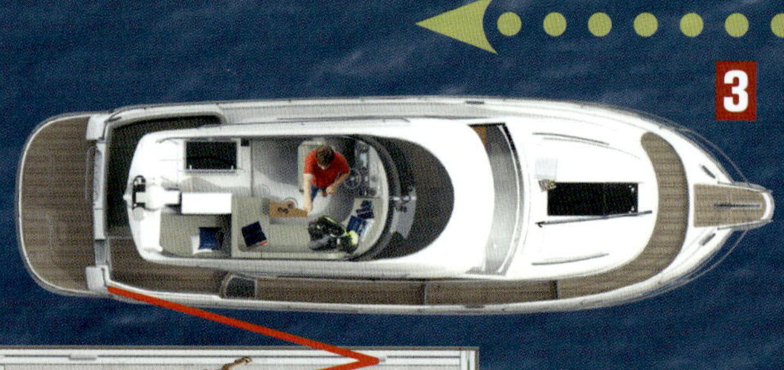

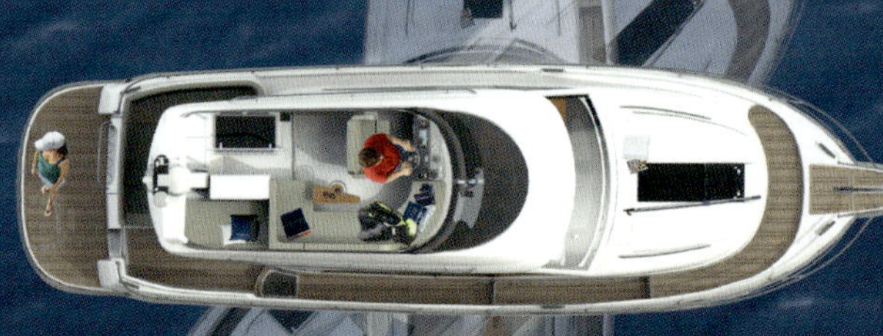

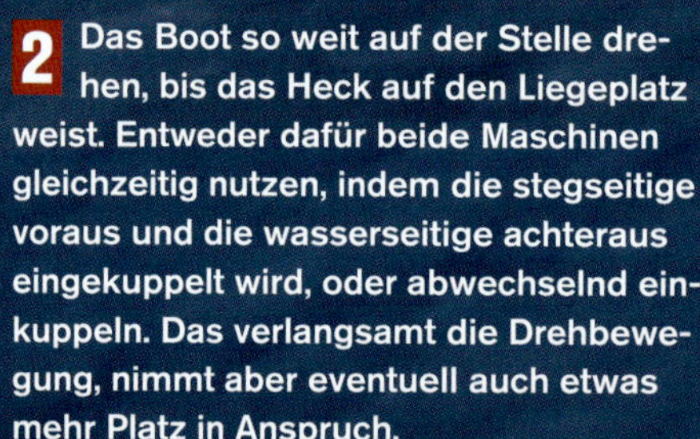

2 Das Boot so weit auf der Stelle drehen, bis das Heck auf den Liegeplatz weist. Entweder dafür beide Maschinen gleichzeitig nutzen, indem die stegseitige voraus und die wasserseitige achteraus eingekuppelt wird, oder abwechselnd einkuppeln. Das verlangsamt die Drehbewegung, nimmt aber eventuell auch etwas mehr Platz in Anspruch.

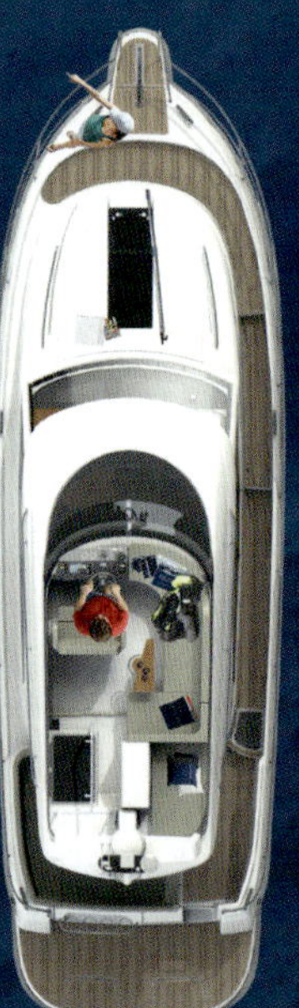

1 Ist der Liegeplatz bestimmt, das Boot auf dessen Höhe aufstoppen. Die Leinen liegen bereit, und die Fender sind ausgebracht, wobei die Badeplattform nicht vergessen werden darf.

Mit doppeltem Wellenantrieb rückwärts

Auch beim Anlegen am Fingersteg haben Boote mit zwei Wellenanlagen den Vorteil, dass sie sich allein mit den Motoren manövrieren lassen und das Steuer dafür die ganze Zeit über nicht bewegt werden muss. Außerdem spielt der Radeffekt bei der Fahrt über Heck keine Rolle, da sich die Einflüsse der beiden gegenläufigen Propeller aufheben – vorausgesetzt, die Maschinen werden gleichzeitig eingesetzt oder abwechselnd in gleichmäßiger Folge.

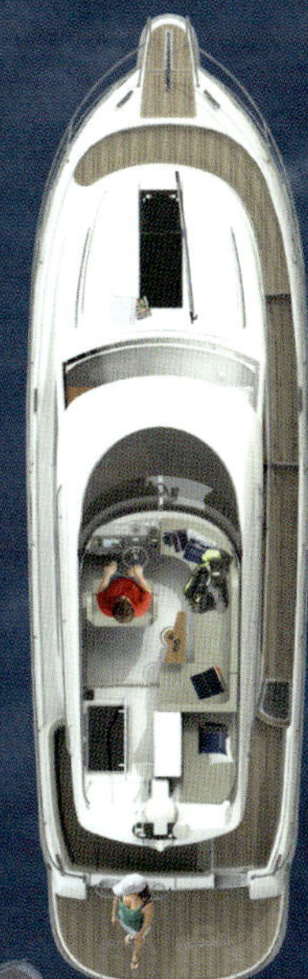

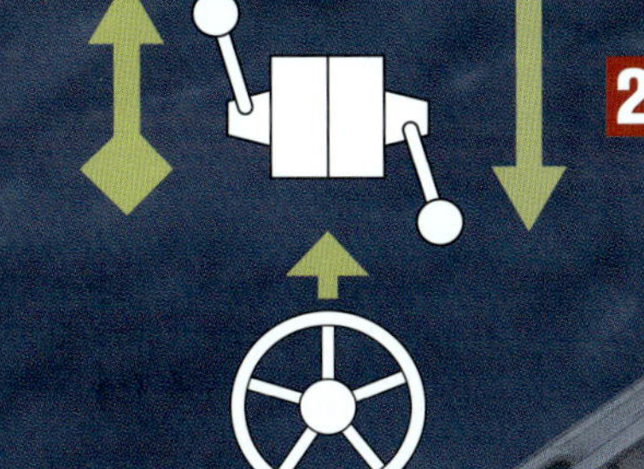

2

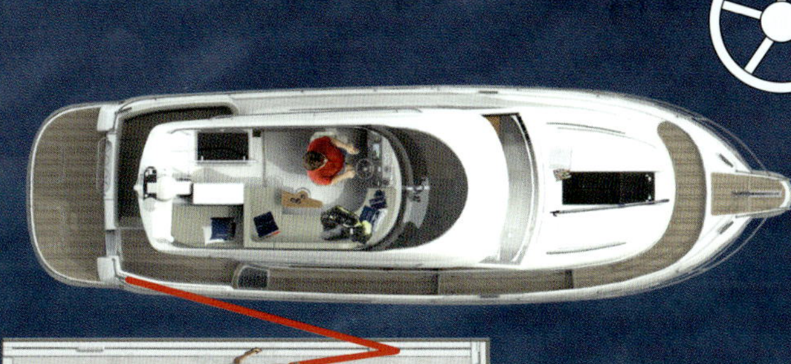

2 Kurz vor Erreichen des Liegeplatzes oder knapp nachdem er passiert wurde, die dem Steg abgewandte Maschine rückwärts laufen lassen und mit der inneren Maschine bei Bedarf durch Vorausschübe die Drehgeschwindigkeit und den Kurs korrigieren. Nicht zu viel Fahrt aufnehmen.

1

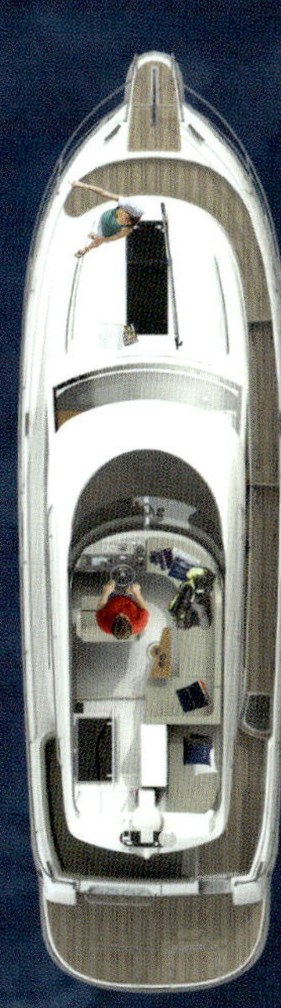

1 In engen Häfen kann es sinnvoll sein, den Liegeplatz gleich rückwärts anzulaufen, um sich eine Drehung zu ersparen. Oder es wird bei Vorausfahrt zunächst am Liegeplatz vorbeigefahren und dann auch direkt rückwärts angelegt. Auch das erspart eine mehrphasige Drehung, setzt jedoch eine gute Kenntnis der Manövriereigenschaften der Yacht voraus.

3 In langsamer Fahrt in die Lücke einlaufen, die Maschinen abwechselnd oder zusammen nutzen. Falls der Abstand zwischen Bug und Steg nicht einsehbar ist, diesen von einem Crewmitglied ansagen lassen und lieber etwas früher aufstoppen. Das Boot kann später auch von Hand weiter nach vorn verholt werden. Zuerst die Vorsspring belegen, damit der Bug nicht auf den Steg treiben kann.

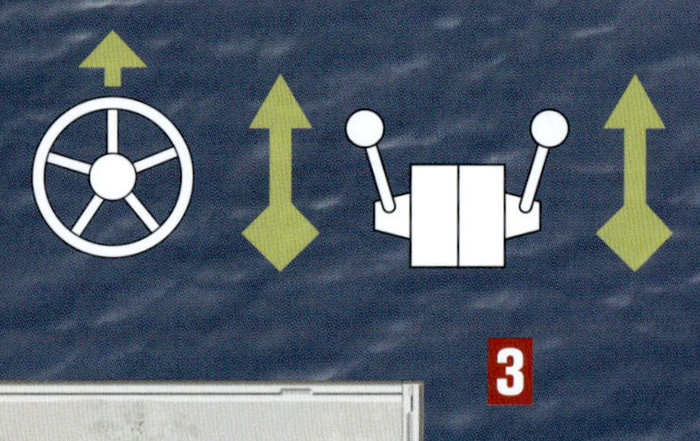

3

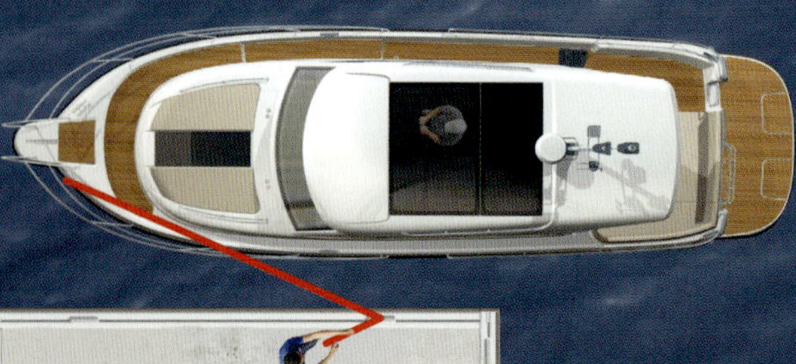

2

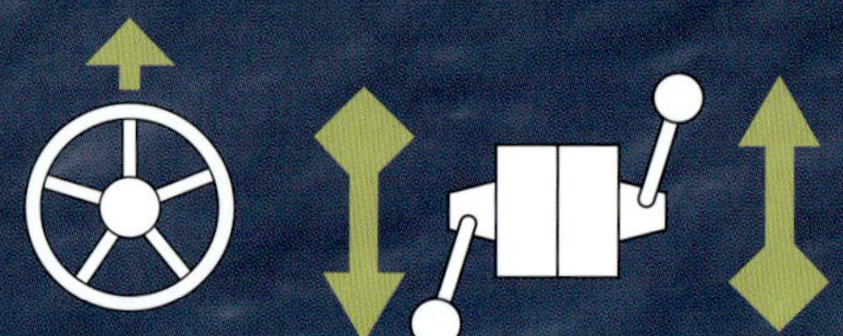

2 Die stegabgewandte Maschine vorwärts einkuppeln, die stegseitige rückwärts. Das Ruder kann in Mittelstellung bleiben und muss nicht bedient werden.

1 Reicht der Platz nicht aus, um in einem Zug den Liegeplatz anzulaufen, kann vor dem Platz auf der Stelle gedreht werden. Das hat auch den Vorteil, dass der Liegeplatz langsamer und kontrollierter angelaufen wird. Dazu das Boot auf Höhe des Liegeplatzes zum Stehen bringen und mit den beiden Maschinen drehen, bis der Bug auf den Liegeplatz zeigt.

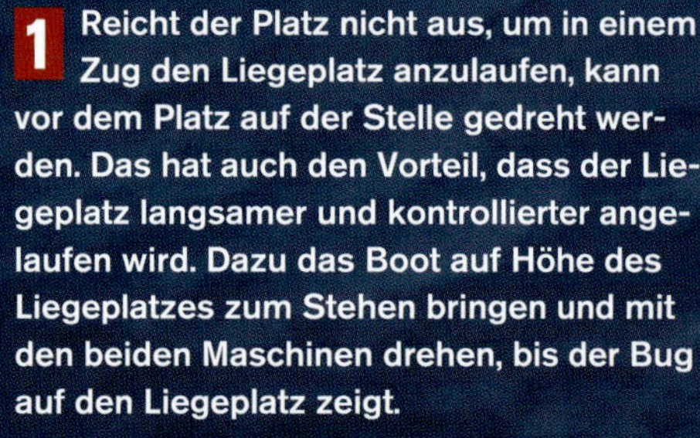

1

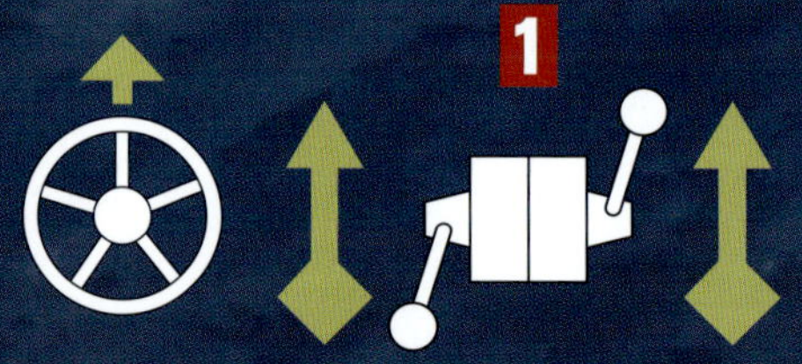

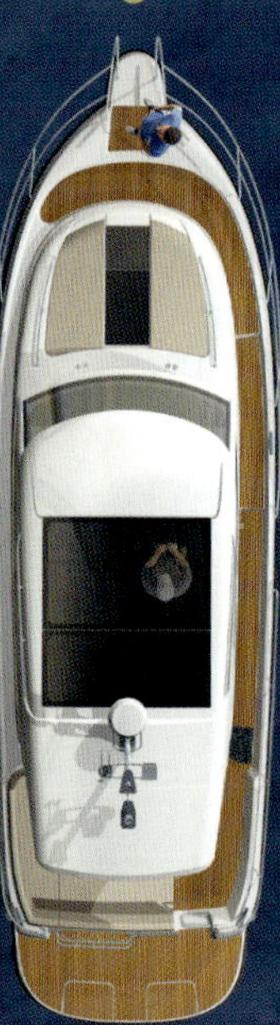

Mit doppeltem Wellenantrieb vorwärts

Der Ablauf des Anlegemanövers in Vorausfahrt entspricht in etwa dem achteraus. Wenn ausreichend Platz zwischen den Fingerstegen vorhanden ist und die Umstände es zulassen, kann der Liegeplatz auch in einer Kurve direkt angelaufen werden. Dafür sollte der Skipper die Manövriereigenschaften des Bootes kennen, um den Bogenradius abhängig von der Geschwindigkeit richtig zu kalkulieren. Droht es zu knapp zu werden, lieber abbrechen und, wie auf der gegenüberliegenden Seite gezeigt, auf der Stelle drehen.

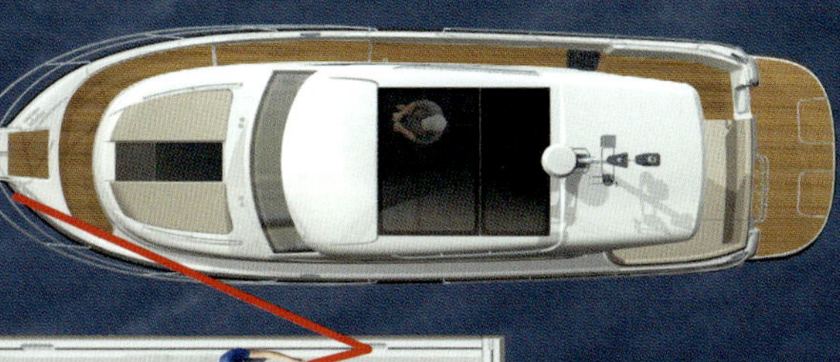

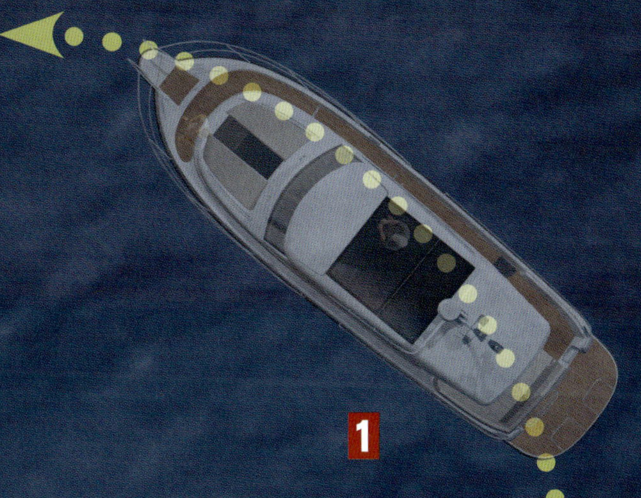

2 Nicht zu viel Fahrt ins Schiff kommen lassen, da sonst Gefahr besteht, den Steg zu rammen. Rechtzeitig, lieber etwas zu früh, aufstoppen. Wieder zuerst die Vorspring belegen.

1 Der Drehkreis ist bei Vorausfahrt größer als bei Achterausfahrt, deshalb wird für das direkte Einlaufen etwas mehr Platz benötigt. Das Ruder bleibt mittschiffs, die Drehbewegung wird nur durch das abgestimmte Zusammenspiel der beiden Maschinen bewirkt. Die aus Stegsicht außen liegende Maschine für die Vorwärtsbewegung nutzen, die Kurve wird dabei ganz von selbst eingeschlagen, die innen liegende Maschine dient Korrekturen.

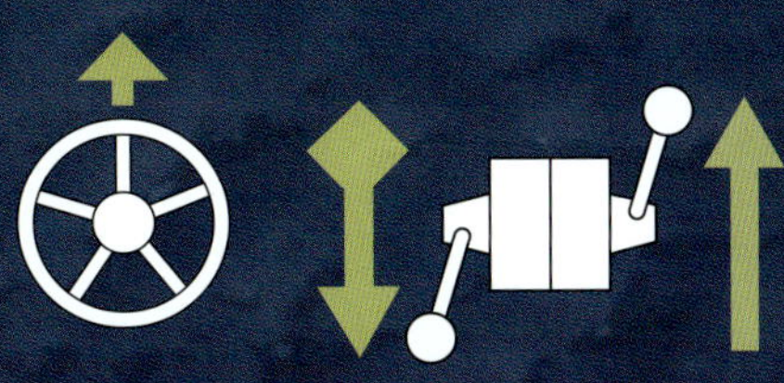

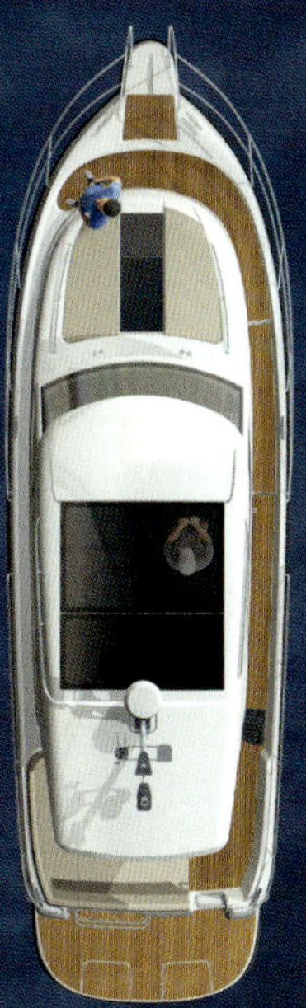

Mit Z-Antrieb und Außenborder

Wie bereits erwähnt, fehlt beim steuerbaren Antrieb das Ruderblatt. Steuerwirkung gibt es also nur durch den drehenden Propeller. Das muss bei den hier gezeigten Manövern mit Z-Antrieb und Außenborder bedacht werden. Mit Schub lässt sich der Liegeplatz dafür sehr präzise anpeilen – und mit gegenläufigen Propellern ist auch der Raddeffekt kein Thema.

3 Die Lenkung in die Mittelstellung bringen und langsam zurücksetzen. Dabei auf die Badeplattform und auf die Antriebe am Heck achten.

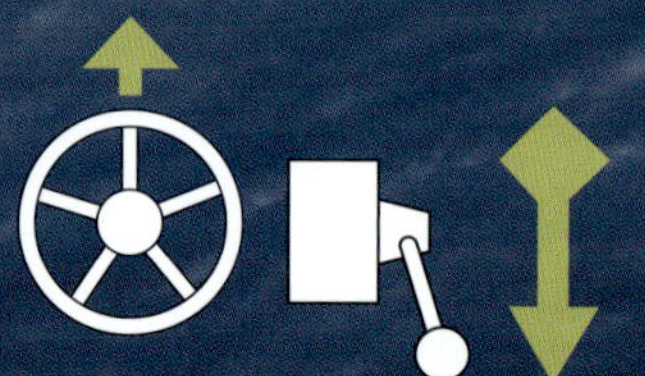

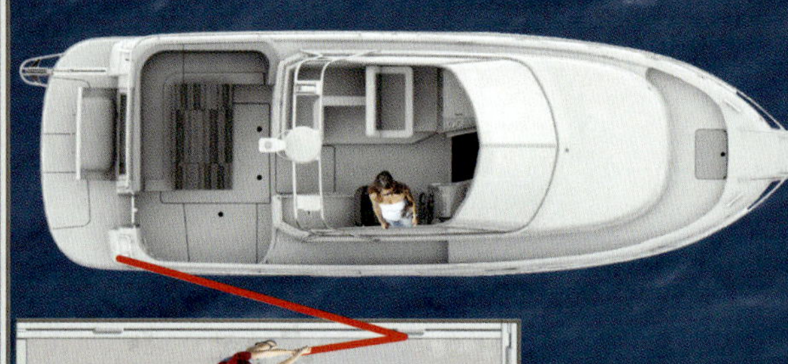

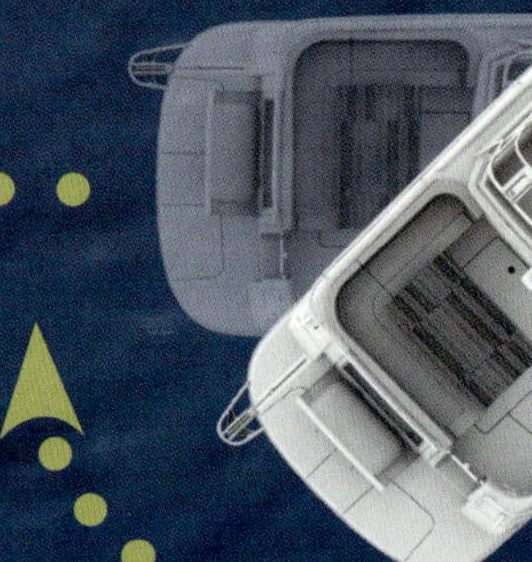

2 Dazu die Lenkung zunächst voll vom Land weg einschlagen und einen kurzen Schub voraus geben. Das Heck kommt herum. Nun die Lenkung in die entgegengesetzte Richtung einschlagen und einen kurzen Schub achteraus geben. Jetzt sollte das Boot in etwa parallel zum Fingersteg liegen, bei Bedarf korrigieren.

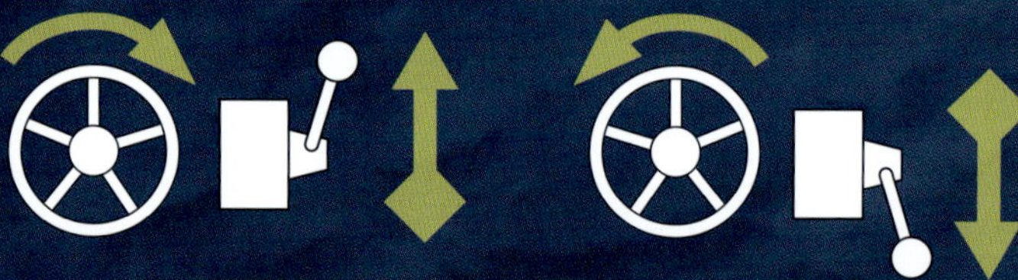

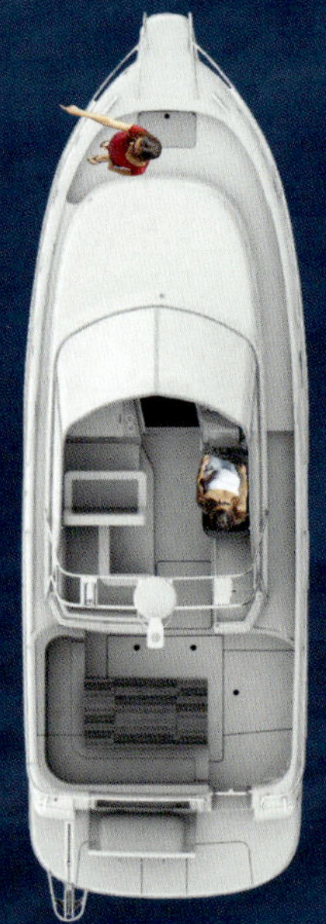

1

Rückwärts

1 Das Boot auf Höhe des Liegeplatzes aufstoppen. Dann so drehen, dass das Heck bzw. der Bug annähernd auf den Liegeplatz zeigen. In diesem Fall wird mit dem Heck voraus angelegt.

In einem Zug Wenn der Platz ausreicht und das Fahrverhalten des Bootes bekannt ist, kann in einem Zug in einer 90-Grad-Kurve rückwärts oder vorwärts angelegt werden. Beim Rückwärtsfahren wirkt sich der weit hinten liegende Drehpunkt günstig aus: Das Vorschiff läuft den Propellern hinterher und wird beim Aufstoppen am Liegeplatz bei richtigem Timing von selbst parallel an den Fingersteg herandriften.

2 Die Lenkung voll zum Land hin einschlagen und einen kurzen Schub voraus geben. Dann in die entgegengesetzte Richtung und kurz achteraus geben. Das Boot kommt parallel zum Liegeplatz.

3 Die Lenkung in die Mittelstellung bringen und langsam vorwärts den Liegeplatz anlaufen, dabei auf den Bugkorb achten.

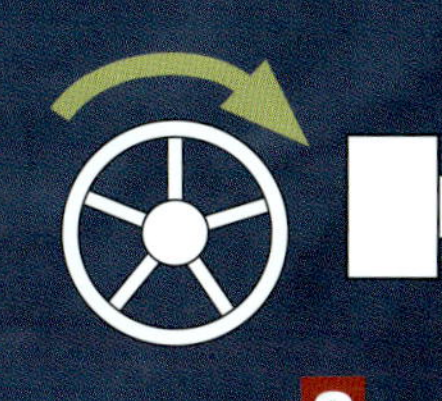

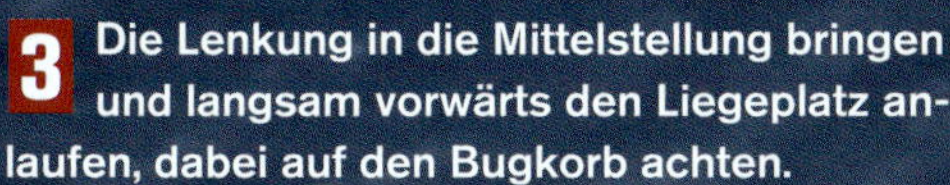

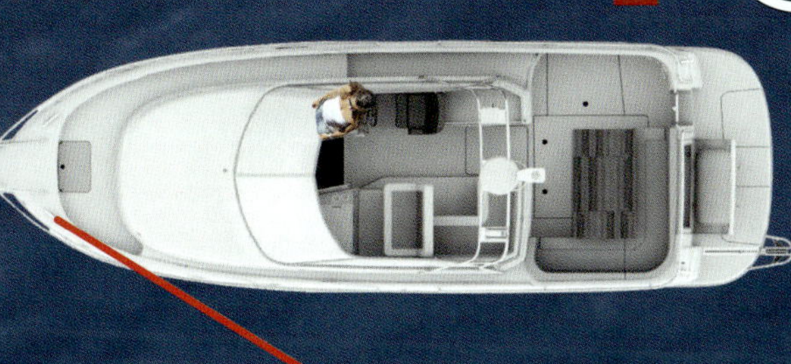

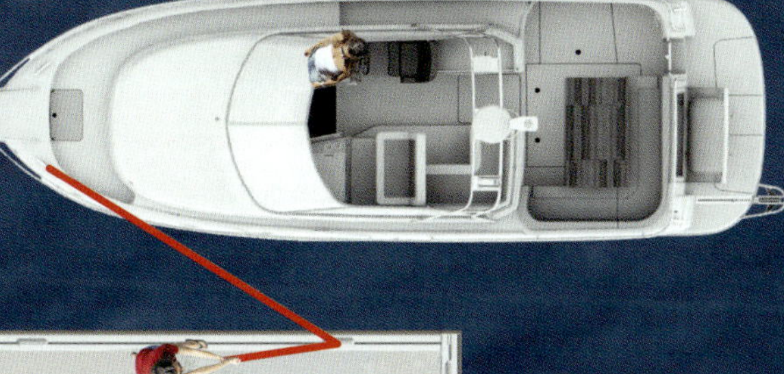

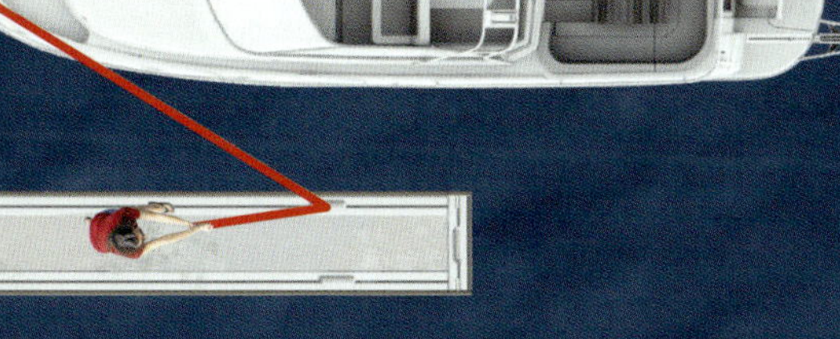

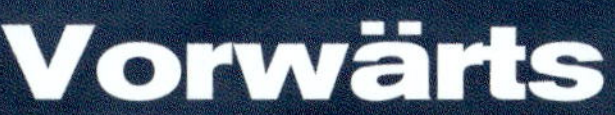

Vorwärts

1 Das Boot auf Höhe des Liegeplatzes aufstoppen. Dann so drehen, dass das Heck bzw. der Bug annähernd auf den Liegeplatz zeigen.

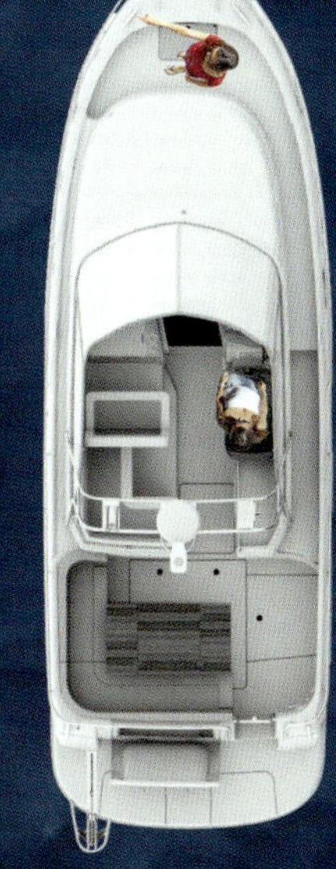

Doppelmotoren Bei Booten mit zwei Z-Antrieben oder Außenbordern liegen die Motoren dichter an der Längsachse des Rumpfes als bei Doppelwellenanlagen. Sie lassen sich deshalb auf engem Raum nur mit Maschineneinsatz nicht ganz so wirkungsvoll manövrieren. Manöver müssen deshalb mit der Steuerung unterstützt werden – sodass der Ablauf weitgehend dem mit nur einem Motor entspricht. Der Unterschied: Die Steuerwirkung kann erhöht werden, indem die Maschinen gegenläufig genutzt werden, wie auf den vorhergehenden Seiten beschrieben.

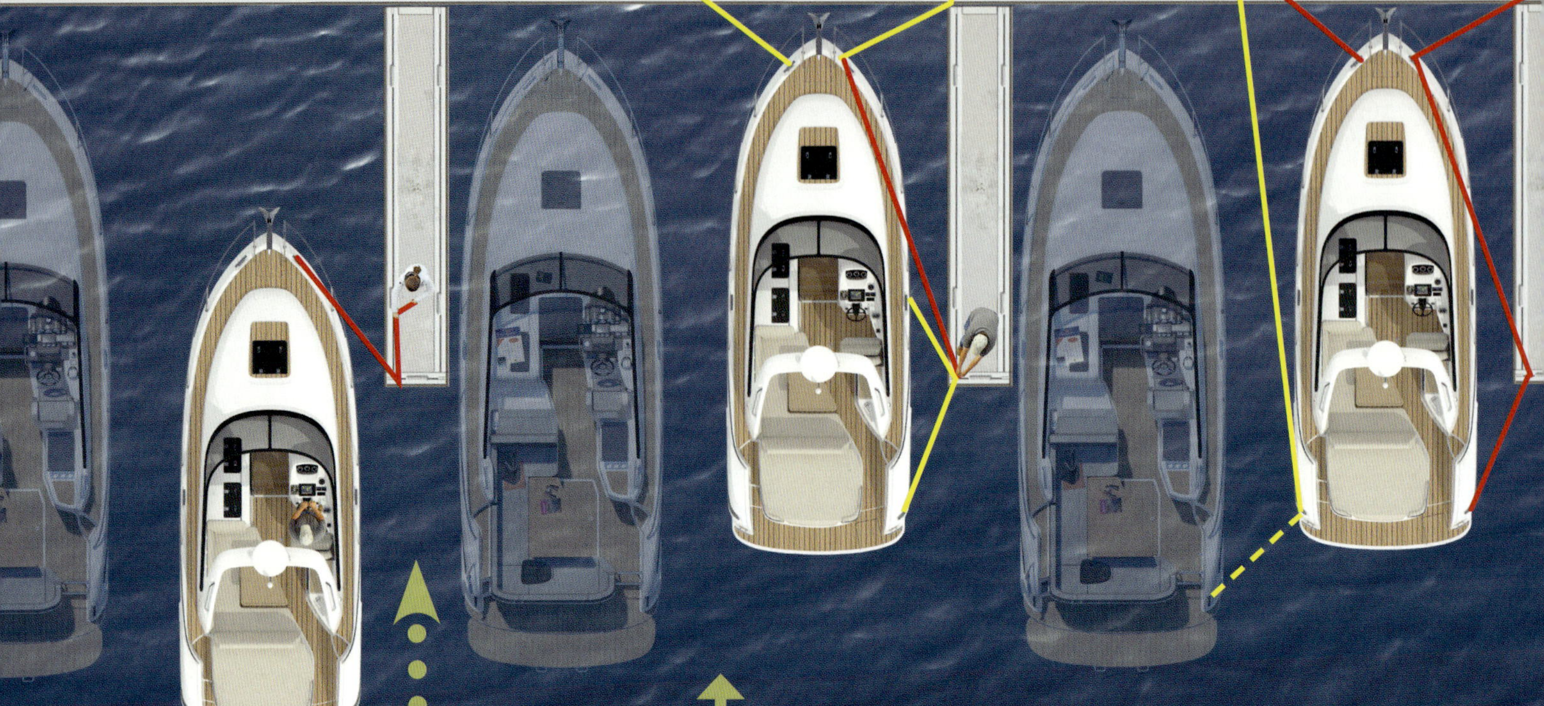

1 Während der Anfahrt, die trotz schiebendem Wind so langsam wie möglich erfolgt, bereitet die Crew Fender und Leinen vor: zwei Vorleinen, und – auf der Seite des Fingerstegs – eine Achter- und eine Vorspring. Wenn die Klampe oder der Poller am Ende des Fingerstegs in Reichweite sind, die Vorspring dort überlegen. Sobald sie dicht kommt, etwas Ruder vom Steg weglegen, um dem einsetzenden Drehimpuls entgegenzuwirken.

2 Die Maschine voraus eingekuppelt lassen, das stabilisiert das Boot. Durch langsames Fieren der Vorspring das Boot bis zum gewünschten Abstand vorn an den Steg sacken lassen. Achterspring sowie beide Vorleinen ausbringen (gelb). Ist der Steg lang genug, eine zweite Vorspring als zusätzliche Sicherung von der Mittelklampe aus legen.

3 Das Boot ist bislang nur auf einer Seite fixiert. Dreht der Wind so, dass er auf den Fingersteg drückt, können unangenehme Quietschgeräusche durch die Fender entstehen, außerdem scheuern sie am Rumpf. Eine Achterspring auf der entgegengesetzten Seite zieht den Rumpf vom Steg weg, ist starkem Wind jedoch nicht gewachsen. Sie sollte so weit achtern wie möglich ansetzen, ihr Winkel zum Rumpf aber dennoch so stumpf wie möglich sein. Wenn der Nachbar es gestattet, zusätzlich einen Festmacher von Boot zu Boot ausbringen.

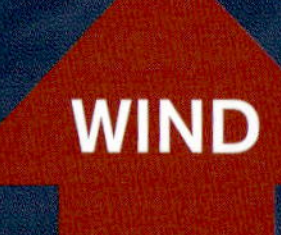

Auflandiger Wind

Eine besondere Situation entsteht, wenn der Wind stark auflandig weht und keine besseren Liegeplätze zur Auswahl stehen. Das Problem ist, dass Fingerstege in der Regel sehr kurz sind und kaum eine Möglichkeit bieten, um das vor dem Wind einlaufende Boot mit einer Leine abzubremsen oder überhaupt eine Leinenverbindung herzustellen, bevor der Bug auf den Hauptsteg trifft. Wenn es die Umstände erlauben, sollte der Skipper in diesem Fall versuchen, mit dem Heck und Fahrt achteraus einzulaufen, da sich das Boot mit dem Bug im Wind zumindest besser kontrollieren lässt. Geht es jedoch nur mit dem Bug in Vorausfahrt, ist gutes Timing beim Aufstoppen gefragt – und die Vorspring.

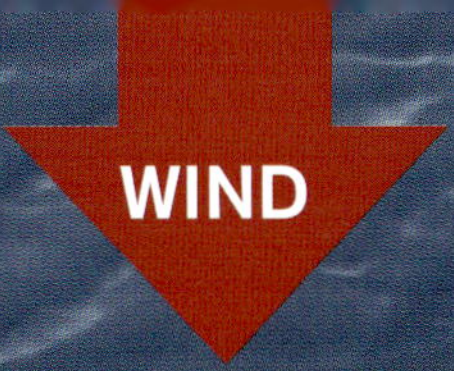

WIND

Seitlicher Wind

In engen Gassen, in die auch noch die Hecks anderer Boote und Yachten hineinragen, kann das direkte Anlaufen des Liegeplatzes unmöglich sein, weil der Platz für eine Drehung nicht ausreichend ist. Auch hier hilft die Vorspring, diesmal jedoch als Manöverleine, nicht als Festmacher.

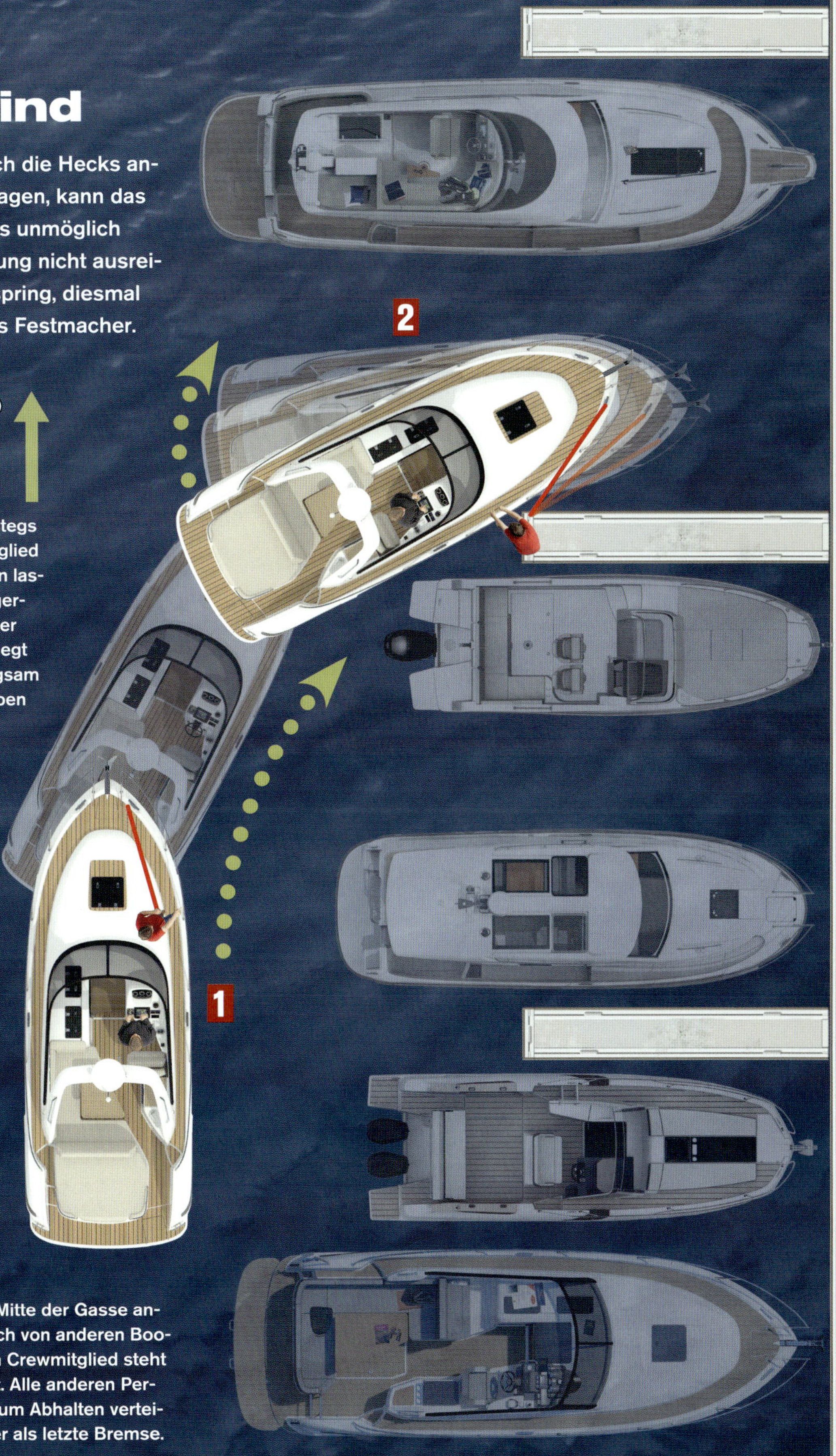

2 Sobald das Kopfende des Fingerstegs sicher erreichbar ist, das Crewmitglied übersteigen und die Vorspring belegen lassen. Nun Eindampfen, Ruder zum Fingersteg hin unterstützt die Drehung. An der Stegecke gut abhalten und fendern. Liegt das Boot parallel zum Fingersteg, langsam die Vorspring fieren und wie beschrieben mit den übrigen Leinen festmachen.

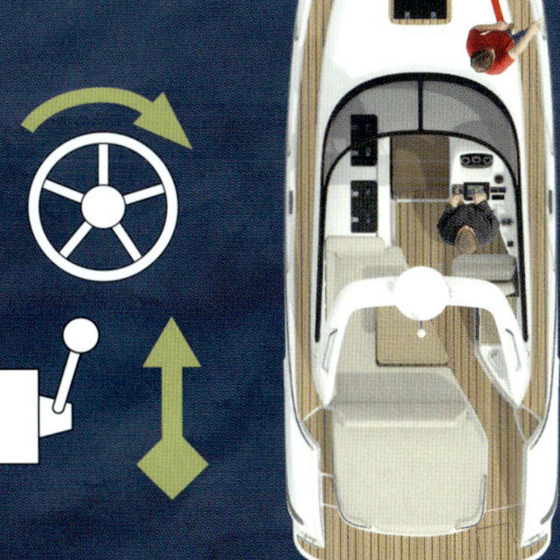

1 Die Annäherung möglichst in der Mitte der Gasse ansetzen, um sich so weit wie möglich von anderen Booten zu beiden Seiten frei zu halten. Ein Crewmitglied steht etwa auf Höhe der Mittelklampe bereit. Alle anderen Personen an beiden Seiten mit Fendern zum Abhalten verteilen. Hilfreich ist ein großer Kugelfender als letzte Bremse.

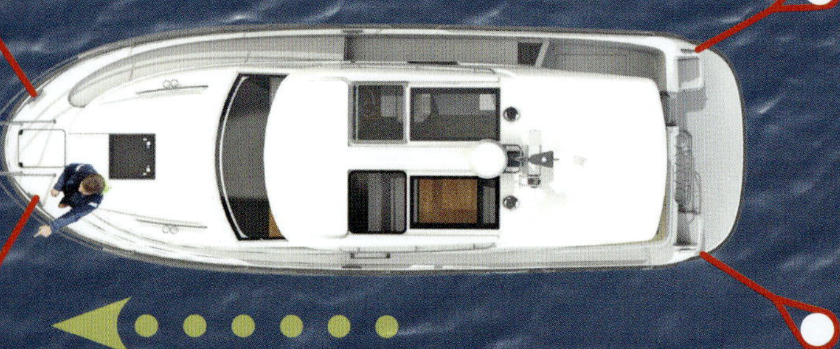

4 Aufstoppen, wenn der Bug noch etwa einen Meter vom Steg entfernt ist. Entfernungen per Handzeichen anzeigen lassen. Nun sofort die beiden Achterleinen belegen, damit das Boot nicht auf den Steg treiben kann, und die beiden Vorleinen an Land geben. Sind alle vier Leinen erst einmal fest, können die Abstände bei Bedarf in Ruhe nachjustiert werden.

3 Wenn sich das Boot zur Hälfte in der Box befindet, die beiden Achterleinen mittschiffs über die Pfähle legen. Ist das Boot dadurch bereits zum Stehen gekommen, wieder kurz voraus einkuppeln.

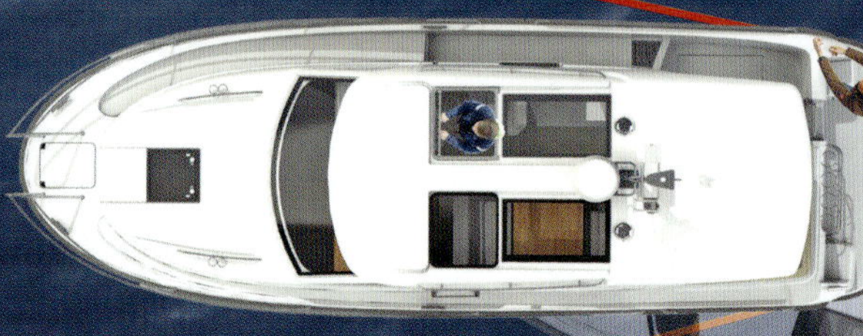

2 Kennt der Skipper das Drehverhalten seines Bootes gut, kann er in einem Zug einlaufen, indem er das Ruder zum richtigen Zeitpunkt zum Land hin legt; dabei das Manöver im Zweifelsfall eher etwas zu früh einleiten, damit das Boot nicht über die Lücke schießt. Alternativ das Boot aufstoppen, wenn sich das Vorschiff auf Höhe der Box befindet und durch Drehbewegungen (siehe Seite 46) so ausrichten, dass in gerader Linie voraus eingelaufen werden kann. Bei leichtem Seitenwind entsprechend vorhalten.

Das Standardmanöver

1 Langsam an der Pfahlreihe entlanggesteuern, bis ein passender Liegeplatz gefunden ist. Ein Crewmitglied am Bug kann bei der Suche und Einschätzung hilfreich sein, da man von dort eher Einblick in den Liegeplatz hat, als vom Steuerstand achtern. Vier Leinen liegen vorbereitet an Deck: die beiden Achterleinen, jeweils mit einem Auge, das weit genug ist, um über den Pfahl zu passen, und die beiden Vorleinen. Die Fender sind zwar schon an der Reling befestigt, aber noch nicht ausgebracht. Sie erhöhen die Gesamtbreite und können, wenn die Box knapp bemessen ist, abreißen oder das Boot beim Einlaufen stoppen, wenn sie hängenbleiben. Im ungünstigsten Fall geschieht das nur auf einer Seite und bewirkt eine Drehbewegung, die erst wieder mühsam ausgeglichen werden muss.

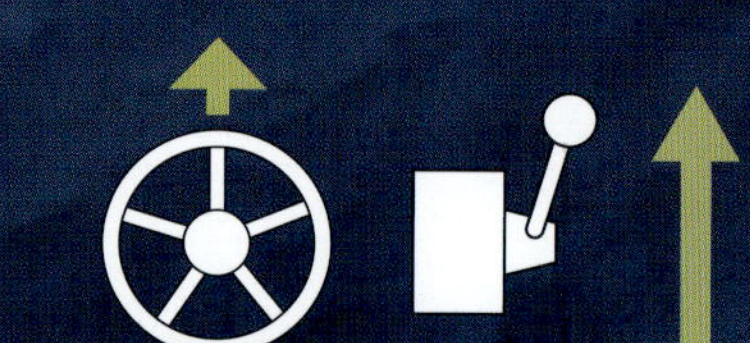

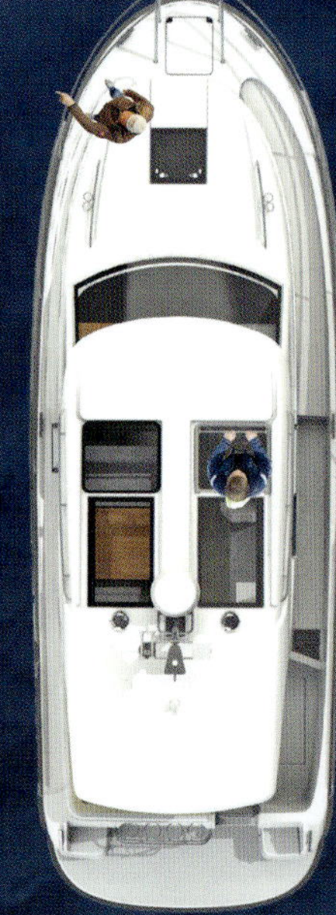

In der Box anlegen

Feste Stege mit Pfahlreihen findet man in erster Linie an der Ostseeküste und auf Binnenrevieren, also dort, wo nur mit geringen Veränderungen des Wasserstandes zu rechnen ist. Der Liegeplatz besteht dabei aus dem Steg und jeweils zwei Pfählen, der Box, in die das Boot hineinmanövriert werden muss, ohne anzuecken. Die Einfahrt erfolgt meist vorwärts; allein schon deshalb, weil sich die Stege in der Regel ungefähr auf Deckshöhe befinden und man über die tiefliegende Badeplattform nur schlecht an Land kommt. Ein- und Aussteigen erfolgt stattdessen über den Bug. Ohne nennenswerten Wind oder Strom stellt das Anlegen in einer Box kein großes Problem dar. Wichtig ist aber, dass der Abstand zwischen den Pfählen groß genug ist und man auch wirklich hindurchpasst. Außerdem sollte auch die Länge ungefähr stimmen (Rumpflänge plus Reserve von etwa zwei Metern), da das Boot dann gut abgebremst werden kann und später gleichmäßig an allen Leinen liegt. Bei mäßigem Wind kann man immer noch einlaufen, solange es ablandig weht.

Starker seitlicher Wind

Weht der Wind von der Seite, bekommen die beiden Luvleinen besondere Bedeutung: Das Einlaufen erfolgt dann dicht am Luvpfahl vorbei, sodass die dortige Achterleine auf jeden Fall über den Pfahl gelegt werden kann. Die Leeleine folgt später. Vor dem Steg aufstoppen und die luvseitige Achterleine belegen, während schnell die luvseitige Vorleine an Land gegeben wird. Ist der Bug schon zu weit nach Lee abgetrieben und kein Bugstrahlruder vorhanden, voraus einkuppeln, um das Boot mit dem Bug um die Achterleine herum wieder nach Luv zu drehen. Während Vor- und Achterleine nun unter Spannung gehalten werden, das Boot mit kurzem Einkuppeln achteraus soweit nach hinten verholen, dass auch die leeseitige Achterleine über den Pfahl gelegt werden kann. Nun erneut voraus einkuppeln und die Achterleinen soweit fieren, bis der Abstand zum Steg wieder passt. Belegen und die zweite Vorleine in Lee ausbringen.

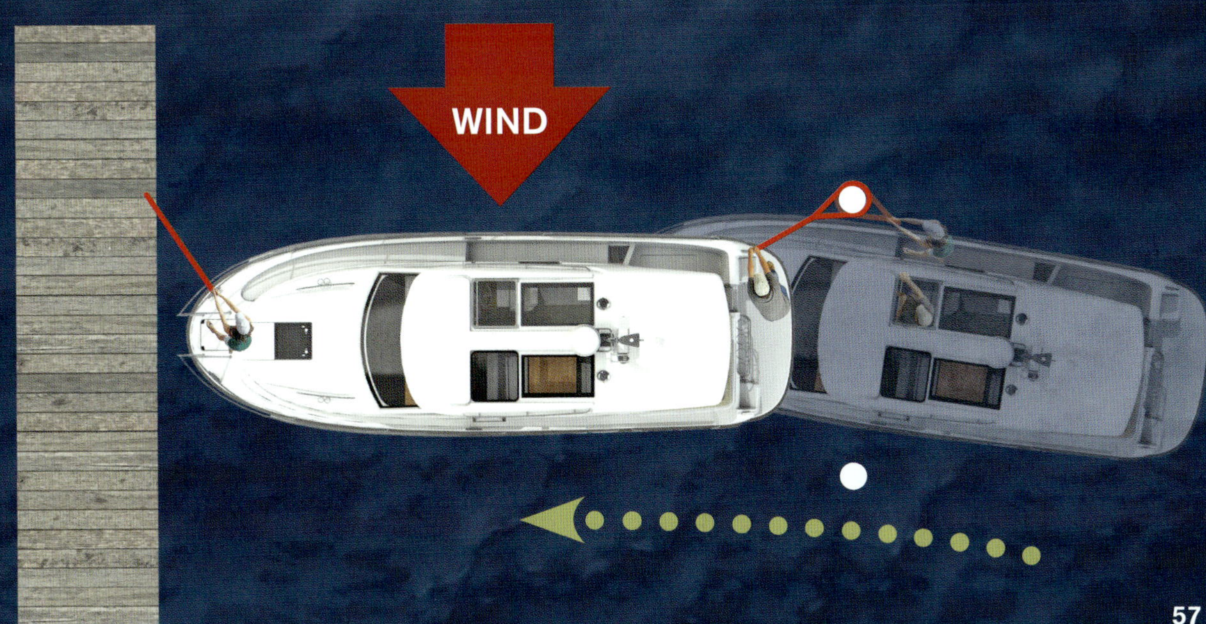

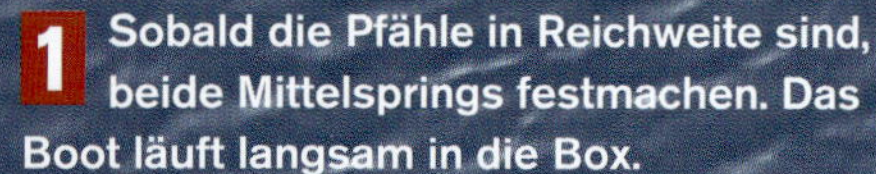
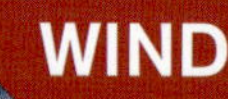

1 Sobald die Pfähle in Reichweite sind, beide Mittelsprings festmachen. Das Boot läuft langsam in die Box.

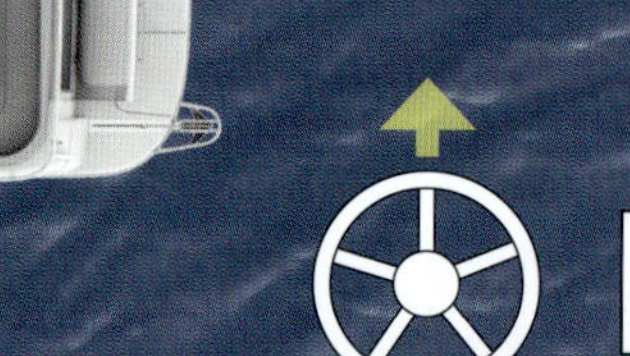
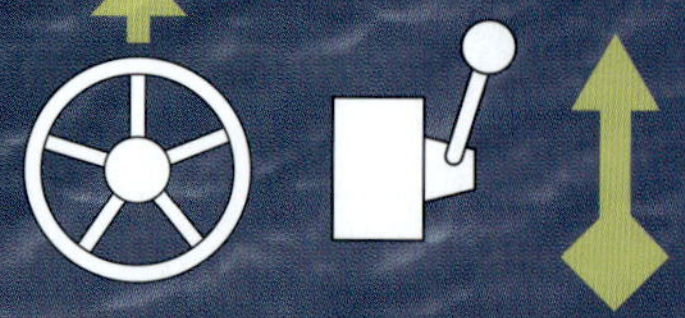

2 Kurz nachdem die Pfähle die Mittelklampen passiert haben, die Mittelsprings gleichzeitig dichtholen.

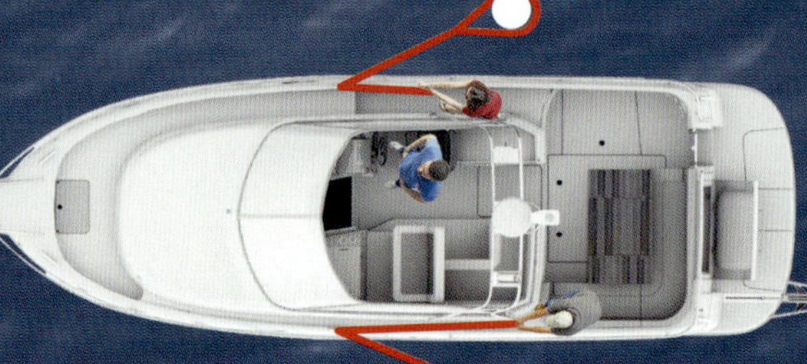

Mit Mittelspring in kurze Boxen

3 Wenn die Yacht steht, die Mittelsprings wieder gleichzeitig fieren, mit Ruderlage und Schub die Yacht ausrichten. Vorleinen ausbringen.

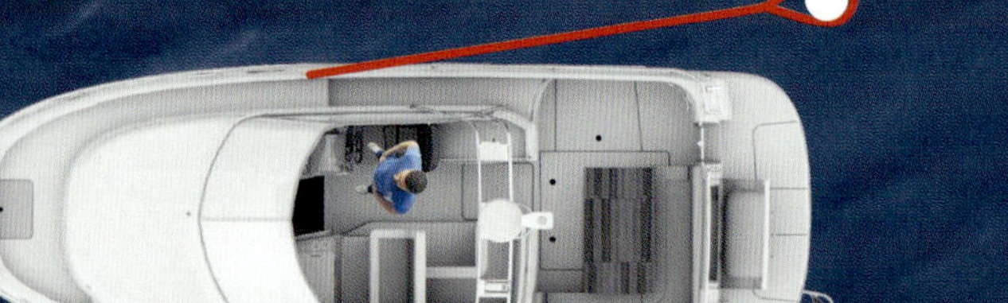

4 Mittelsprings festsetzen, sie bleiben an den Pfählen als Sicherung nach achtern. Achterleinen über Kreuz ausbringen.

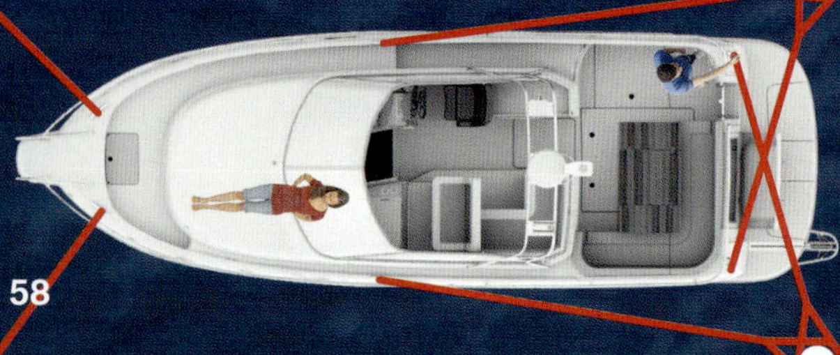

Bei Booten und Yachten, die eine Mittelklampe oder einen Poller an gleicher Stelle haben, bieten sich viele weitere Manövervarianten an. Wenn die Box zu kurz ist, um mit der Achterleine zu bremsen, oder es stark auflandig in die Box weht, ermöglicht die Mittelspring frühes Abbremsen. Vor allem aber kommt sie zum Einsatz, wenn sehr starker Wind von der Seite einfällt und mit entsprechend starker Abdrift gerechnet werden muss. Beim Eindampfen in die Mittelspring lassen sich der Bug und sogar das ganze Boot wunderbar in Luv halten, wenn etwas Ruder nach Lee (!) gelegt wird. Denn das versetzt auch das Heck nach Luv. Zur Vorbereitung gehören zwei Vor- und Achterleinen und zwei weitere mittschiffs.

1 In die Box in Luv einlaufen, sodass das Crewmitglied die Luv-Mittelspring über den Pfahl legen kann.

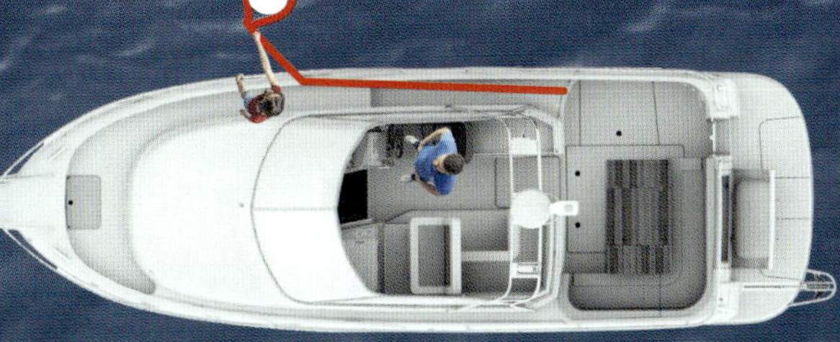

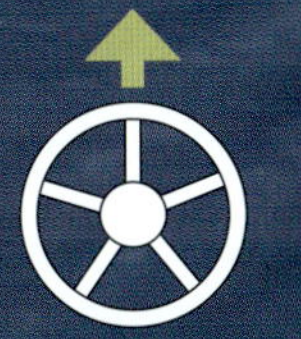

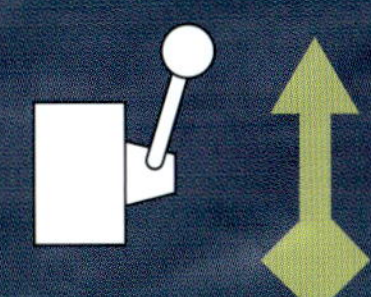

2 Sobald die Mittelklampe den Pfahl passiert hat, die Spring dichtholen. Das Boot stoppt.

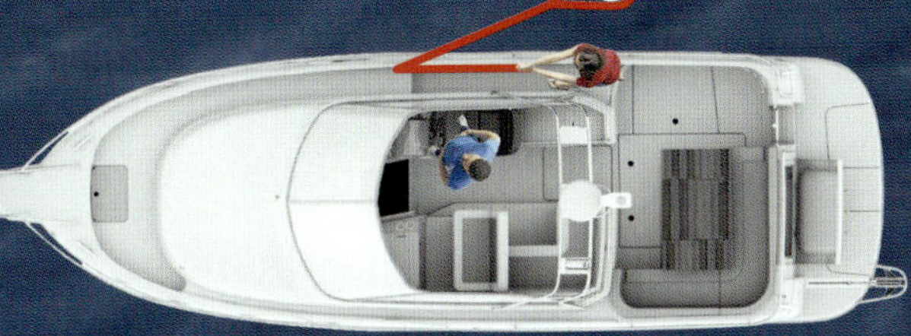

3 Durch Fieren der Mittelspring und leicht vorauslaufende Maschine das Boot weiter an den Steg führen. Ist er erreichbar, übernimmt der Skipper die Spring, und das andere Crewmitglied bringt die Luv-Vorleine aus.

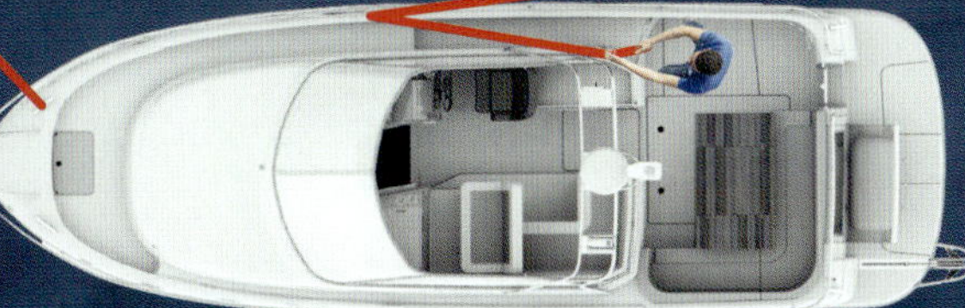

4 Das Boot wieder etwas nach achtern holen, vorn fieren, und die zweite Mittelspring ausbringen. Dann wieder in die Springs eindampfen und weiter wie in Position 3 auf der gegenüberliegenden Seite.

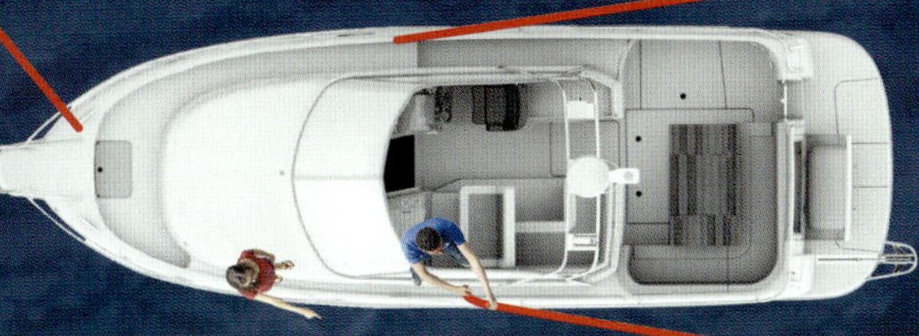

Mit Mittelspring bei kleiner Crew

Eine Variante des links gezeigten Manövers, hier für eine Zwei-Personen-Crew. Dieses Anlegen lässt sich auch allein bewerkstelligen. In Position 3 muss der Skipper das Boot nur sehr geschickt mit Schub und Ruderlage ausrichten. Oder er kann eine Lee-Achterleine ausbringen, dann gegen Mittelspring und Achterleine dampfen, ein Gleichgewicht herstellen und die Luv-Vorleine ausbringen. Auf jeden Fall ist das Boot nach Luv gesichert.

Mit der Vorleine abfangen

Wenn die Anfahrt auf den Liegeplatz mit Wind oder Strom von achtern erfolgen muss, ist es schwierig, das Timing beim Eindrehen genau zu treffen, da sich der Drehkreis aufgrund der Abdrift stark vergrößert. So kann es passieren, dass der Bug die Lücke zwischen den beiden angepeilten Pfählen verpasst. Jetzt zählt vor allem, dass das Boot schnell mit einer Leine gesichert wird – besonders dann, wenn in Lee nur wenig Manövrierraum ist. Dabei ist die Art des Antriebes nebensächlich. Hängt das Boot erst einmal am Pfahl, kommt es auf die Leinenführung an, um doch noch in die Box zu gelangen.

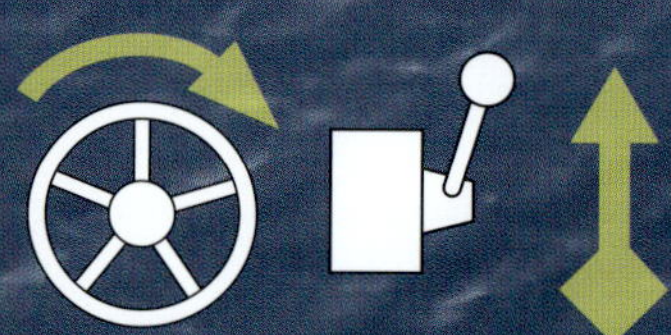

1 Merkt der Skipper, dass er die Box nicht treffen wird, bloß nicht mehr Gas geben, um das Manöver mit Gewalt zu retten! Das Steuer bleibt zwar zum Land hin eingeschlagen, aber die Fahrt muss reduziert werden. Das erste Ziel ist nun der leewärtige Pfahl des anvisierten Liegeplatzes, dafür muss eine Vorleine auf dem Vorschiff bereit liegen.

2 Ist der Pfahl für das Crewmitglied am Bug in Reichweite, das Boot mit einem Schub achteraus aufstoppen. Die Leine auf Slip über den Pfahl legen, die Maschine kurz achteraus einkuppeln und die Vorleine fieren, um den Sicherheitsabstand zum Pfahl auf einige Meter zu vergrößern.

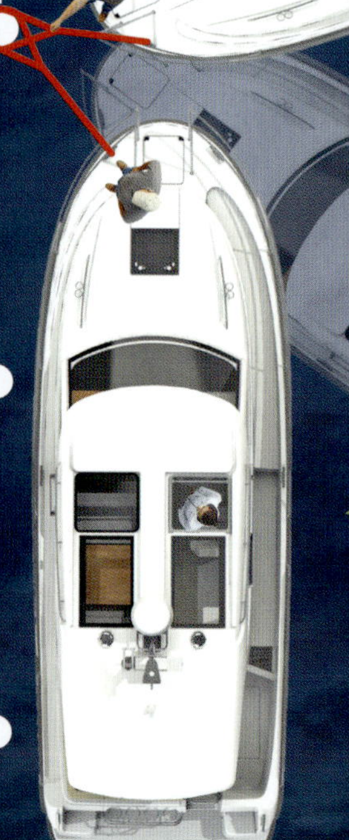

3 Das Boot kommt langsam mit dem Wind herum, bis es entlang der Pfahlreihe liegt. Fender auf dieser Seite bereithalten. Nun das weitere Manöver in Ruhe beraten (siehe gegenüberliegende Seite).

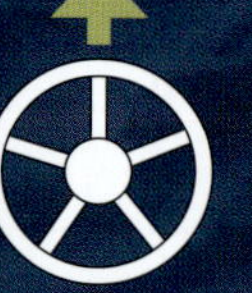

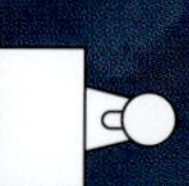

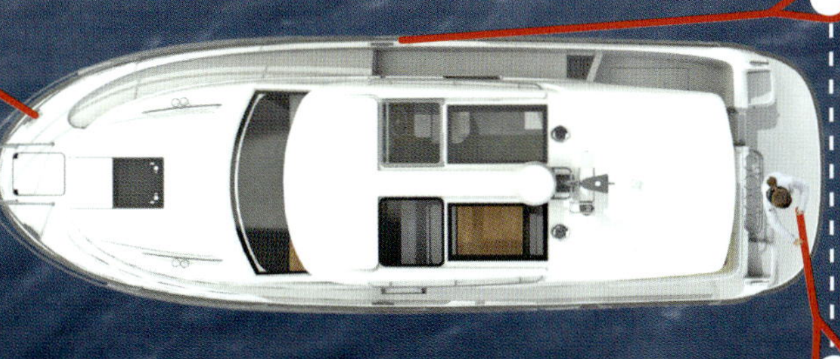
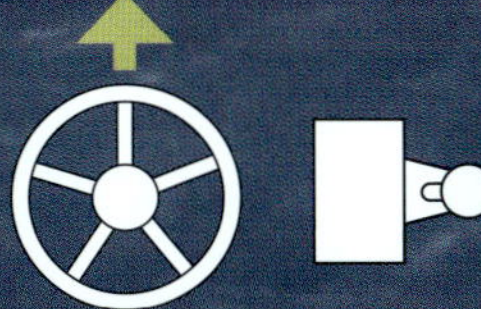

4 Ist der Steg in Reichweite, die luvseitige Vorleine an Land geben. Die Vorspring in Lee kann nun am Bug gelöst, über Deck nach achtern geführt und als Achterleine in Lee ausgebracht werden, ebenso die Luv-Mittelspring. Den Abschluss bildet die Vorleine in Lee.

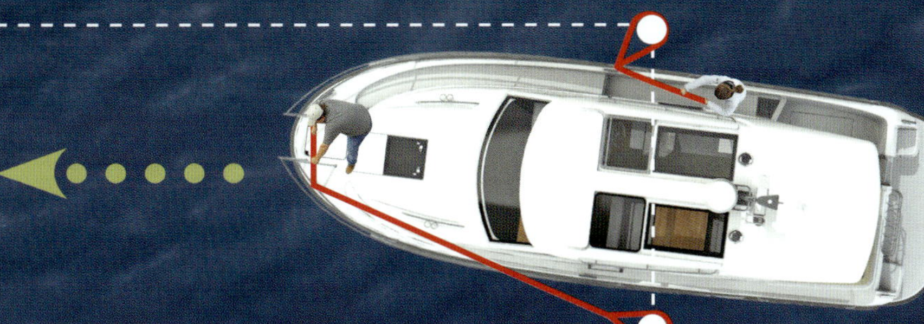
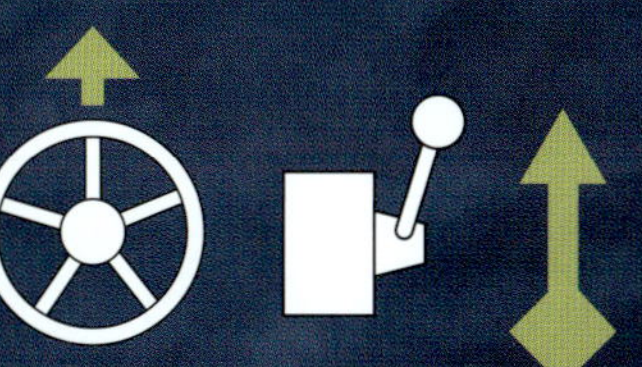

3 Das Boot dreht sich nun langsam weiter in die Box hinein. Sobald die Klampe der Luvspring den Pfahl passiert hat, auch diese langsam fieren.

2 Das Ruder hart zum Land hin legen und einen Schub voraus geben. Das Heck kommt herum und dreht den Bug in die Box. Sobald der Bug den Luvpfahl passiert hat, die Vorspring in Lee weiter fieren, die Maschine bleibt voraus eingekuppelt. Auf der Luvseite gleichzeitig eine Mittelspring über den Luvpfahl legen.

LIEGEPLATZ

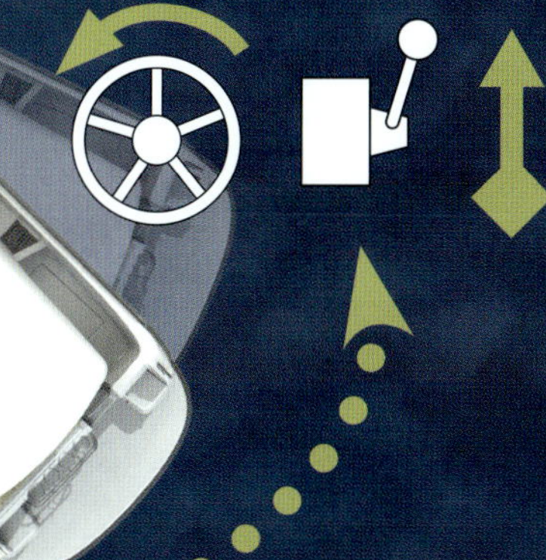

Mit Vor- und Mittelspring

Nach dem Sicherungsmanöver hängt das Boot entlang der Pfahlreihe in Lee der angepeilten Box. Da ja bereits eine Leinenverbindung besteht, kann sie auch zum kontrollierten Einlaufen genutzt werden: Die Vorleine wird dabei zur Vorspring, in die nun gegen den Wind eingedampft wird.

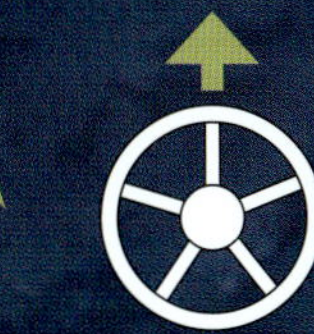

1 Voraus einkuppeln und das Boot langsam nach vorn bewegen. Die Vorleine fieren. Kurz bevor der Bug den Luvpfahl erreicht, die Vorspring dichtsetzen.

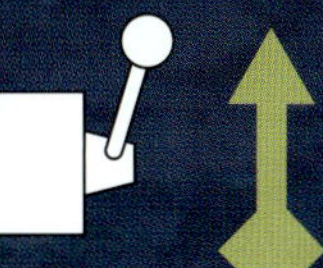

WIND

1 Ist in der Drehbewegung erkennbar, dass die angepeilte Box mit dem Bug verpasst wird, Geschwindigkeit reduzieren und das Boot kurz vor der Pfahlreihe mit einem Schub achteraus aufstoppen.

3 Sobald das Boot weit genug herumgeschwenkt ist, den Luvpfahl der gewünschten Box mit Fahrt achteraus über das Heck ansteuern (hier roter Pfeil). Achtung: Bei Booten mit einfacher Wellenanlage kann es von der Drehrichtung und dem Radeffekt des Propellers abhängen, ob das Manöver gelingt. Bei diesem Beispiel könnte ein voraus rechtsdrehender Propeller dafür sorgen, dass das Heck trotz Hartruderlage an die Pfahlreihe an Backbord gezogen würde. Entsprechend vorhalten oder mit Vorausschüben gegensteuern. Bei Doppelmotorenanlagen und steuerbaren Antrieben lässt sich die Fahrtrichtung auch achteraus gut kontrollieren.

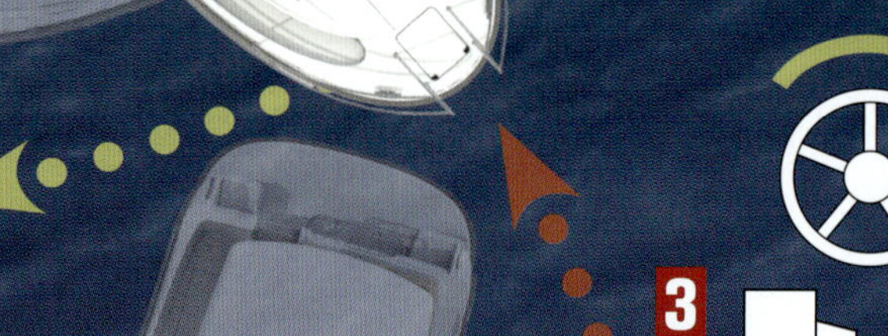

Mit der Achterleine abfangen

Die angepeilte Box wurde beim Anlauf mit achterlichem Wind verfehlt. Sollte das Abfangen mit der Vorleine (siehe Seite 60) keine Option sein, etwa wegen möglicher Hindernisse auf der Leeseite, wie beispielsweise weit herausragende Yachten, gibt es noch eine Alternative, um die Situation zu retten: Bei den meisten Sportbooten und Motoryachten driftet der Bug vor dem Wind schneller ab, das Heck bleibt also im Wind, während das Boot nach Lee treibt. Diesen Effekt kann der Skipper in dieser Situation ausnutzen, um sich mit dem Heck kontrolliert der Pfahlreihe auf der gewünschten Seite anzunähern und das Boot dort zu sichern.

2 Während das Boot langsam nach Lee treibt, drückt der Wind den Bug weiter herum. Notfalls mit kurzem Einkuppeln voraus nachhelfen.

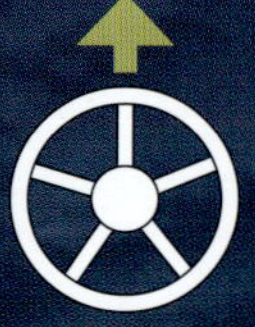

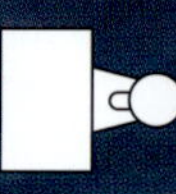

Mit Vor- und Achterspring drehen

Mit dem Heck im Wind liegt das Boot längsseits der Pfahlreihe vor der Wunschbox. Die Vorspring kommt zum Einsatz, um den Bug in die Lücke zwischen den beiden Pfählen zu drehen und das Boot so auszurichten, dass es, ohne die sichere Leinenverbindung zu lösen, in die Box einfahren kann.

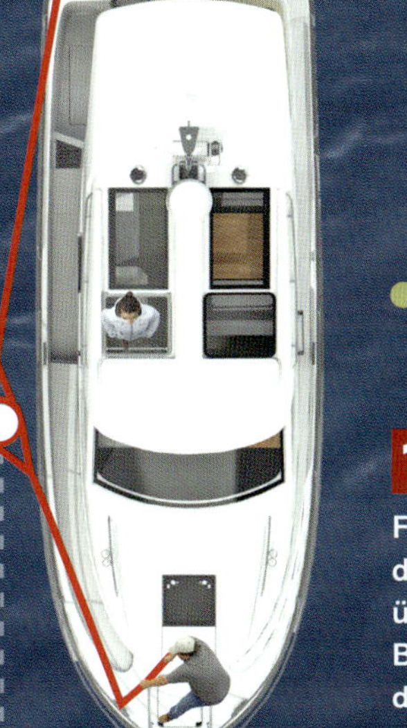

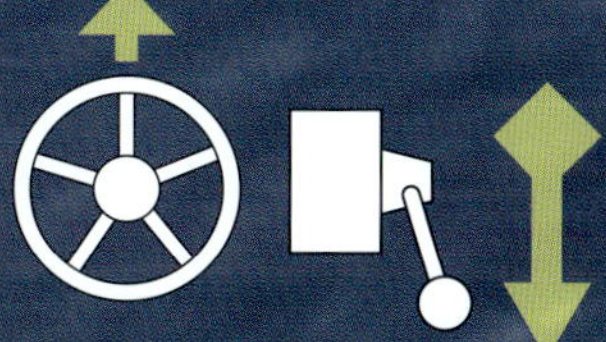

1 Das Boot mit achteraus eingekuppelter Maschine und bei gleichzeitigem Fieren der Achterleine nach Luv verholen, dabei sobald wie möglich eine Vorspring über den Luvpfahl der Box legen. Hat der Bug den Leepfahl passiert, beide Leinen dichtsetzen und auskuppeln.

LIEGEPLATZ

2 Das Steuer zum Land hin legen und voraus einkuppeln, das Heck beginnt nach Lee zu drehen. Die Drehgeschwindigkeit lässt sich mit Schub und Rudereinschlag kontrollieren, notfalls durch Gegenruder und viel Schub sogar stoppen.

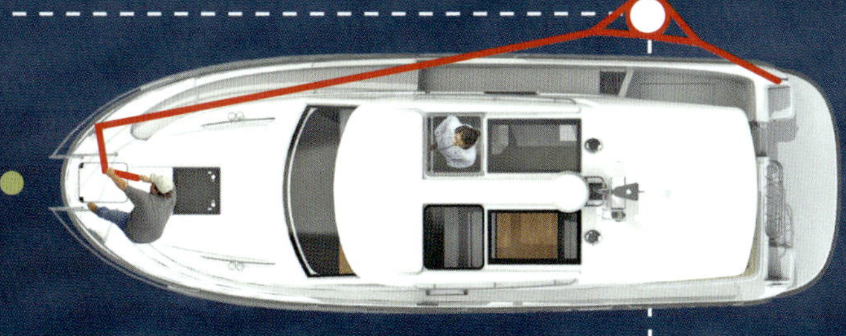

3 Sobald die Bugspitze in die Box sticht, wird die Vorspring langsam gefiert und die Achterleine entsprechend verkürzt.

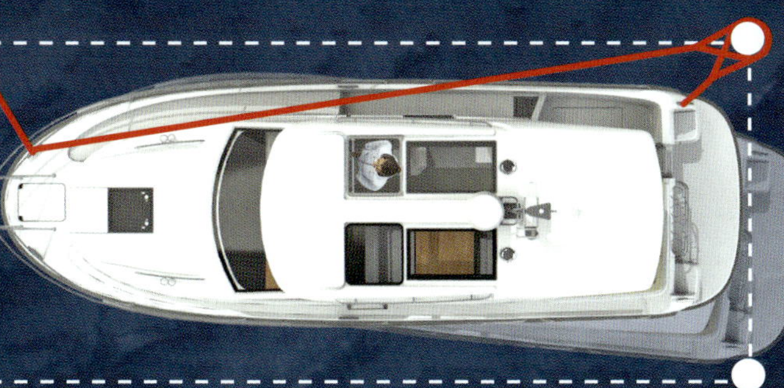

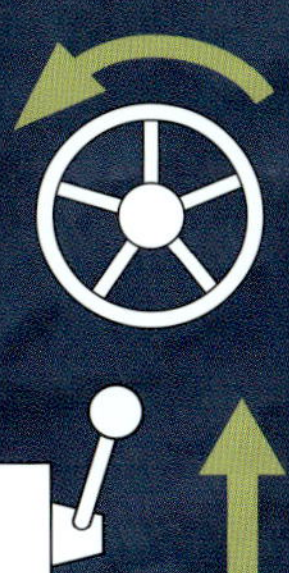

4 Langsam in die Box einlaufen, und die Leinen in der zuvor gezeigten Reihenfolge belegen, zuerst die Luv-Vorleine. Drückt der Wind die Yacht beim Einlaufen zu sehr auf den Leepfahl, sodass nicht mehr per Hand abgehalten werden kann, mit starkem Leeruder (Backbord) und kurzem, kräftigen Schub gegen die Vorspring das Heck wieder nach Luv drücken.

4 Den Bug auf den nächsten Pfahl neben der Box bringen und aufstoppen. Vom Vorschiff aus eine Vorleine überlegen und das Heck richtet sich in Windrichtung aus. Das Boot ist gesichert, die Gefahr gebannt.

WIND

LIEGEPLATZ

3 Das Boot driftet komplett an der Box vorbei. Das erste Ziel ist jetzt, eine Land- oder Pfahlverbindung herzustellen. Gerade in einer engen Gasse und bei Seitenwind ist sonst die Gefahr groß, in Lee auf die Pfahlreihe zu treiben und dort festzusitzen.

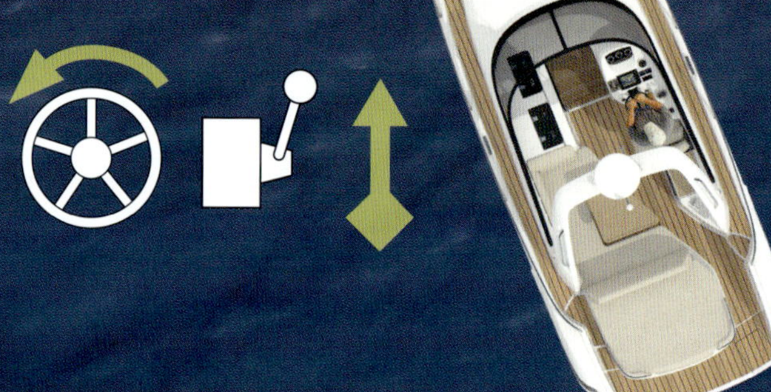

2 Das Crewmitglied auf dem Vorschiff sieht eine freie Box und zeigt sie dem Skipper am Steuer an. Der reagiert jedoch zu spät, berechnet den Seitenwind falsch oder hat einfach nicht mehr ausreichend Zeit, um den Bug zwischen die beiden richtigen Pfähle zu bringen.

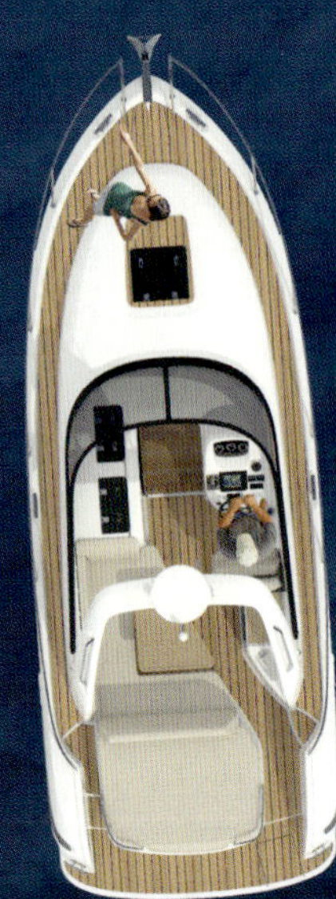

1 Der Skipper fährt mit dem Boot vorschriftsmäßig auf der rechten Seite in die Gasse ein. Das hat den Nachteil, dass in Lee kaum Raum zum Manövrieren bleibt.

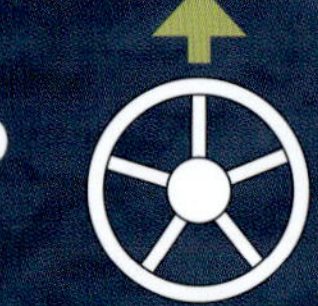

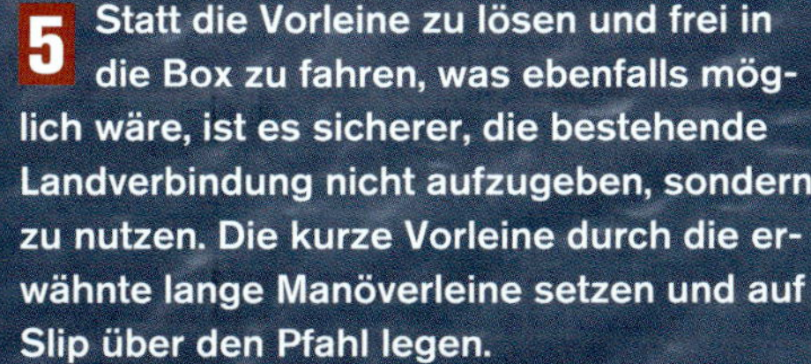

5 Statt die Vorleine zu lösen und frei in die Box zu fahren, was ebenfalls möglich wäre, ist es sicherer, die bestehende Landverbindung nicht aufzugeben, sondern zu nutzen. Die kurze Vorleine durch die erwähnte lange Manöverleine setzen und auf Slip über den Pfahl legen.

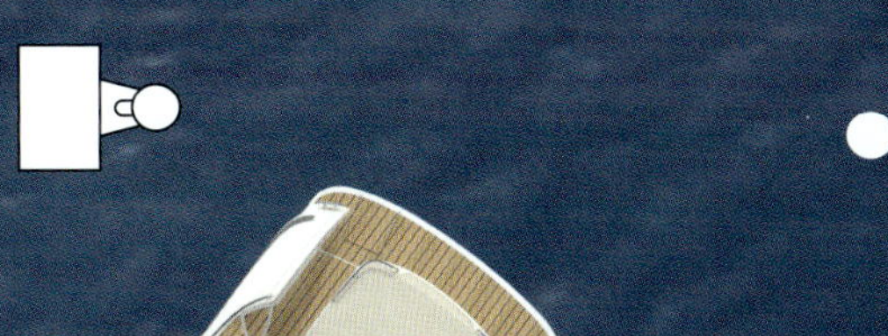

WIND

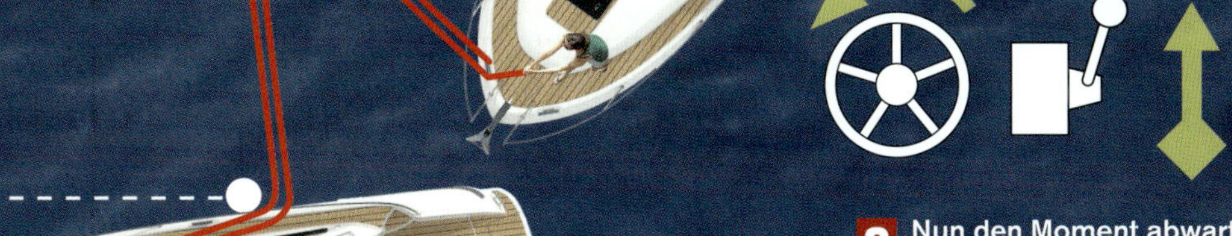

6 Nun den Moment abwarten, in dem das Heck in die richtige Richtung schwojt, hier nach Steuerbord, dann leicht Schub voraus geben. Die Person auf dem Vorschiff fiert kontrolliert die Vorleine, die nun zur Vorspring wird, bis der Bug kurz vor dem Backbordpfahl der Box steht.

7 Den Winkel zur Box mit Ruder und Schub kontrollieren. Sobald das Boot etwa zur Hälfte eingefahren ist, die Achterleinen ausbringen. Die Vorspring erst lösen und einholen, wenn eine oder besser beide Vorleinen ausgebracht sind.

Mit der Vorspring über zwei Pfähle

An Bord sollte sich neben den vier normalen Festmachern auch immer mindestens eine zusätzliche Manöverleine mit der dreifachen Bootslänge befinden. Mit ihrer Hilfe können erstaunliche Manöver gefahren werden. Sie sollte schwimmfähig sein, damit sie nach dem Loswerfen und Einholen nicht in den Propeller geraten kann. Bei diesem Beispiel weht der Wind frisch aus der Box heraus. Das sorgt für den gleichen Effekt, als wenn er von achtern käme: Der Bug wird nach Lee gedrückt, das Boot von der Box weg versetzt, und der Drehkreis vergrößert sich. Erschwerend kommt hinzu, dass die Gasse sehr eng ist; ein Wendemanöver würde nicht gelingen.

3 Das Heck des Bootes kommt durch die Windeinwirkung von selbst herum. Wird das Steuer hart nach Luv gelegt, unterstützt das die Drehbewegung zusätzlich. Zeigt der Bug einigermaßen gerade in die Box, mit Vorausfahrt und dem Ruder mitschiffs hineinfahren. Die Vorleine dabei entsprechend fieren. Boote mit Doppelmotoren können für die Drehbewegung auch hier ohne Ruder und mit wechselndem Maschineneinsatz arbeiten.

4 Einmal in der Box, zuerst eine Vorleine ausbringen, dann die Vorspring vom Pfahl nehmen und als zweite Vorleine an Land geben. Falls sie nicht auf Slip ausgebracht war, diese als Achterleine nutzen. Im Anschluss auch die beiden Achterleinen ausbringen. Das Manöver funktioniert übrigens ebenso gut am anderen Pfahl der Box.

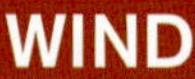

1 Die Anfahrt erfolgt dicht an der luvseitigen Pfahlreihe entlang, um genügend Platz nach Lee zu behalten. Auch hier muss man das Verhalten des eigenen Bootes allerdings genau kennen, um einschätzen zu können, wie viel Fahrt oder Rudervorhalt nötig sind, um das Boot auf Kurs zu halten.

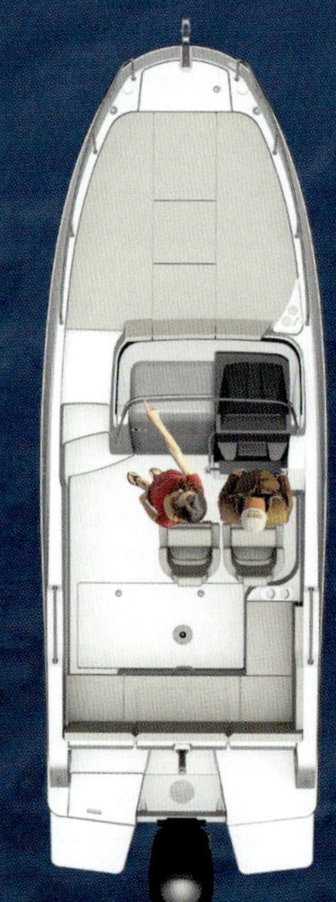

2 Wenn ein freier Platz vom Vorschiff signalisiert wird, auf den vorderen Pfahl der Box zuhalten. Sobald er in Reichweite ist, das Boot aufstoppen und die Vorleine auf dieser Seite, in diesem Fall an Backbord, überlegen.

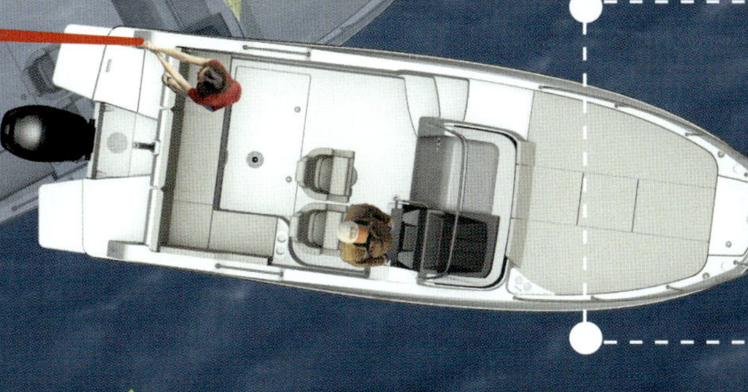
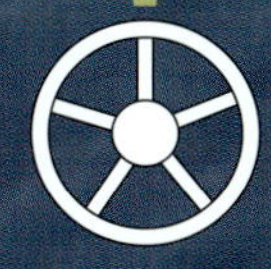
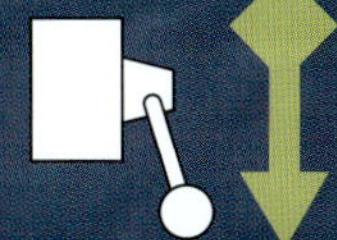

3 Der Bug wird vom Wind von selbst nach Lee gedreht, und das Boot hängt im Idealfall schließlich so an der Leine, dass es genau in die Box zeigt. In diesem Fall das Boot einfach durch weiteres Fieren soweit in die Box befördern, bis die Pfähle erreichbar sind. Nun dort beide Achterleinen überlegen und die lange Leine achtern einholen.

2 An einem Pfahl der Pfahlreihe gegenüber dem Liegeplatz die Achterleine auf Slip legen. Die Yacht aufstoppen.

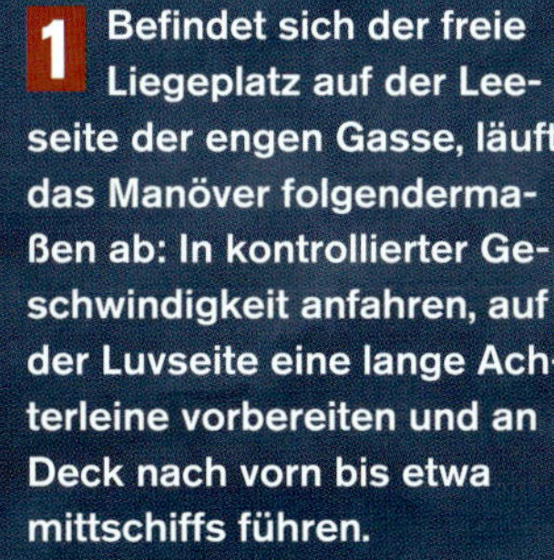

1 Befindet sich der freie Liegeplatz auf der Leeseite der engen Gasse, läuft das Manöver folgendermaßen ab: In kontrollierter Geschwindigkeit anfahren, auf der Luvseite eine lange Achterleine vorbereiten und an Deck nach vorn bis etwa mittschiffs führen.

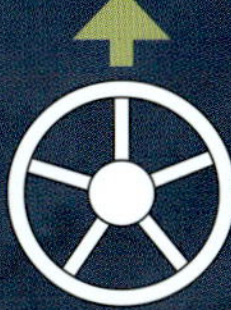
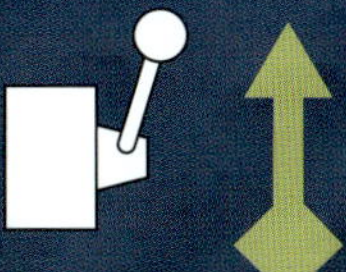
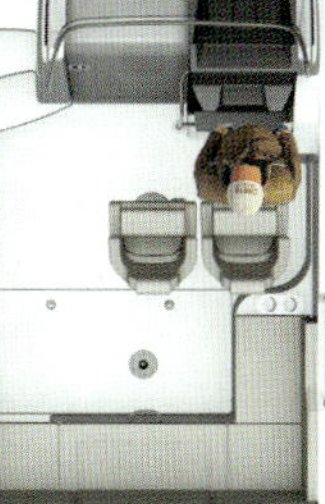

In Luv durch die Gasse

Um genügend Sicherheitsabstand zur Leeseite der Boxengasse zu haben, sollte die Einfahrt besonders bei viel Wind immer auf der Luvseite erfolgen. Das kann allerdings dazu führen, dass das Rechtsfahrgebot verletzt werden muss. Wenn es die Umstände erfordern, ist das allerdings ein absolut verzeihlicher Verstoß – solange dabei gut aufgepasst und kein anderes Boot behindert wird. Besonders in engen Gassen, die gerade bei viel Wind kaum Raum für ausladende Manöver oder Fehler lassen, ist es deshalb wichtig, die volle Kontrolle zu behalten. Je nachdem, auf welcher Seite sich die anvisierte Box befindet, gibt es dafür zwei geeignete Manöver mit Leinenunterstützung.

An der Muring anlegen

Eine Muring besteht aus einem Grundanker (etwa einem Ankerstein aus Beton), einer Muringleine und eventuell einer Muringtonne oder –boje, an der ein Boot festmachen kann, ohne den eigenen Anker auszubringen. Man unterscheidet zwei Arten: freie Muringplätze ohne Landzugang in Buchten oder Vorhäfen, bei denen das Boot um die Boje herumschwojt, und Muringliegeplätze in Häfen, meist mit Zugang zum Land. Die Variante mit dem Bug zum Steg findet man besonders im skandinavischen Ostseeraum, die mit dem Heck zum Steg meist am Mittelmeer.

An der freien Muring

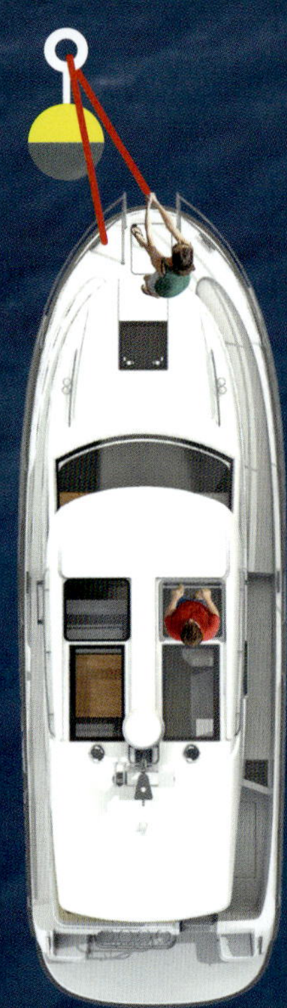

1 Die Anfahrt auf die Boje sollte voraus gegen Wind und Strom erfolgen: Wellen, Neigungsrichtung der Boje oder Bäume am Ufer können darauf ebenso Hinweise liefern wie die Ausrichtung anderer Boote und Yachten beim Schwojen. Die Geschwindigkeit gering halten, aber dennoch so groß, dass das Boot gut manövrierbar bleibt.

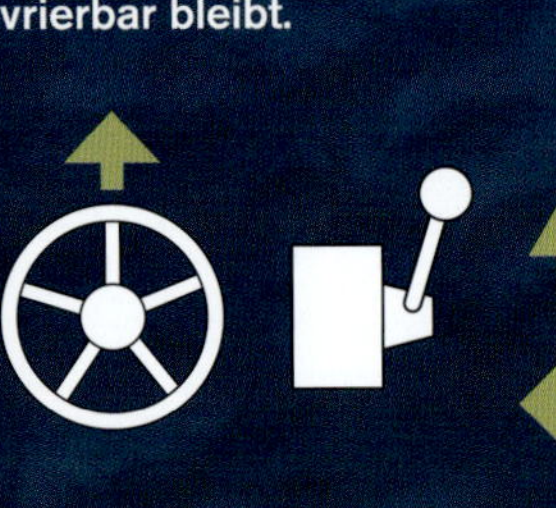

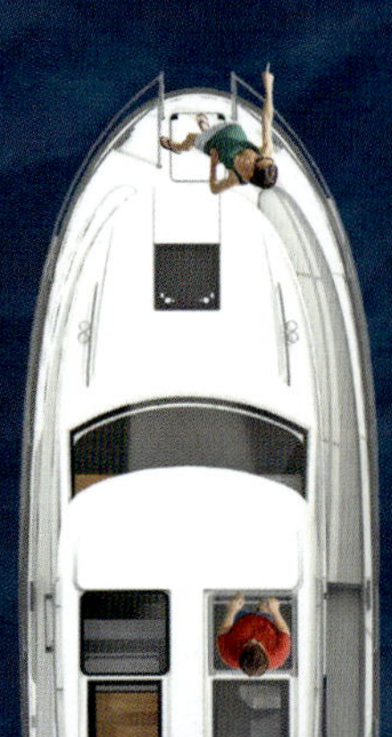

2 Ist die Boje noch etwa eine Bootslänge entfernt und entschwindet aus dem Blickfeld des Skippers, müssen Entfernung und Richtung vom Vorschiff klar angezeigt werden. Sobald sie in Reichweite ist, das Boot aufstoppen. Beim Einfangen der Boje vom Vorschiff ist ein stabiler Bootshaken besonders bei höherem Freibord unverzichtbar. Man kann den Bootshaken am Ring der Boje einpicken und sie so entweder soweit aus dem Wasser heben, bis eine Vorleine durch den Ring gesteckt werden kann, oder sie zunächst an der Bordwand entlang weiter nach achtern oder sogar zur Badeplattform führen, bis man besser an den Ring herankommt.

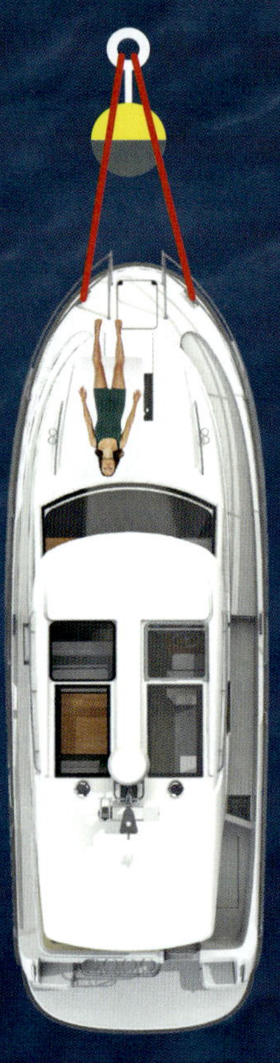

3 Wenn von beiden Seiten des Bugs jeweils eine Leine auf Slip durch den Ring geführt wird, richtet sich das Boot mittig hinter der Muring aus und liegt sicherer und ruhiger. Bleibt man länger, kann man außerdem je einen Rundtörn um den Ring machen.

Bug zum Steg mit Muringboje

1 In langsamer Fahrt die Boje ansteuern, aufnehmen und zum Heck führen. Dort eine lange Achterleine auf Slip durch den Ring führen oder mit einer speziellen Vorrichtung, einem Bojenhaken, befestigen.

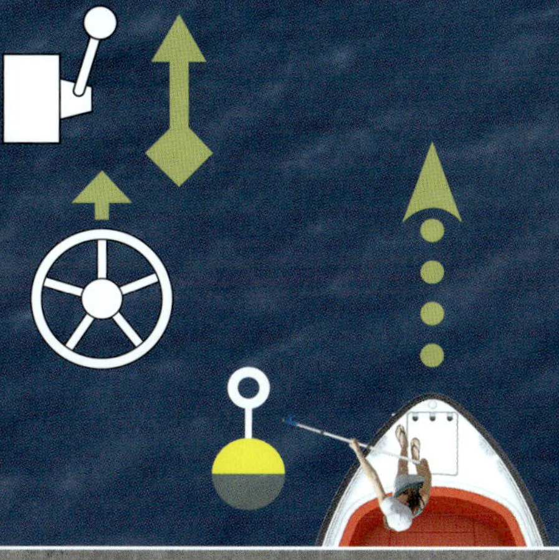

2 Voraus einkuppeln und den Steg langsam ansteuern. Die Achterleine währenddessen fieren.

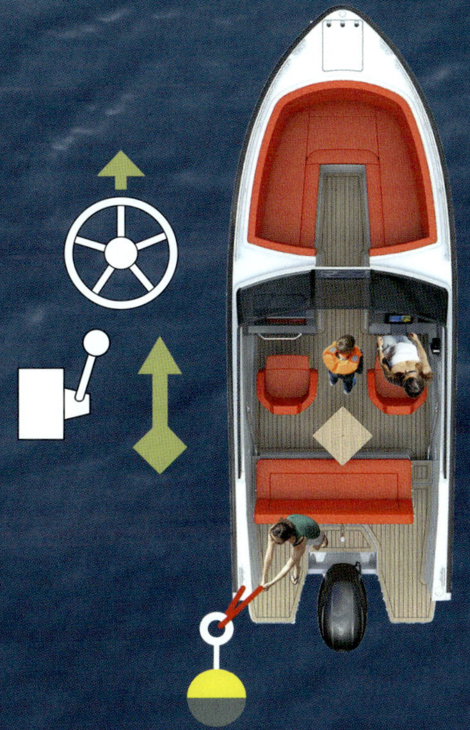

3 Aufstoppen, die Vorleinen übergeben. Sollte der Wind auflandig wehen, die Achterleine an der Muring zuerst und vor allem rechtzeitig belegen, damit das Boot nicht auf den Steg treiben kann.

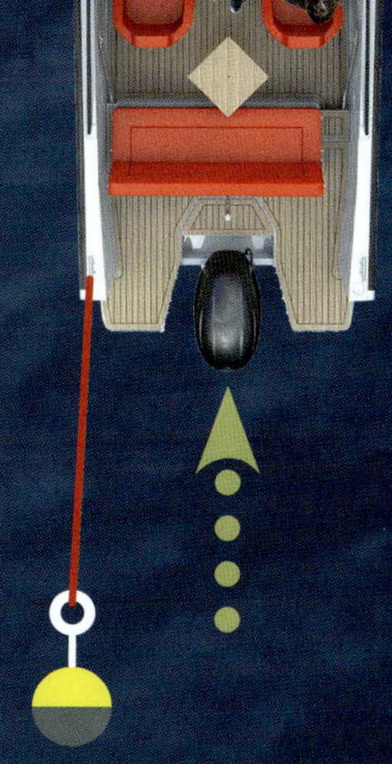

Heck zum Steg mit Muringleine

1 Da die Muringleine auf dem Grund liegt und nur an ihrem Befestigungspunkt an der Pier aufgenommen werden kann, muss die Anfahrt vorsichtig über Heck erfolgen, besonders dann, wenn es im Hafen voll sein sollte und man sich in eine enge Lücke schieben möchte oder Wind und Strom ungünstig stehen.

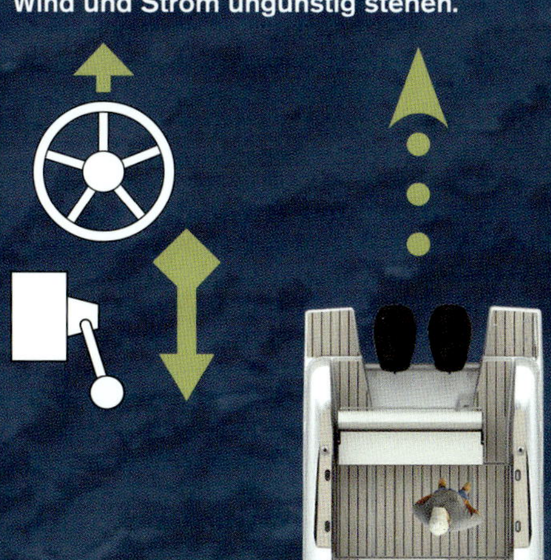

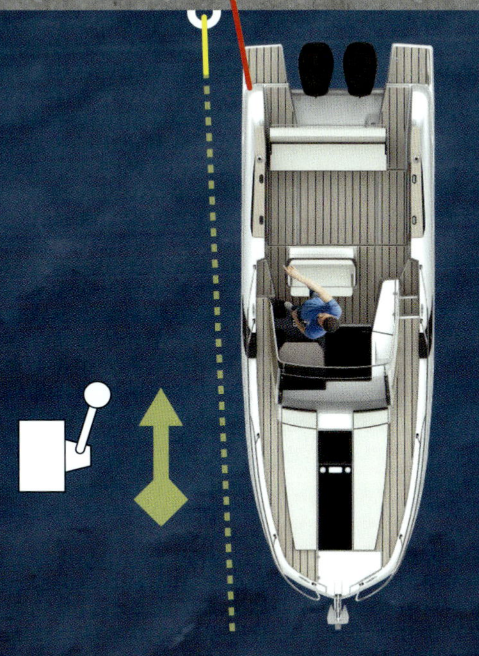

2 Ist die Pier in Reichweite, aufstoppen. Die beiden Achterleinen an Land festmachen, danach die Muringleine (gelb, siehe Schritt 3). Reihenfolge bei Seitenwind: luvseitige Achterleine, Muringleine, leeseitige Achterleine.

3 Von der Pier aus die Muringleine (gelb) vom Grund holen. Oft hilft dabei eine leichtere Trippleine oder ein Helfer der Hafenmeisterei. Sie wird an Bord gegeben (Handschuhe schützen dabei vor Schmutz und scharfen Muscheln) und über Deck außenbords zum Bug geführt. Vorn wird sie ordentlich durchgesetzt und bei Seitenwind so schnell wie möglich auf der Bugklampe belegt.

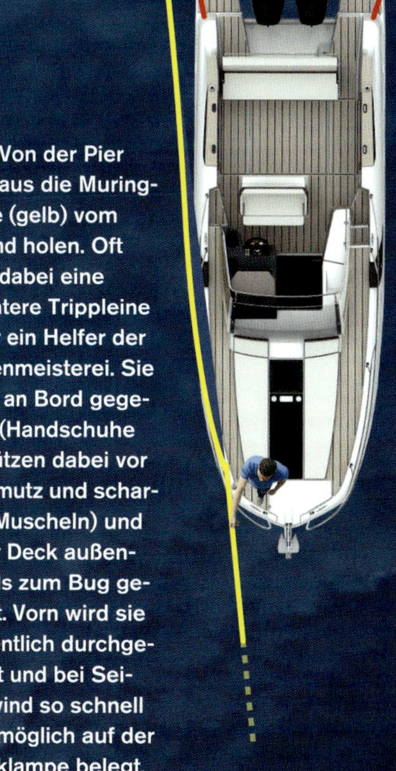

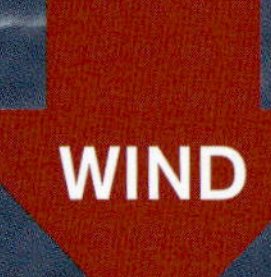

Rückwärts an die Muringboje

Viele Crews machen es sich beim Aufnehmen und Festmachen an einer Muringboje unnötig schwer: Sie wird vorwärts angelaufen, und dann versucht ein Mannschaftsmitglied, eine Leine an ihr zu befestigen. Dabei kann der Skipper die Boje nicht mehr sehen, wenn sie im toten Winkel vor dem Bug verschwunden ist. Zusätzlich versetzen Wind und Strom das Vorschiff. Doch auch wenn die Muring genau getroffen wird, ergibt sich oft ein weiteres Problem: Schon ein Kajütboot – egal ob Verdränger oder Gleiter – erreicht am Bug leicht eine Freibordhöhe von 1,30 Meter und mehr. Ein durchschnittlicher Erwachsener verfügt jedoch, selbst flach auf dem Deck liegend, mit ausgetrecktem Arm nur über etwa 70 bis 80 Zentimeter Reichweite. Der Ring zum Festmachen an der Boje muss dann schon mindestens 50 Zentimeter über der Wasseroberfläche liegen, damit ein Festmacher hindurchgesteckt werden kann. Ist die Boje zu tief, führt das oft zu waghalsigen Verrenkungen oder Geschicklichkeitsspielen mit dem Bootshaken. Dabei geht es mit allen Booten und Yachten, die eine Badeplattform oder ein flaches Heck haben, auch ganz entspannt.

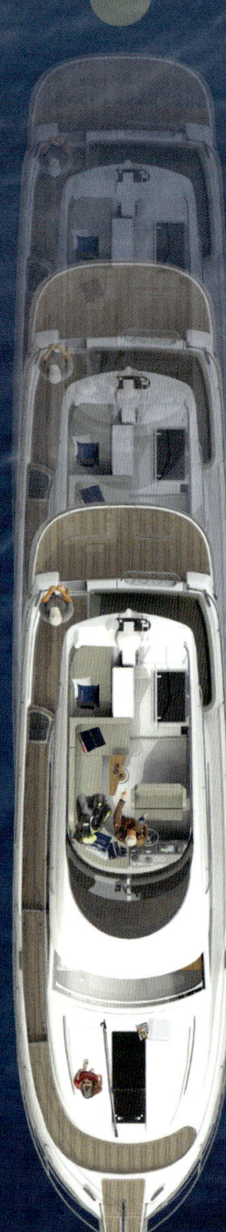

1 Die Boje mit dem Heck voraus anlaufen. Dabei darauf achten, genau gegen den Wind, Strom oder die Kombination aus beidem zu steuern. So bleibt die Yacht genau auf Kurs und wird nicht seitlich versetzt. Etwa zwei Bootslängen vor der Boje die Geschwindigkeit auf ein Minimum reduzieren – denn das Schraubenwasser eines kräftigen Vorwärtsschubs zum Aufstoppen würde die Boje vom Heck wegspülen.

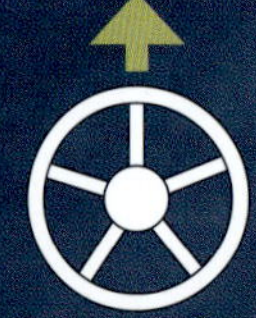

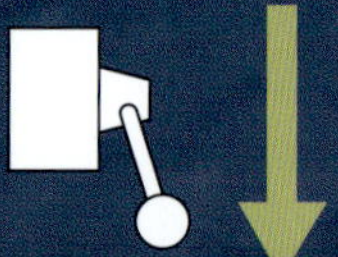

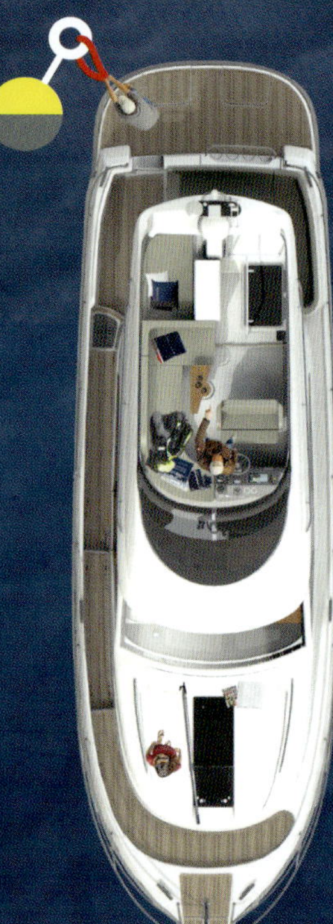

2 Ist die Boje in Reichweite, eine Achterleine auf Slip festmachen. So liegt das Boot erst einmal sicher. Je nach Windstärke muss ständig leicht achteraus Schub gegeben werden.

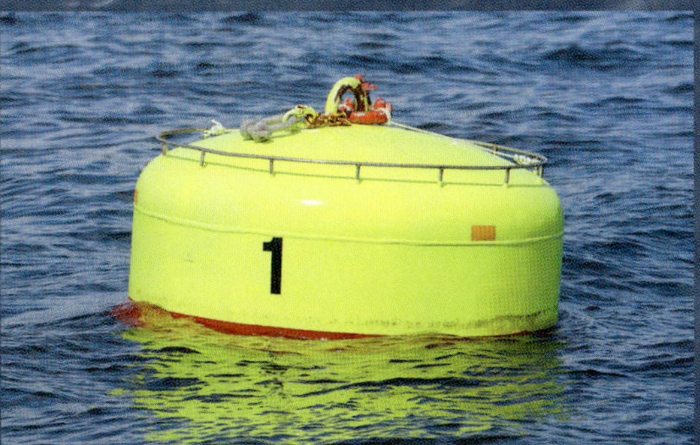

Muringtonne, auch für größere Schiffe geeignet

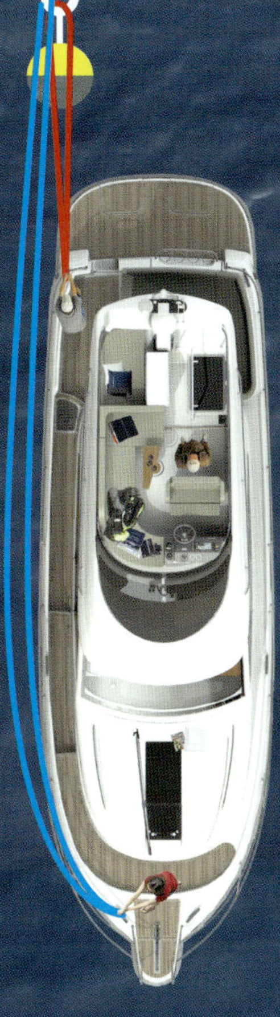

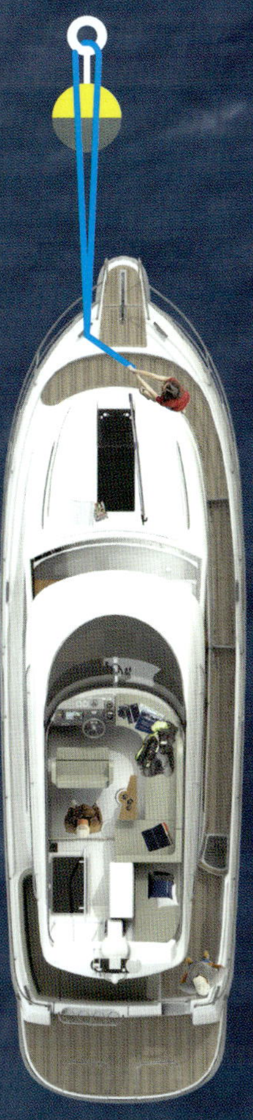

5 Auf dem letzten Stück, wenn der Bug bereits dicht an der Boje und der Schwojbereich gut abzuschätzen ist, kann Lose auf die Achterleine gegeben werden. Das Boot richtet sich nun nach Wind und Strom. Jetzt noch die Vorleine für schnelles Loswerfen klarieren und fertig.

4 Jetzt fiert ein Besatzungsmitglied langsam die Achterleine, während eine zweite Person die Vorleine in gleichem Tempo dichtholt. So werden benachbarte Boote nicht gefährdet und die Drehung gelingt ganz entspannt.

3 Ganz in Ruhe kann jetzt eine Vorleine (blau), die mindestens die zweieinhalbfache Bootslänge haben muss, am Bug befestigt werden. Dazu die Leine außenbords nach achtern führen und auf Slip an der Muringboje befestigen. Dafür wird nur eine Person benötigt.

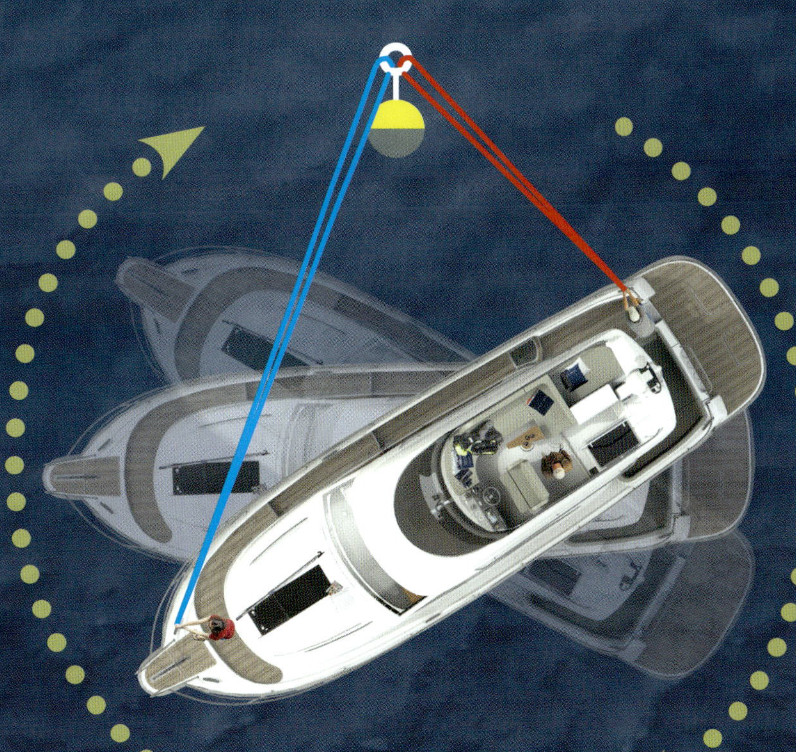

Mit Wellenantrieb

Um den maximalen Drehimpuls zu erzielen, benötigt ein Boot mit einfacher Wellenanlage klare, entschiedene Schübe von etwa ein bis zwei Sekunden Dauer bei voll gelegtem Ruder. Zu lange darf aber auf keinen Fall Gas gegeben werden, da sonst zu viel Fahrt voraus aufgenommen wird und sich die benötigte Fläche nur unnötig vergrößert.

2 Sobald die Drehbewegung nachlässt, achteraus einkuppeln. Das Steuer braucht dabei nicht verändert zu werden, da die geringe Geschwindigkeit und kurze Dauer der Bewegung über Heck nicht ausreicht, um Ruderwirkung zu erzielen. Helfen kann allerdings der Radeffekt: Bei einem rechtsdrehenden Propeller (in Achterausfahrt linksdrehend) würde das Heck in diesem Fall nach Backbord versetzt werden und das Manöver unterstützen. Dreht der Propeller andersherum, müsste bei Schritt 1 spiegelbildlich mit einem Zug nach Backbord begonnen werden, um den Effekt auszunutzen.

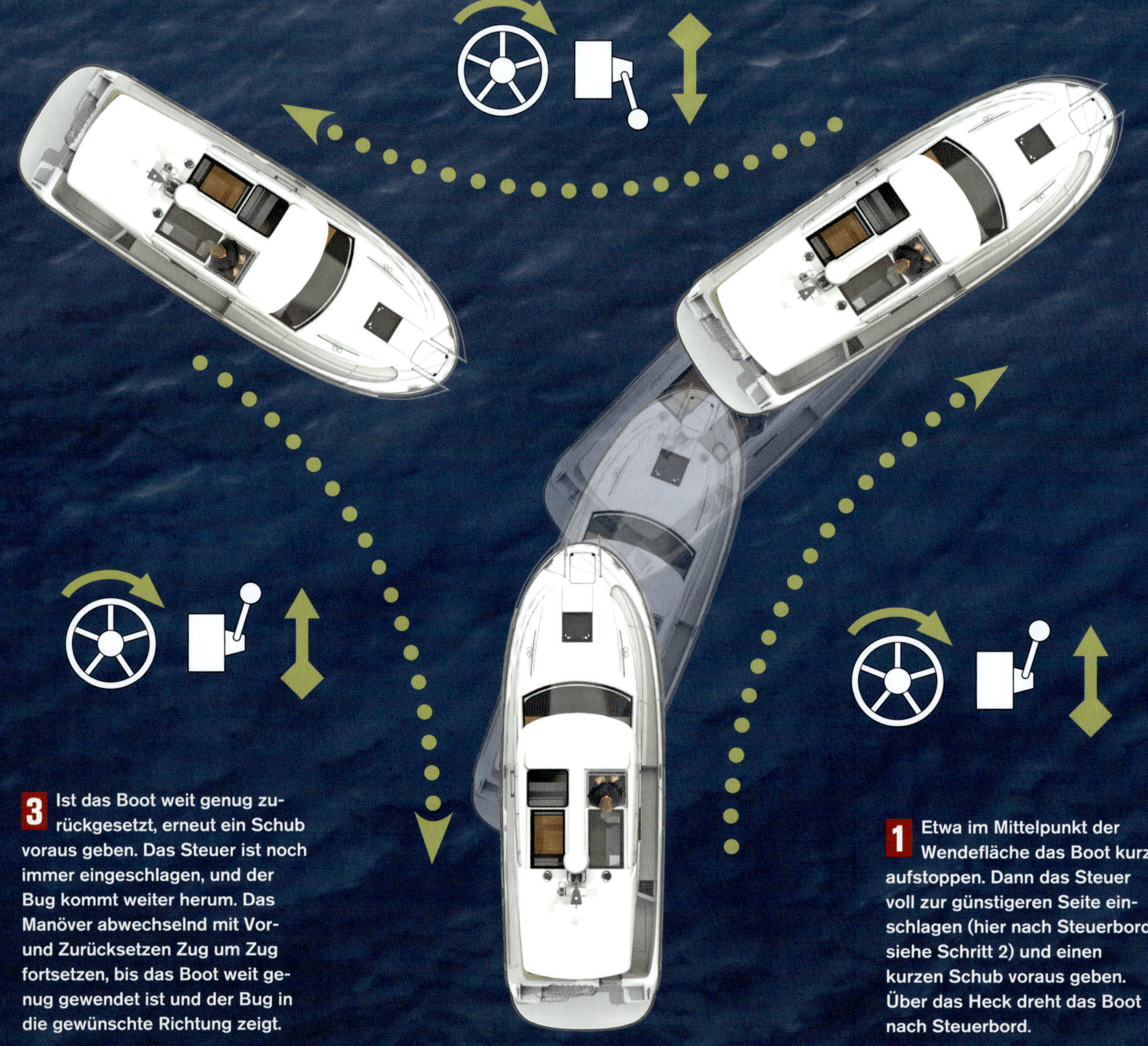

3 Ist das Boot weit genug zurückgesetzt, erneut ein Schub voraus geben. Das Steuer ist noch immer eingeschlagen, und der Bug kommt weiter herum. Das Manöver abwechselnd mit Vor- und Zurücksetzen Zug um Zug fortsetzen, bis das Boot weit genug gewendet ist und der Bug in die gewünschte Richtung zeigt.

1 Etwa im Mittelpunkt der Wendefläche das Boot kurz aufstoppen. Dann das Steuer voll zur günstigeren Seite einschlagen (hier nach Steuerbord, siehe Schritt 2) und einen kurzen Schub voraus geben. Über das Heck dreht das Boot nach Steuerbord.

Wenden auf engem Raum

Wenden auf engem Raum gehört besonders im Hafen zu den wichtigsten Manövern, etwa wenn ein Anlauf auf den Liegeplatz wiederholt werden muss. Jeder Skipper sollte sein Boot gut genug kennen, um zumindest grob einschätzen zu können, wie viel Platz er unter welchen Bedingungen dafür benötigt, und wie er Wind, Strom und Radeffekt zu seinen Gunsten nutzen kann. Der Drehpunkt in Voraus- und Achterausfahrt muss ebenso bekannt sein. Dabei sind Boote mit steuerbaren Antrieben und Doppelmotorenanlagen natürlich im Vorteil und brauchen nicht soviel Gas wie Boote mit einfacher Wellenanlage, um die gewünschte Drehwirkung und Richtungsänderung zu erreichen.

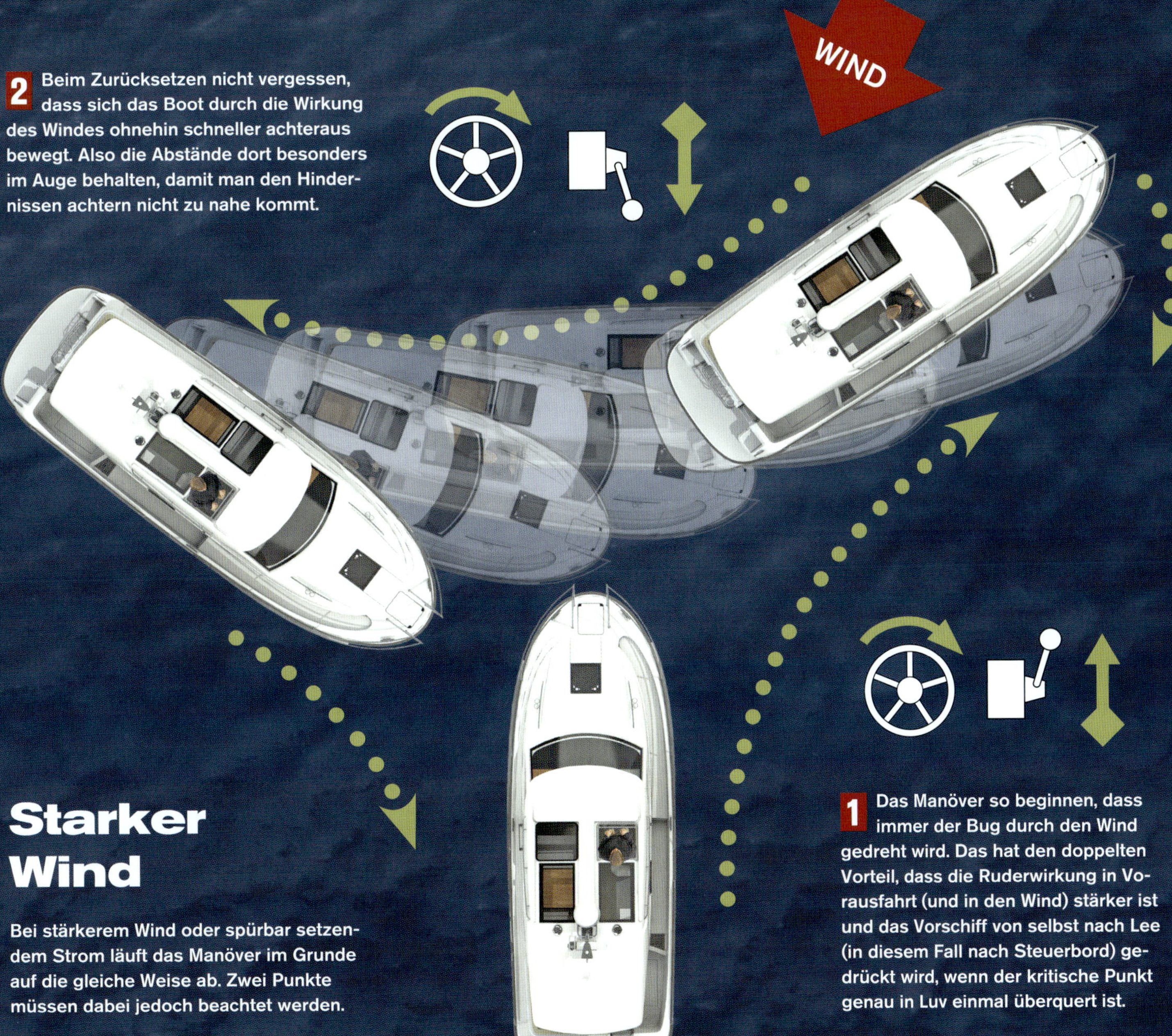

2 Beim Zurücksetzen nicht vergessen, dass sich das Boot durch die Wirkung des Windes ohnehin schneller achteraus bewegt. Also die Abstände dort besonders im Auge behalten, damit man den Hindernissen achtern nicht zu nahe kommt.

Starker Wind

Bei stärkerem Wind oder spürbar setzendem Strom läuft das Manöver im Grunde auf die gleiche Weise ab. Zwei Punkte müssen dabei jedoch beachtet werden.

1 Das Manöver so beginnen, dass immer der Bug durch den Wind gedreht wird. Das hat den doppelten Vorteil, dass die Ruderwirkung in Vorausfahrt (und in den Wind) stärker ist und das Vorschiff von selbst nach Lee (in diesem Fall nach Steuerbord) gedrückt wird, wenn der kritische Punkt genau in Luv einmal überquert ist.

Mit doppeltem Wellenantrieb

Skipper mit doppelter Wellenanlage haben auch bei Wendemanöver die Wahl, ob sie nur die Maschinen einsetzen oder zusätzlich die Wirkung der Ruder zur Hilfe nehmen. Wird beispielsweise abwechselnd mit nur einer Maschine gefahren, lassen sich die Geschwindigkeit gering und der Wendekreis trotzdem klein halten. Mit Ruderunterstützung wird weiterer Platz gespart, und wenn beide Maschinen gegenläufig zum Einsatz kommen, kann sogar auf der Stelle gewendet werden.

2 Wird der Platz voraus zu gering, die Backbordmaschine auskuppeln. Um nach Backbord zurückzusetzen, kommt nun wieder die „außen" liegende Maschine zum Zug, diesmal jene an Steuerbord. Acheraus eingekuppelt, zieht sie das Heck nach Backbord.

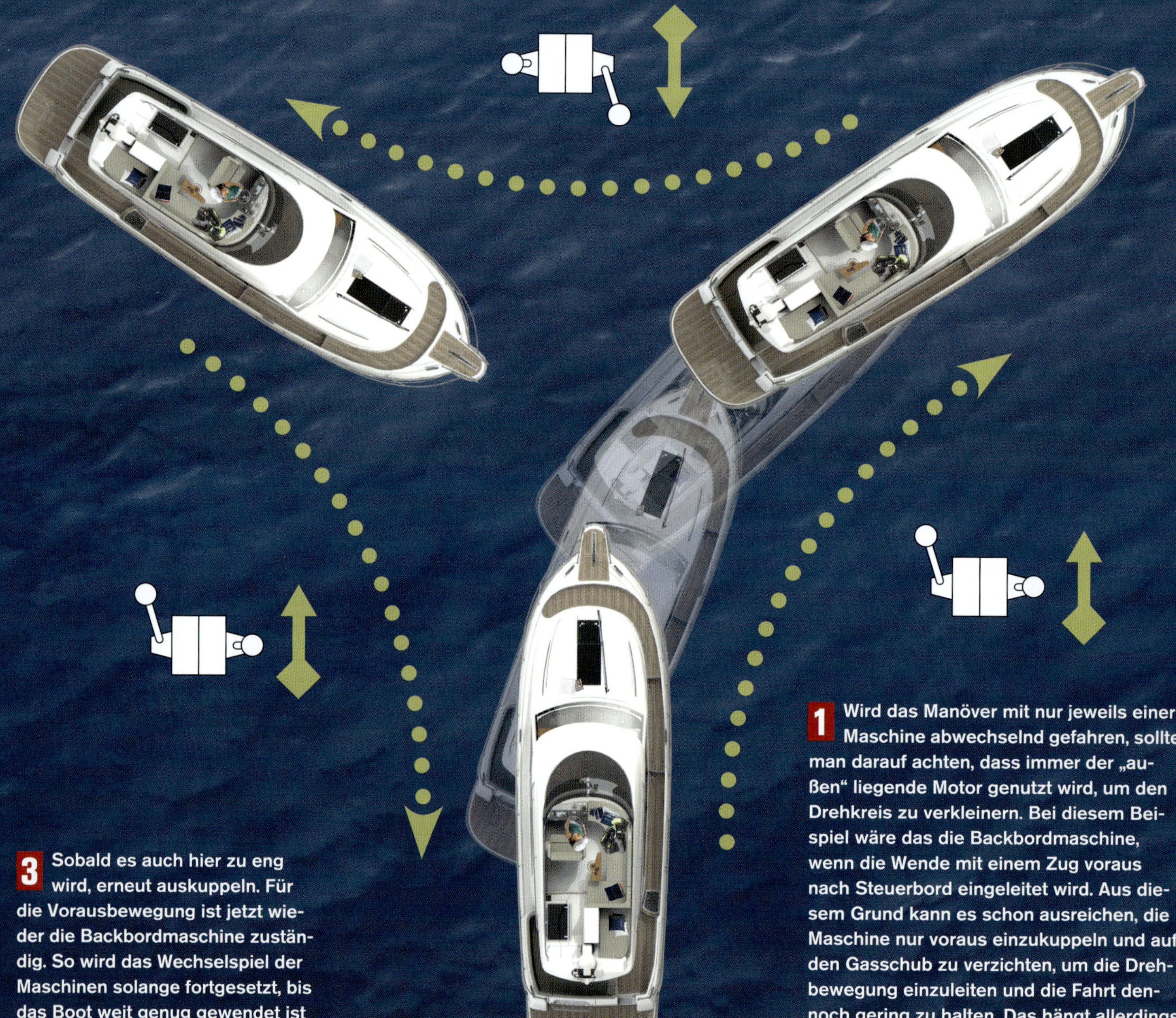

1 Wird das Manöver mit nur jeweils einer Maschine abwechselnd gefahren, sollte man darauf achten, dass immer der „außen" liegende Motor genutzt wird, um den Drehkreis zu verkleinern. Bei diesem Beispiel wäre das die Backbordmaschine, wenn die Wende mit einem Zug voraus nach Steuerbord eingeleitet wird. Aus diesem Grund kann es schon ausreichen, die Maschine nur voraus einzukuppeln und auf den Gasschub zu verzichten, um die Drehbewegung einzuleiten und die Fahrt dennoch gering zu halten. Das hängt allerdings von den äußeren Bedingungen ab.

3 Sobald es auch hier zu eng wird, erneut auskuppeln. Für die Vorausbewegung ist jetzt wieder die Backbordmaschine zuständig. So wird das Wechselspiel der Maschinen solange fortgesetzt, bis das Boot weit genug gewendet ist und ablaufen kann.

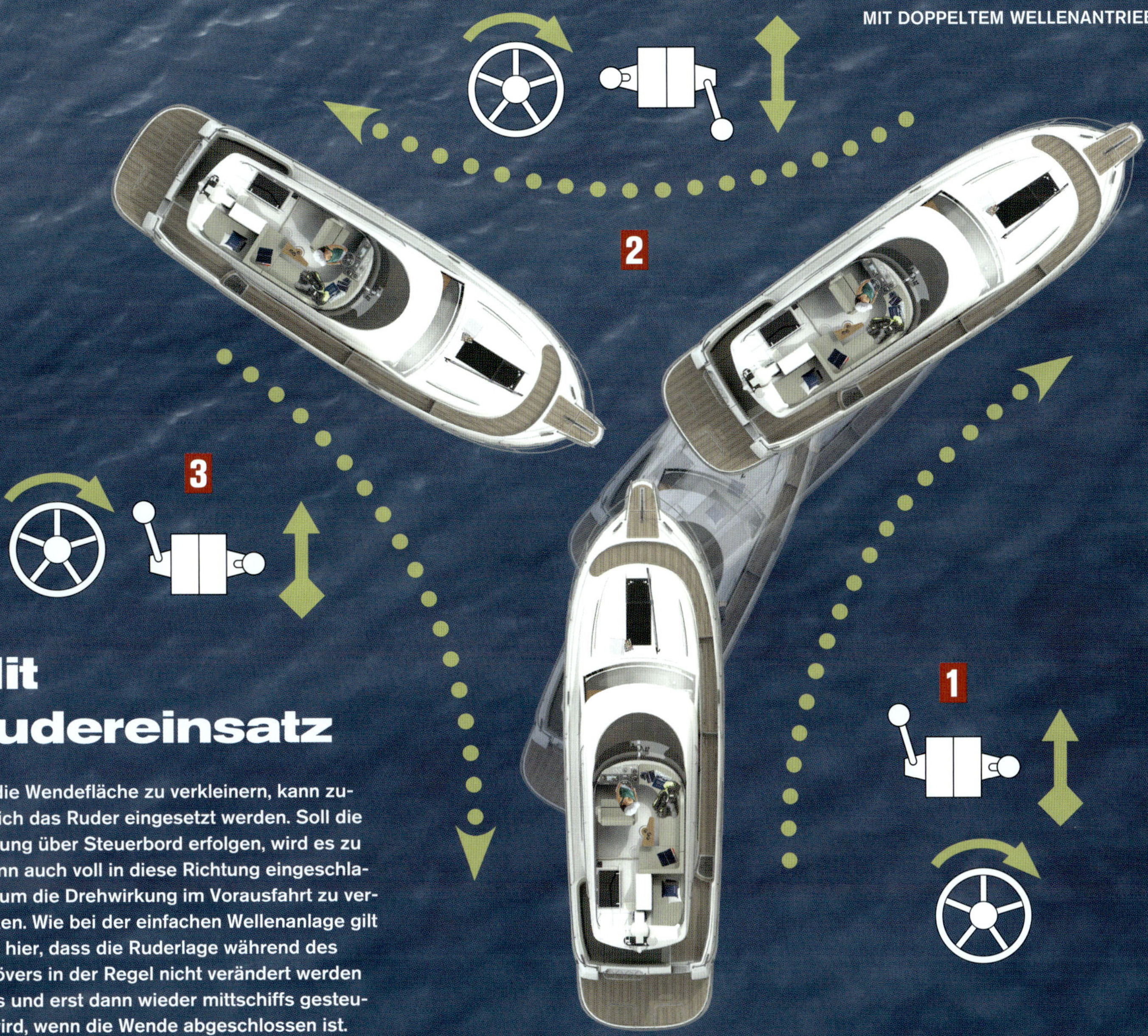

Mit Rudereinsatz

Um die Wendefläche zu verkleinern, kann zusätzlich das Ruder eingesetzt werden. Soll die Drehung über Steuerbord erfolgen, wird es zu Beginn auch voll in diese Richtung eingeschlagen, um die Drehwirkung im Vorausfahrt zu verstärken. Wie bei der einfachen Wellenanlage gilt auch hier, dass die Ruderlage während des Manövers in der Regel nicht verändert werden muss und erst dann wieder mittschiffs gesteuert wird, wenn die Wende abgeschlossen ist.

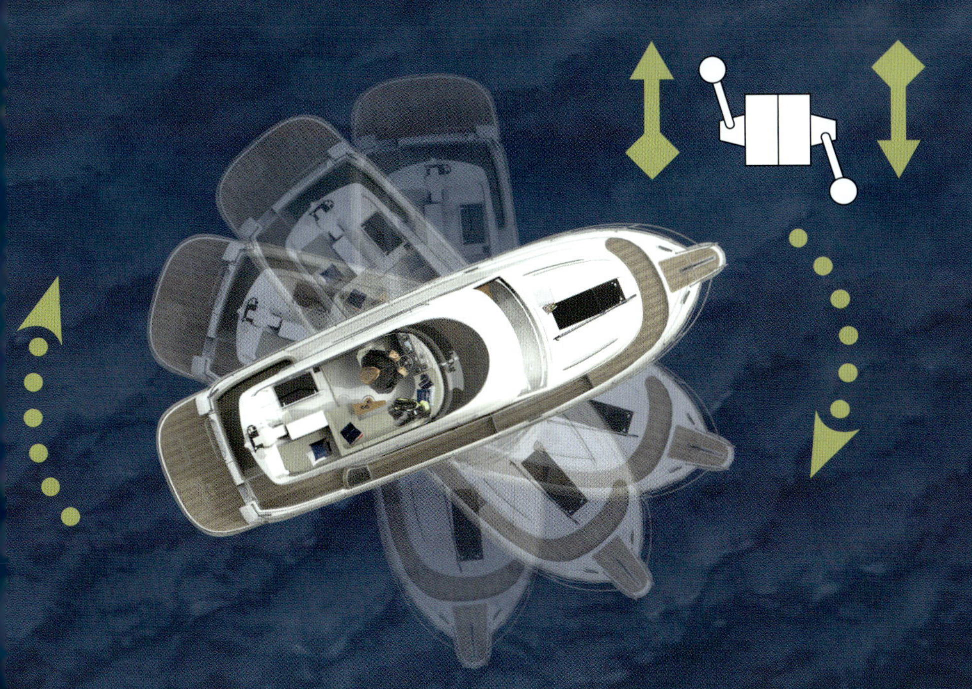

Mit beiden Maschinen

Wenn beide Maschinen gegenläufig eingekuppelt werden, also etwa Backbord voraus und Steuerbord achteraus, wird sich das Boot meist innerhalb einer Bootslänge – also im Grunde auf der Stelle – langsam über die Vorausrichtung (hier Steuerbord) drehen. Auch hierbei könnte das Steuer zum Nachhelfen zusätzlich nach Steuerbord eingeschlagen werden. Zu beachten ist nur, dass die voraus eingekuppelte Maschine eventuell etwas mehr Wirkung entfaltet. Das kann ausgeglichen werden, indem sie hin und wieder ausgekuppelt wird.

Mit Z-Antrieb und Außenborder

Bei Booten, die mit nur einem Z-Antrieb ausgestattet sind, muss der Skipper bei jedem Zug am Steuerrad kurbeln, da sich nur dann die nötige Ruderwirkung einstellt. Das bedeutet auch, dass man erst dann Gas gibt, wenn das Steuer voll eingeschlagen ist. Sonst macht das Boot zuerst einen Satz voraus (oder achteraus), bevor es in die gewünschte Richtung dreht – und das kostet Platz, den man auf engem Raum vielleicht nicht hat. Außerdem muss bedacht werde, dass der Drehpunkt eines Bootes mit Z-Antrieb weiter hinten liegt als bei einer Wellenanlage und der Bug noch anfälliger für Wind ist.

2 Nun schnell das Steuer in die andere Richtung einschlagen und achteraus einkuppeln oder leicht Gas geben. Das Boot stoppt und wird sofort über das Heck nach Backbord gezogen. Jetzt nach hinten schauen und rechtzeitig auskuppeln, wenn es eng wird oder das Boot bereits weit genug gedreht hat. In den meisten Fällen reichen diese zwei Züge bereits aus, um eine 180-Grad-Wende durchzuführen.

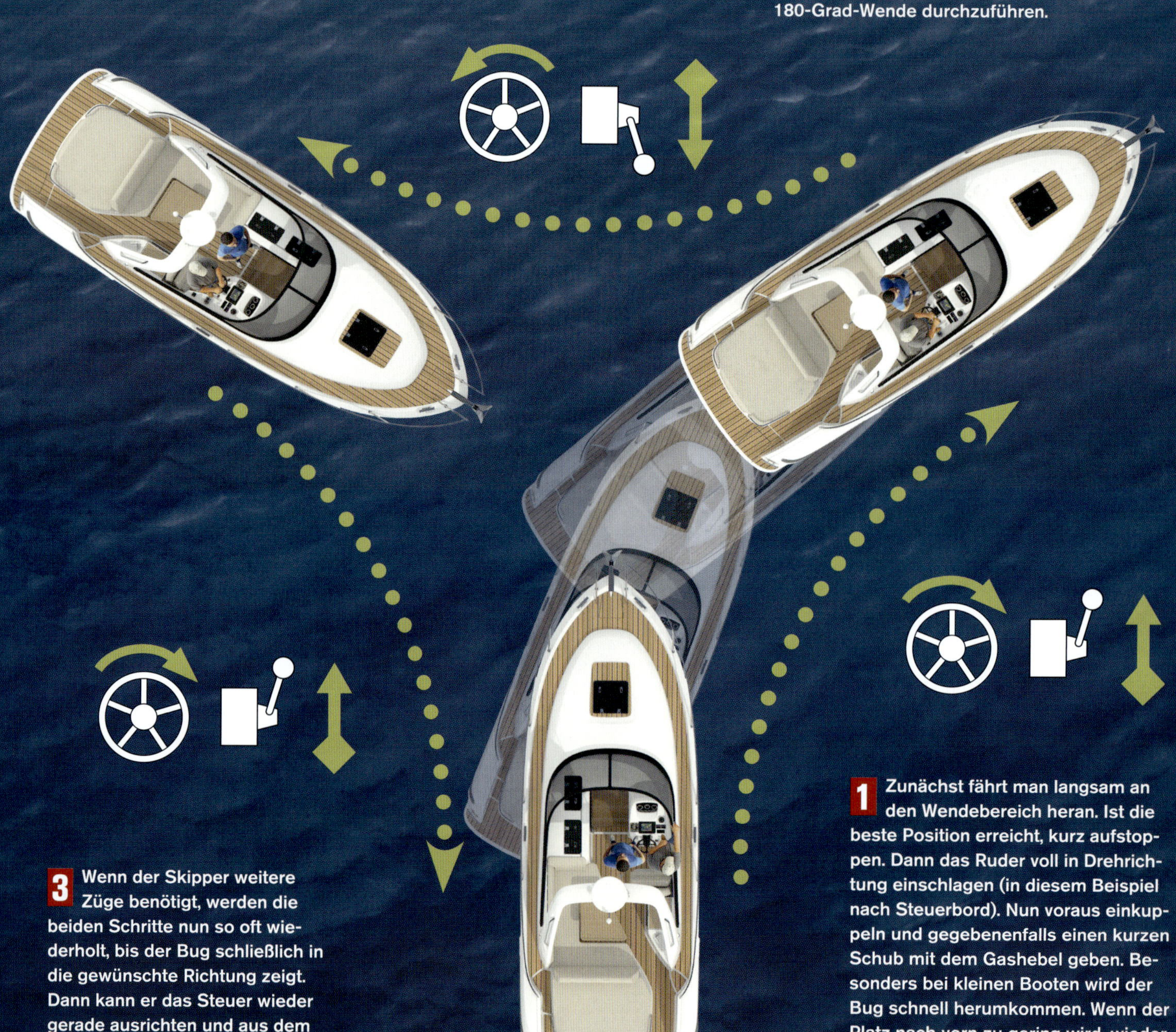

1 Zunächst fährt man langsam an den Wendebereich heran. Ist die beste Position erreicht, kurz aufstoppen. Dann das Ruder voll in Drehrichtung einschlagen (in diesem Beispiel nach Steuerbord). Nun voraus einkuppeln und gegebenenfalls einen kurzen Schub mit dem Gashebel geben. Besonders bei kleinen Booten wird der Bug schnell herumkommen. Wenn der Platz nach vorn zu gering wird, wieder auskuppeln.

3 Wenn der Skipper weitere Züge benötigt, werden die beiden Schritte nun so oft wiederholt, bis der Bug schließlich in die gewünschte Richtung zeigt. Dann kann er das Steuer wieder gerade ausrichten und aus dem Wendebereich ablaufen.

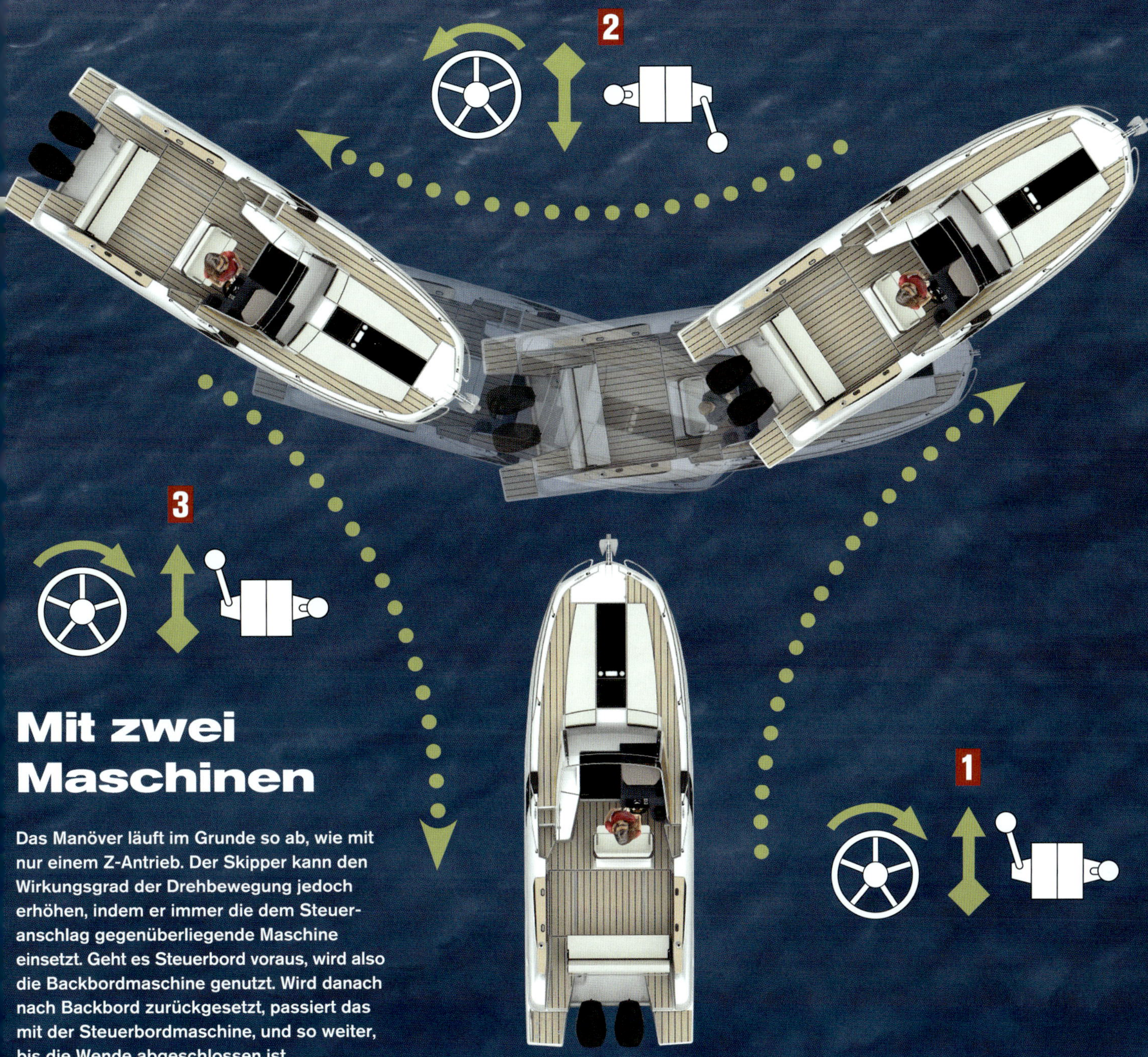

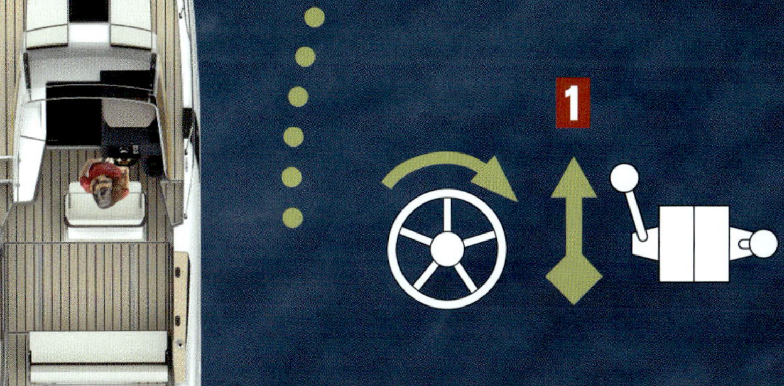

Mit zwei Maschinen

Das Manöver läuft im Grunde so ab, wie mit nur einem Z-Antrieb. Der Skipper kann den Wirkungsgrad der Drehbewegung jedoch erhöhen, indem er immer die dem Steueranschlag gegenüberliegende Maschine einsetzt. Geht es Steuerbord voraus, wird also die Backbordmaschine genutzt. Wird danach nach Backbord zurückgesetzt, passiert das mit der Steuerbordmaschine, und so weiter, bis die Wende abgeschlossen ist.

Mit zwei Maschinen ohne Rudereinsatz

Boote mit Doppel-Z-Antrieb können auf der Stelle gewendet werden, ohne das Steuer einzusetzen. Dazu müssen beide Maschinen gleichzeitig gegenläufig eingesetzt werden, wie es schon für Doppelwellenanlagen auf Seite 74 geschildert wurde. Allerdings liegen die Motoren hier fast immer dichter beieinander als Innenborder mit Wellen, was die Wirksamkeit dieser Variante durch den geringeren Abstand zur Längsachse besonders bei Wind und Strom beeinträchtigen kann.

Mit Maschine über den Bug

Die klassische Methode, wie ein Boot an der Pier über den Bug mit Maschinenunterstützung gedreht wird, wenn der Wind auflandig und schräg von achtern weht. Der Vorteil gegenüber erneutem Ab- und Anlegen ist, dass die Landverbindung nicht aufgegeben wird.

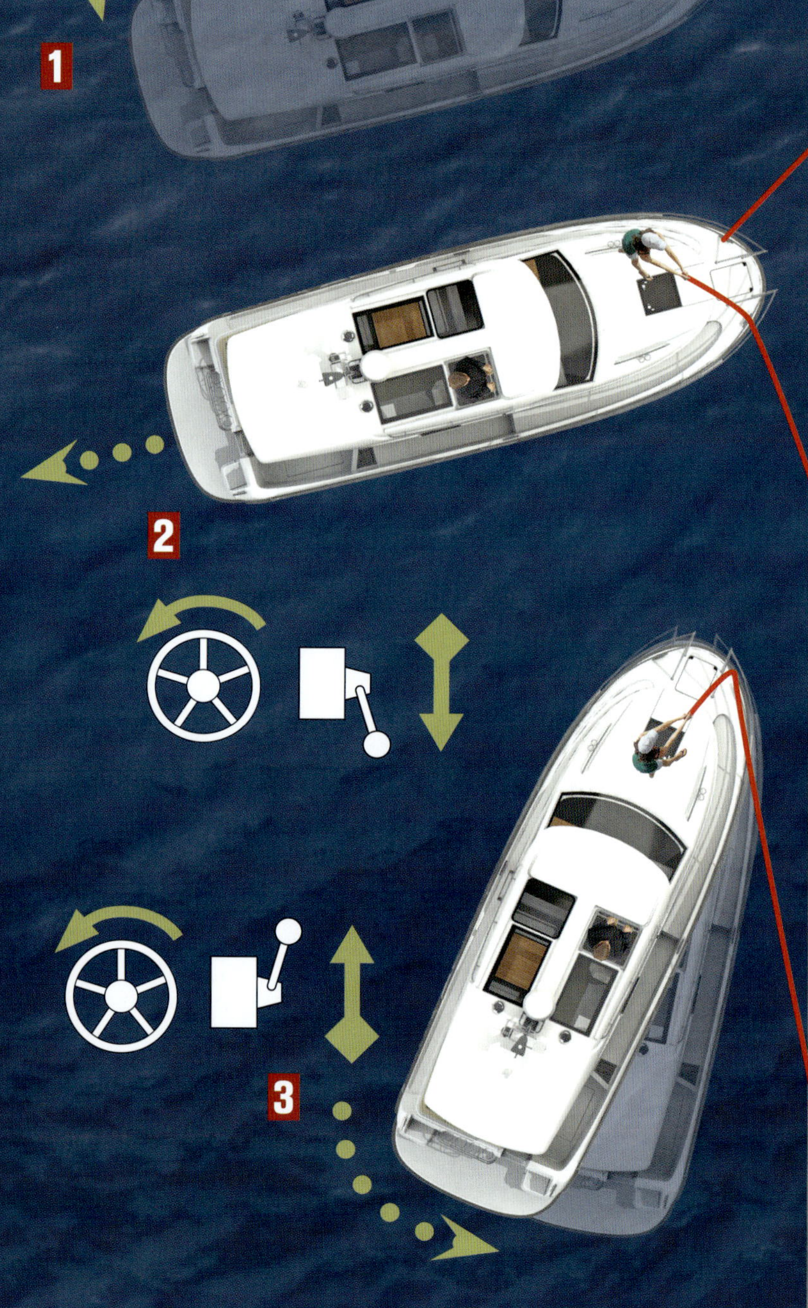

1 Eine Vorspring ausbringen, alle anderen Leinen lösen. Ruder zum Land hin legen, hier hart Backbord. Langsam den Schub voraus erhöhen, also in die Vorspring eindampfen, bis das Heck beginnt, vom Land wegzudrehen. Die Stärke des Schubes bestimmt die Drehgeschwindigkeit.

2 Den Bug maximal abfendern, denn je weiter das Boot herumschwenkt, desto größer wird sein Druck auf die Pier. Steht das Heck im Wind, kann der Skipper das Boot kurzzeitig durch etwas Schub achteraus vom Land absetzen. Ein in Rückwärtsfahrt rechtsdrehender Propeller würde jetzt die Drehung unterstützen, ein linksdrehender dagegen arbeiten. Die Vorspring, jetzt Vorleine, wird von der Person an Land dichtgeholt. So liegt das Boot später wieder am Ausgangsplatz. Zusätzlich eine neue Vorspring in der entgegengesetzten Richtung zur alten ausbringen.

3 Schritt 2 kann auch weitgehend entfallen. Er dient in erster Linie der Entlastung des Bugbereiches. Ist die neue Vorspring ausgebracht, wird auch in diese wieder eingedampft. Dabei gleichzeitig die Spring dosiert so weit fieren, dass das Boot wieder an seinem Ausgangsplatz liegt – nur eben andersherum.

Verholen am Liegeplatz

Es gibt viele Gründe, die dazu führen können, den Liegeplatz wechseln zu müssen – der Wetterbericht kann dabei ebenso eine Rolle spielen wie normale Betriebsabläufe im Hafen, etwa wenn ein Platz für ein Dienstfahrzeug oder einen Ausflugsdampfer reserviert ist, was man aber erst vom Hafenmeister bei der Anmeldung erfährt. Nicht immer muss man dafür erneut ablegen – besonders praktisch, wenn der Wind unangenehm steht und man froh ist, nicht mehr draußen zu sein. Wenn sich der neue Platz nur ein paar Meter weiter befindet, kann man auch von der Pier aus Verholen. Egal, ob das Manöver mit oder ohne Maschinenunterstützung abläuft, zumindest bei größeren, schwereren Booten ist auf jeden Fall Leinentechnik gefragt.

Mit Vorspring über Eck

Die in dieser Situation gezeigte 90-Grad-Drehung gelingt recht einfach, und es muss nur vorsorglich abgefendert werden. Reibung zwischen Rumpf und Pier entsteht beim Herumholen des Bootes nämlich fast nicht.

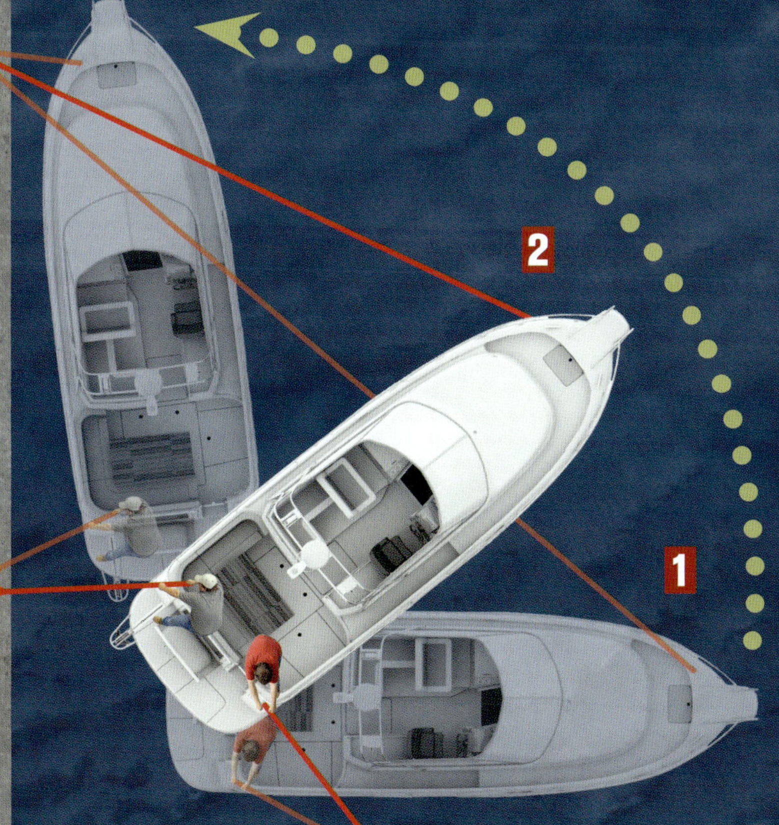

2 Mit vereinten Kräften wird nun der Bug nach Luv geholt. Dabei die Achterleine etwas durchsetzen, um das Boot von der alten Pier abzusetzen und die Achterspring ebenfalls kontrolliert dichtholen, um die Drehung zu unterstützen und das Heck von der neuen Pier freizuhalten.

1 Eine lange Vorspring auf die andere Seite der Pier ausbringen, dazu dort eine Achterleine festmachen und zusätzlich eine Achterspring auf die bisherige Pier legen. Die beiden kurzen Leinen können auch von Bord aus bedient werden.

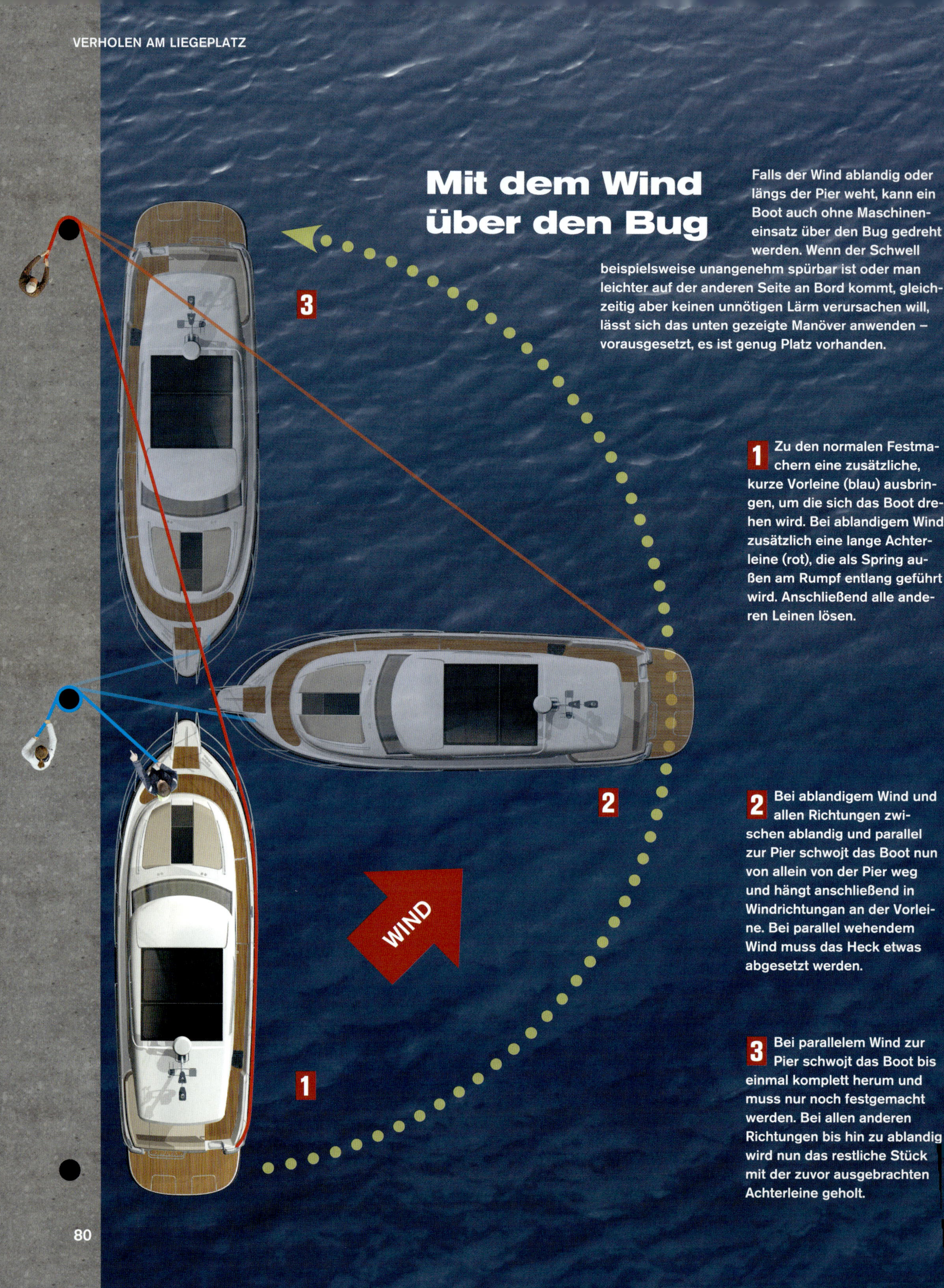

Mit dem Wind über den Bug

Falls der Wind ablandig oder längs der Pier weht, kann ein Boot auch ohne Maschineneinsatz über den Bug gedreht werden. Wenn der Schwell beispielsweise unangenehm spürbar ist oder man leichter auf der anderen Seite an Bord kommt, gleichzeitig aber keinen unnötigen Lärm verursachen will, lässt sich das unten gezeigte Manöver anwenden – vorausgesetzt, es ist genug Platz vorhanden.

1 Zu den normalen Festmachern eine zusätzliche, kurze Vorleine (blau) ausbringen, um die sich das Boot drehen wird. Bei ablandigem Wind zusätzlich eine lange Achterleine (rot), die als Spring außen am Rumpf entlang geführt wird. Anschließend alle anderen Leinen lösen.

2 Bei ablandigem Wind und allen Richtungen zwischen ablandig und parallel zur Pier schwojt das Boot nun von allein von der Pier weg und hängt anschließend in Windrichtungan an der Vorleine. Bei parallel wehendem Wind muss das Heck etwas abgesetzt werden.

3 Bei parallelem Wind zur Pier schwojt das Boot bis einmal komplett herum und muss nur noch festgemacht werden. Bei allen anderen Richtungen bis hin zu ablandig wird nun das restliche Stück mit der zuvor ausgebrachten Achterleine geholt.

Ohne Maschine längsseits

Mit den unten gezeigten zwei Methoden verholt man längsseits nach vorn. Das kommt nicht nur im Hafen vor, sondern häufig auch an den Wartestellen vor Schleusen. Wichtig ist, dass die Geschwindigkeit nicht zu groß wird, denn wenn das viele Tonnen schwere Boot erst einmal in Schwung kommt – eventuell sogar mit Wind und Strom – lässt es sich ohne Poller oder einen anderen Punkt zum Belegen der Leinen nur schwer wieder bremsen. Stattdessen gilt: langsam, kontrolliert, und im wahrsten Sinne Schritt für Schritt!

Ziehen über die Achterspring

Das Boot wird über die Achterspring gezogen. Dadurch dreht der Bug von der Pier weg, es entstehen weniger Reibungspunkte – eine sehr sichere und materialschonende Variante also. Allerdings wird eine zweite Person an der Vorleine an Land benötigt, die den Bug immer wieder Richtung Pier zieht.

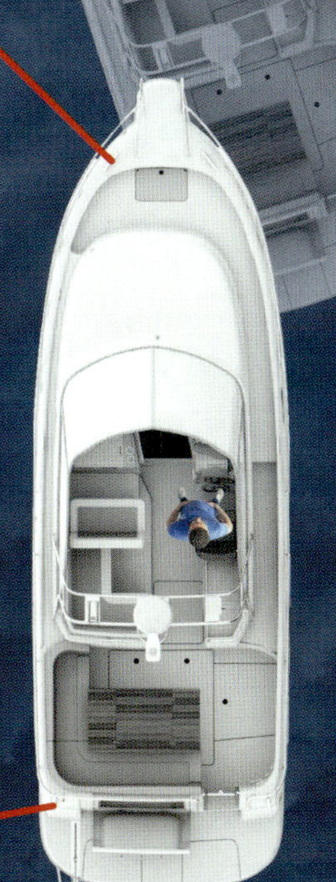

Ziehen über die Vorleine

Für das Ziehen über die Vorleine reicht eine Person an Land aus. Da das Boot laufend auf die Pier trifft, ist Abfendern vorn und mittschiffs aber Pflicht. Bei ablandigem Wind muss auch hier eine zweite Person das Heck vor dem Abtreiben sichern.

Längsseits ablegen

Wenn Wind und Wetter mal wieder nicht mitspielen, kann auch das Ablegen zur Herausforderung werden. Wie beim Anlegen sind dann Erfahrung und ein paar gute Tricks gefragt. Gleichzeitig hat der Skipper aber auch einen entscheidenden Vorteil: In der Regel muss er ja nicht raus. Lieber unnötigen Stress vermeiden und ein bisschen abwarten, wenn man sich nicht sicher ist – gegen diese „Taktik" ist absolut nichts einzuwenden. Andererseits gibt es Situationen, in denen man nicht völlig freie Wahl hat; etwa wenn der Liegeplatz geräumt werden muss. Mit den hier gezeigten Manövern und etwas Übung lassen sich die meisten Umstände aber erfolgreich meistern.

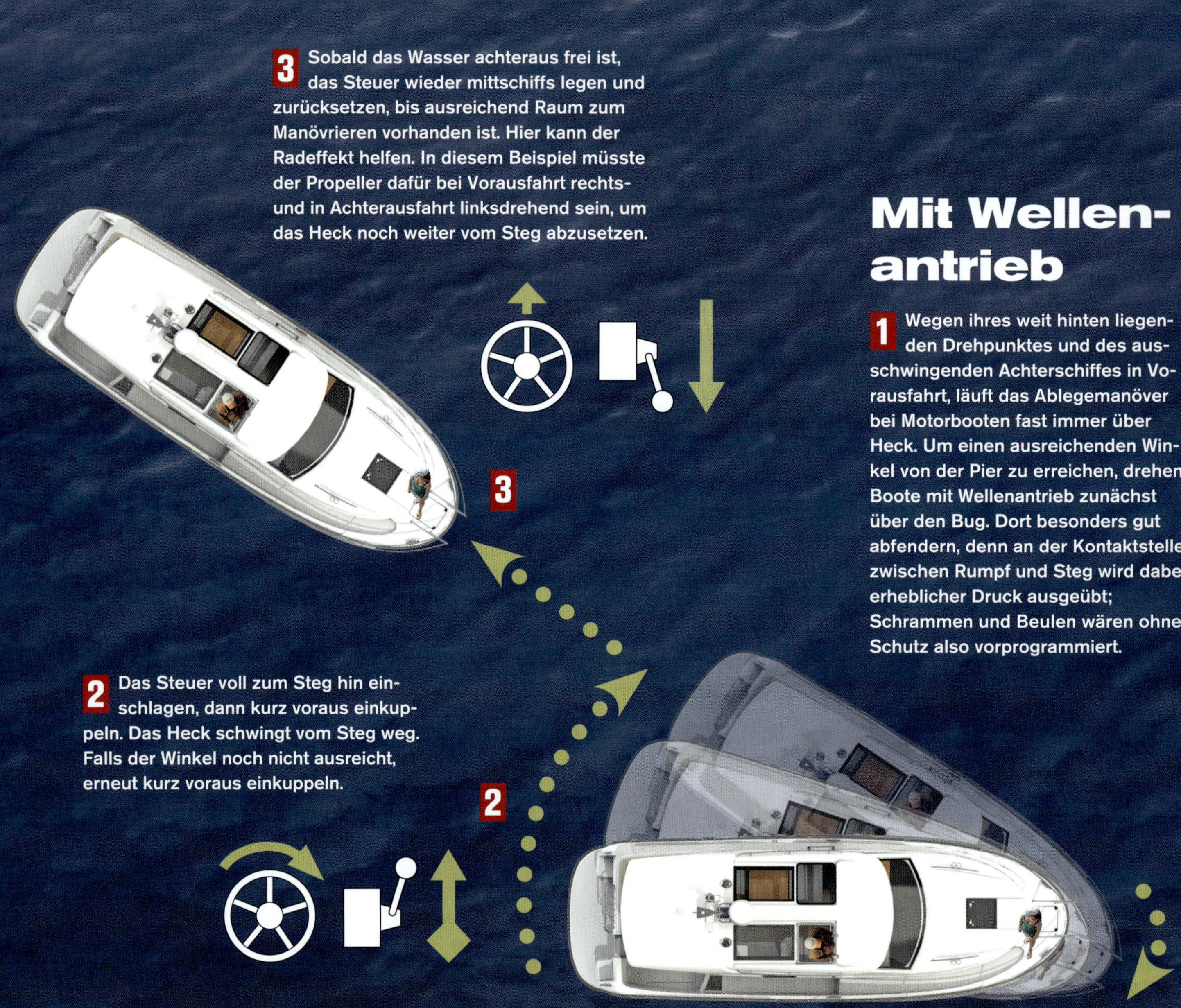

3 Sobald das Wasser achteraus frei ist, das Steuer wieder mittschiffs legen und zurücksetzen, bis ausreichend Raum zum Manövrieren vorhanden ist. Hier kann der Radeffekt helfen. In diesem Beispiel müsste der Propeller dafür bei Vorausfahrt rechts- und in Achterausfahrt linksdrehend sein, um das Heck noch weiter vom Steg abzusetzen.

2 Das Steuer voll zum Steg hin einschlagen, dann kurz voraus einkuppeln. Das Heck schwingt vom Steg weg. Falls der Winkel noch nicht ausreicht, erneut kurz voraus einkuppeln.

Mit Wellenantrieb

1 Wegen ihres weit hinten liegenden Drehpunktes und des ausschwingenden Achterschiffes in Vorausfahrt, läuft das Ablegemanöver bei Motorbooten fast immer über Heck. Um einen ausreichenden Winkel von der Pier zu erreichen, drehen Boote mit Wellenantrieb zunächst über den Bug. Dort besonders gut abfendern, denn an der Kontaktstelle zwischen Rumpf und Steg wird dabei erheblicher Druck ausgeübt; Schrammen und Beulen wären ohne Schutz also vorprogrammiert.

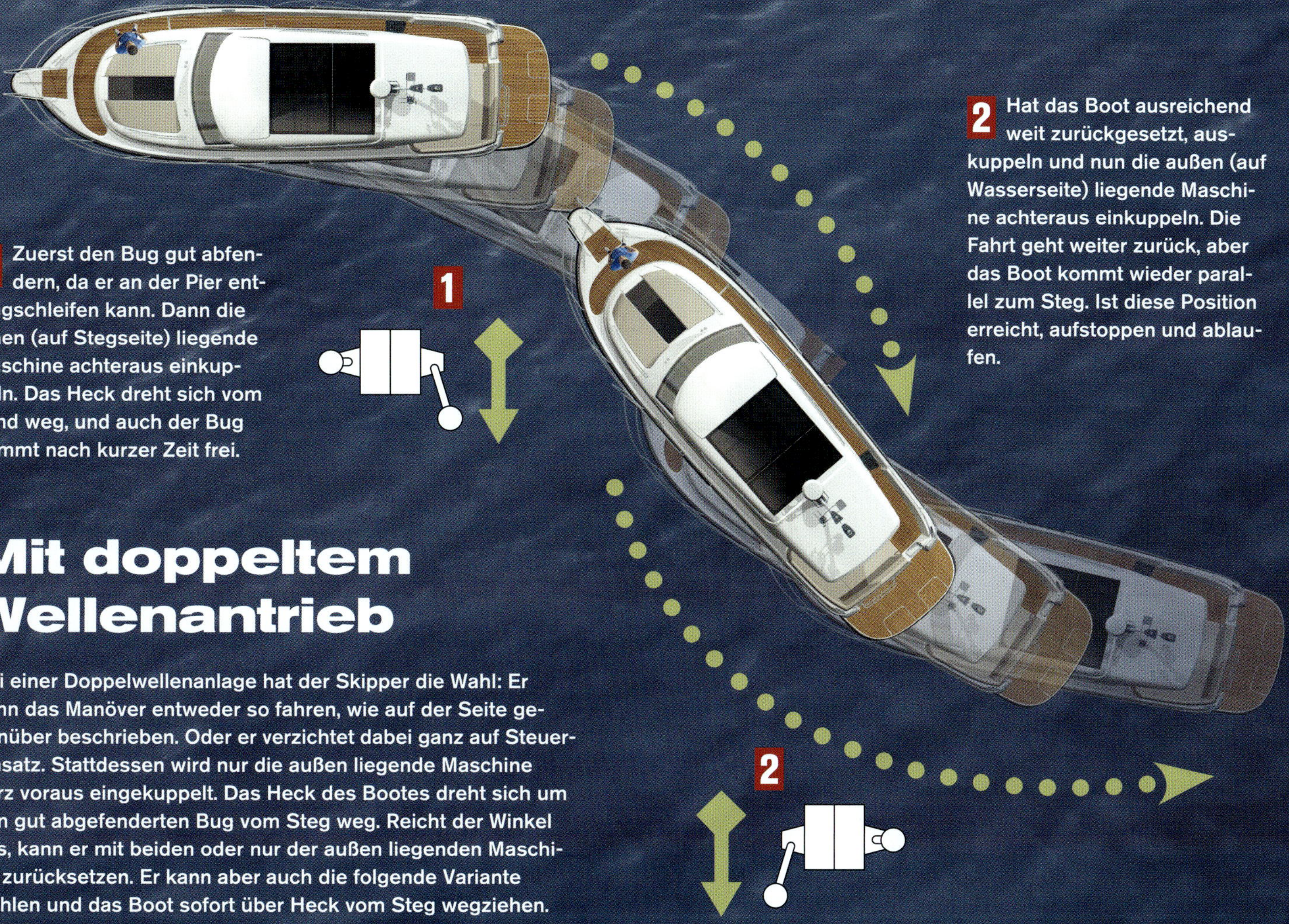

1 Zuerst den Bug gut abfendern, da er an der Pier entlangschleifen kann. Dann die innen (auf Stegseite) liegende Maschine achteraus einkuppeln. Das Heck dreht sich vom Land weg, und auch der Bug kommt nach kurzer Zeit frei.

2 Hat das Boot ausreichend weit zurückgesetzt, auskuppeln und nun die außen (auf Wasserseite) liegende Maschine achteraus einkuppeln. Die Fahrt geht weiter zurück, aber das Boot kommt wieder parallel zum Steg. Ist diese Position erreicht, aufstoppen und ablaufen.

Mit doppeltem Wellenantrieb

Bei einer Doppelwellenanlage hat der Skipper die Wahl: Er kann das Manöver entweder so fahren, wie auf der Seite gegenüber beschrieben. Oder er verzichtet dabei ganz auf Steuereinsatz. Stattdessen wird nur die außen liegende Maschine kurz voraus eingekuppelt. Das Heck des Bootes dreht sich um den gut abgefenderten Bug vom Steg weg. Reicht der Winkel aus, kann er mit beiden oder nur der außen liegenden Maschine zurücksetzen. Er kann aber auch die folgende Variante wählen und das Boot sofort über Heck vom Steg wegziehen.

Mit Bugstrahlruder

Beim längsseitigen Ablegen bietet sich besonders bei kleinen Lücken der Einsatz des Bugstrahlruders an: Zunächst den Bug mit kurzem Bugstrahlschub vom Steg wegbewegen **1**, dann das Steuer zum Land hin legen und kurz voraus einkuppeln **2**. Jetzt kommt auch das Heck vom Steg los, und das Boot liegt annähernd parallel. Im Wechsel wiederholen, bis der gewünschte Abstand erreicht ist.

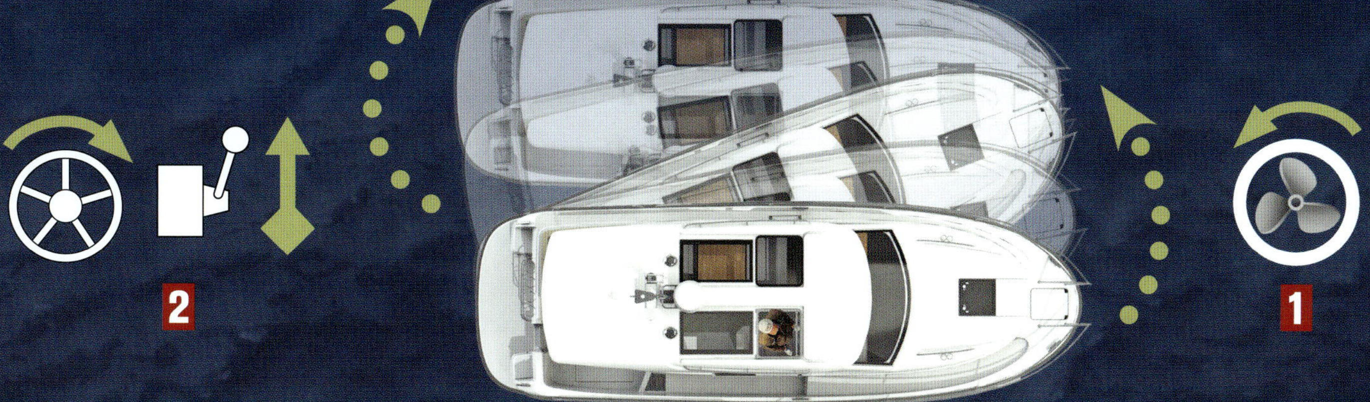

Mit Z-Antrieb und Außenborder

3 Wenn der Winkel stimmt und nach hinten frei ist, wieder mittschiffs steuern. Langsam über Heck weiter vom Steg entfernen.

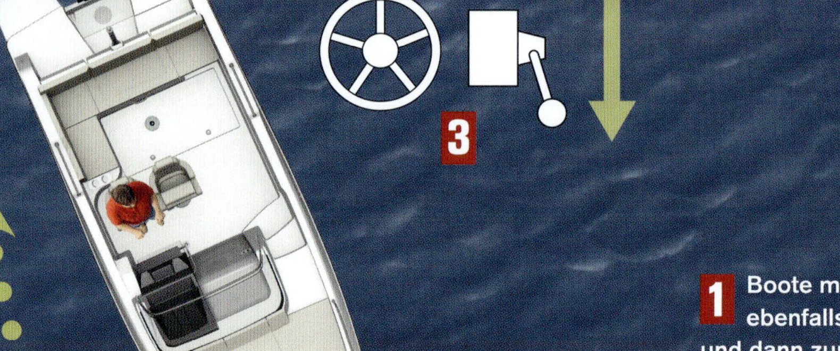

2 Der Bug wird gut abgefendert, da er meist mit dem Steg in Kontakt kommt. Jetzt das Steuer vom Land weg einschlagen – in diesem Fall nach Backbord. Wie weit, hängt ein wenig vom Fahrverhalten und vom vorhandenen Platz ab. Kurz achteraus einkuppeln, und das Heck wird vom Steg weggezogen.

1 Boote mit Z-Antrieb können ebenfalls über den Bug drehen und dann zurücksetzen, wie auf Seite 82 beschrieben. Da ihr Antrieb steuerbar ist und der Radeffekt in der Regel keine große Rolle spielt, können solche Boote aber auch direkt rückwärts vom Liegeplatz gezogen werden.

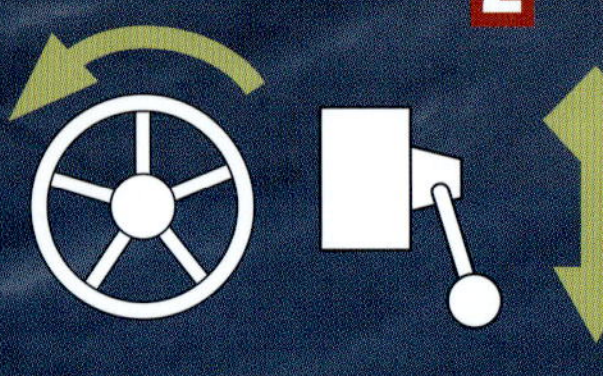

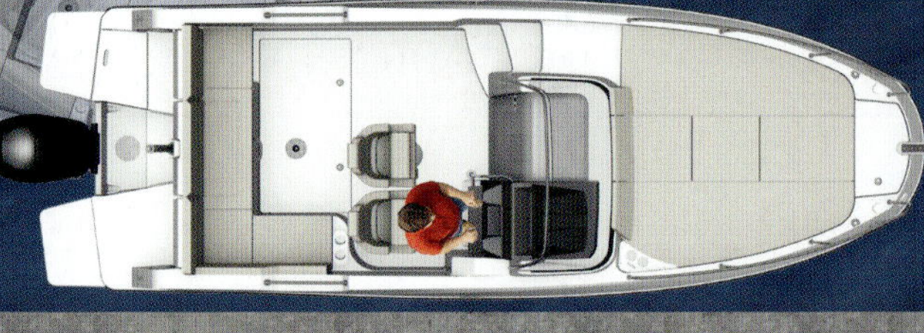

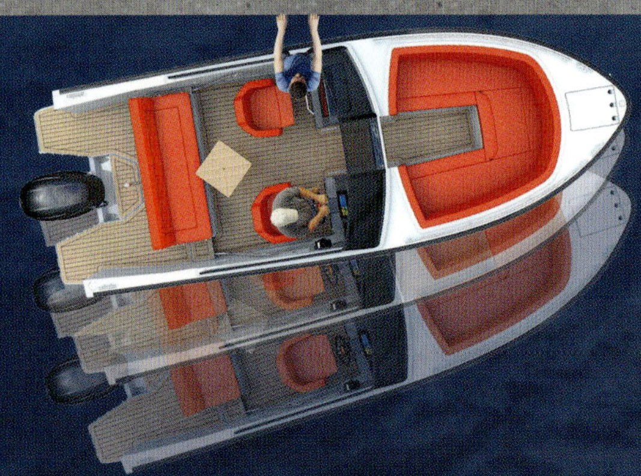

Mit der Hand abstoßen

Besonders bei kleinen Booten ist es bei ruhigen Verhältnissen üblich, mit der Hand abzustoßen. Ein Meter Abstand ist so schnell gewonnen, und der reicht schon aus, um nach dem oben gezeigten Manöver abzulegen, ohne den Bug groß abfendern zu müssen. Vorsicht beim Abstoßen von Land aus; die Lücke zwischen Steg und Bordwand darf nicht zu schnell größer werden, um noch sicher übersteigen zu können.

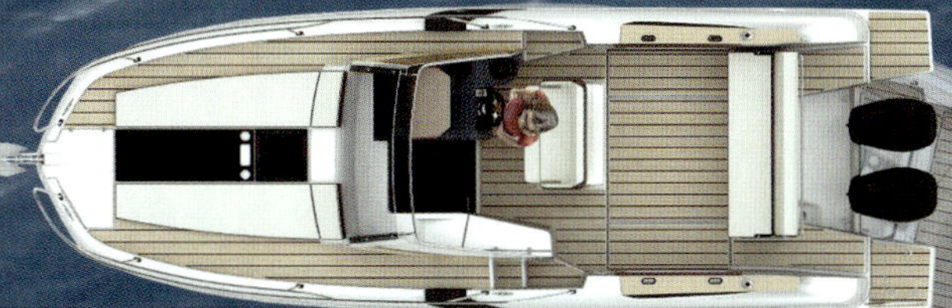

Mit zwei Maschinen

1 Mit zwei Motoren funktioniert die Methode des direkten Zurücksetzens natürlich noch besser. Trotzdem muss auch hier der Rumpf im Bereich des Vorschiffes gut geschützt werden.

2 Das Steuer wird vom Steg weg eingeschlagen, dann wird nur die außen (also auf der Wasserseite) liegende Maschine achteraus eingekuppelt. Das Boot setzt zurück, gleichzeitig entfernt sich das Heck vom Steg.

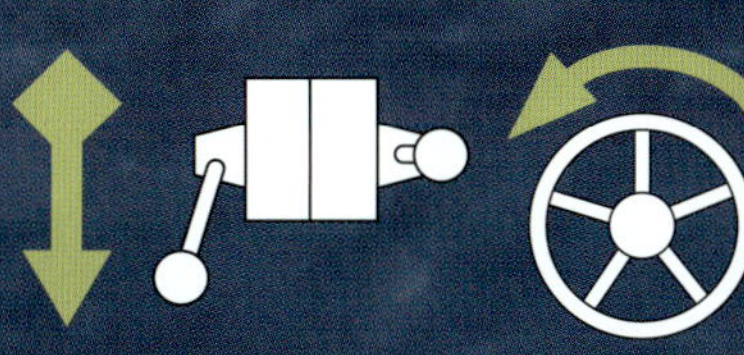

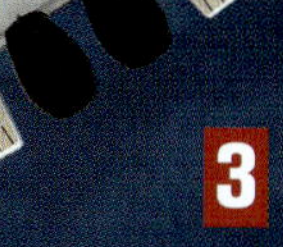

3 Sobald das Boot die korrekte Ausrichtung hat, werden die Antriebe zurück in die Mittschiffsposition gebracht. Nun entweder weiter über Heck vom Liegeplatz entfernen oder aufstoppen und voraus ablaufen.

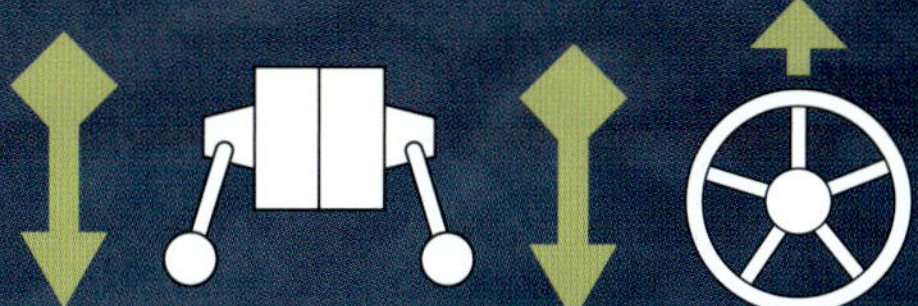

WIND

Treiben lassen

Wenn die Verhältnisse passen, ist es auch möglich, sich einfach vom Steg wegtreiben zu lassen. Das funktioniert dann, wenn der Wind ziemlich genau ablandig weht, und das mit einer Stärke, die das Boot auch wirklich bewegt. Zusätzlich eine Standlinie für eine Peilung suchen, um sicherzustellen, dass die Versetzungsrichtung stimmt. Wer das Manöver voll kontrollieren möchte, kann zusätzlich eine oder zwei Leinen auf Slip mitfieren.

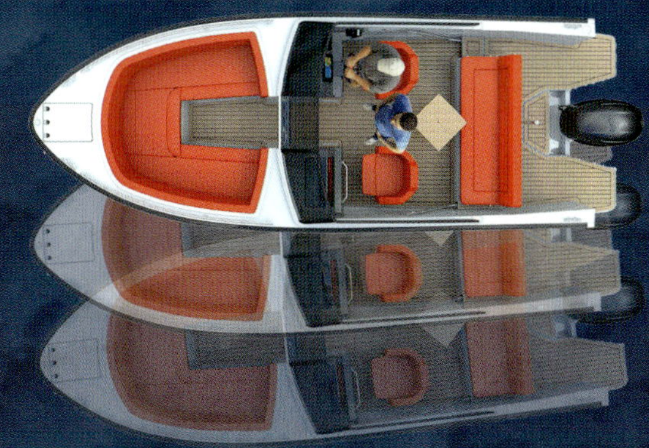

WIND

Ablegen mit Leineneinsatz

Wenn der Wind kräftig auflandig weht, kann es besonders für Boote mit Wellenantrieb schwierig werden, den Steg zu verlassen. Doch auch dann sitzt der Skipper am „längeren Hebel", jedenfalls wenn er Leinen einsetzt. Das klassische Manöver ist das Eindampfen in die Vorspring, doch es gibt auch andere Methoden.

Eindampfen in die Vorspring

1 Bei diesem Manöver wird das Heck des Bootes über den Bug von der Pier weggedreht, als „Hebel" dient eine Vorspring. Sie wird am besten auf Slip ausgebracht. Da je nach Windsituation viel Gas nötig sein kann, muss der Bug sehr gut abgefendert werden. Dann das Steuer voll zum Steg hin einschlagen, voraus einkuppeln und Gas geben, bis das Heck sich vom Steg löst und herumschwingt.

2 Sobald das Heck auf freies Wasser weist, Spring slippen und mit Fahrt achteraus ausreichend Raum zum Manövrieren gewinnen. Boote mit doppelter Wellenanlage setzen beim ersten Schritt für noch größere Hebelwirkung die außen liegende Maschine ein.

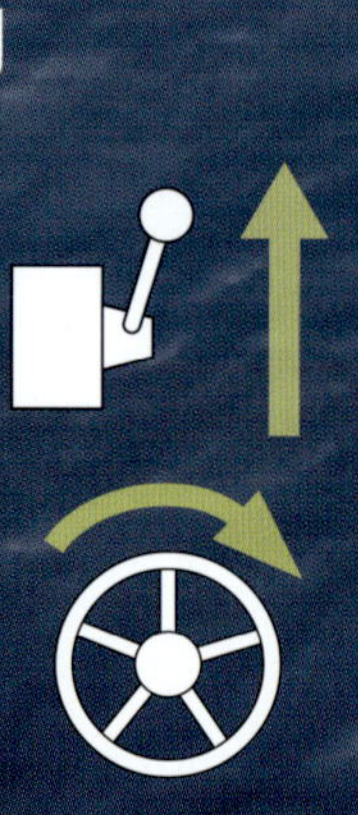

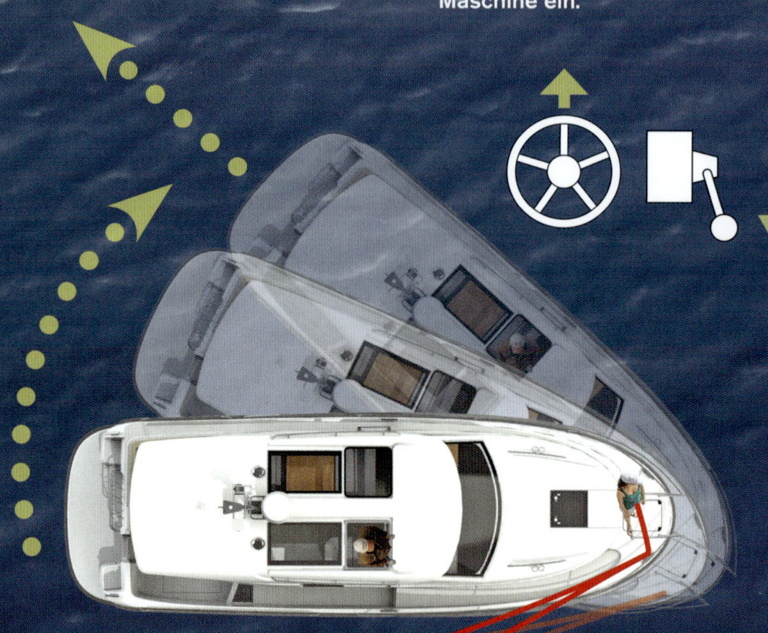

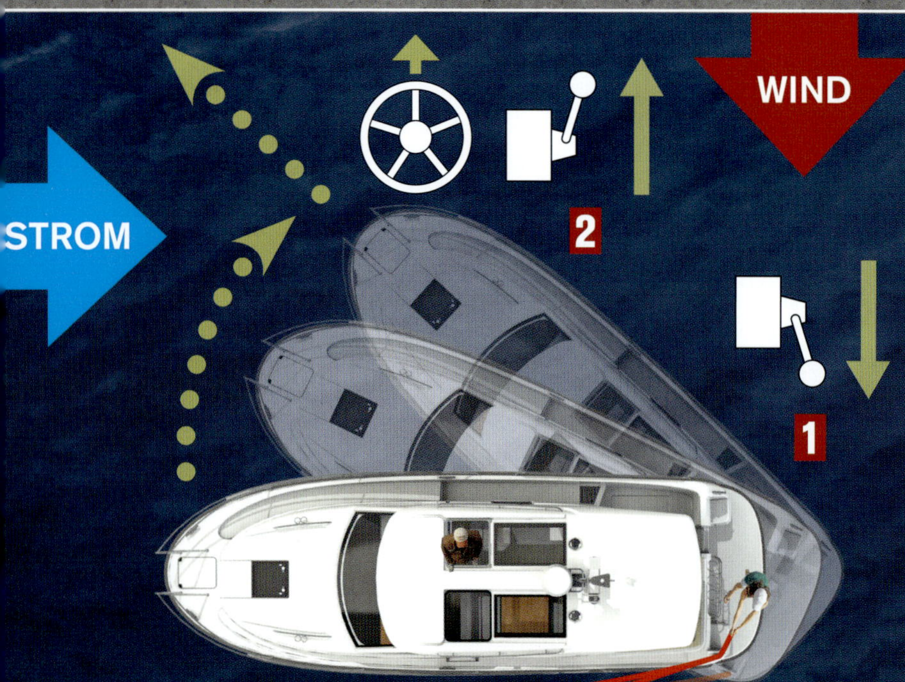

WIND

Eindampfen in die Achterspring

1 Das Manöver bietet sich an, wenn der Steg aus Platzgründen in Vorausfahrt verlassen werden soll oder gleichzeitig Strom gegen die Fahrtrichtung setzt, der die Drehung unterstützt. Heck abfendern, besondere Vorsicht bei der Badeplattform! Eine Achterspring auf Slip, achteraus einkuppeln und Gas geben, bis der Bug vom Steg wegschwingt. Das Ruder ist unerheblich.

2 Ist der Bug weit genug herumgekommen, auskuppeln, die Spring slippen und voraus Fahrt aufnehmen, bevor der Wind das Vorschiff wieder zurück in Richtung Land drücken kann.

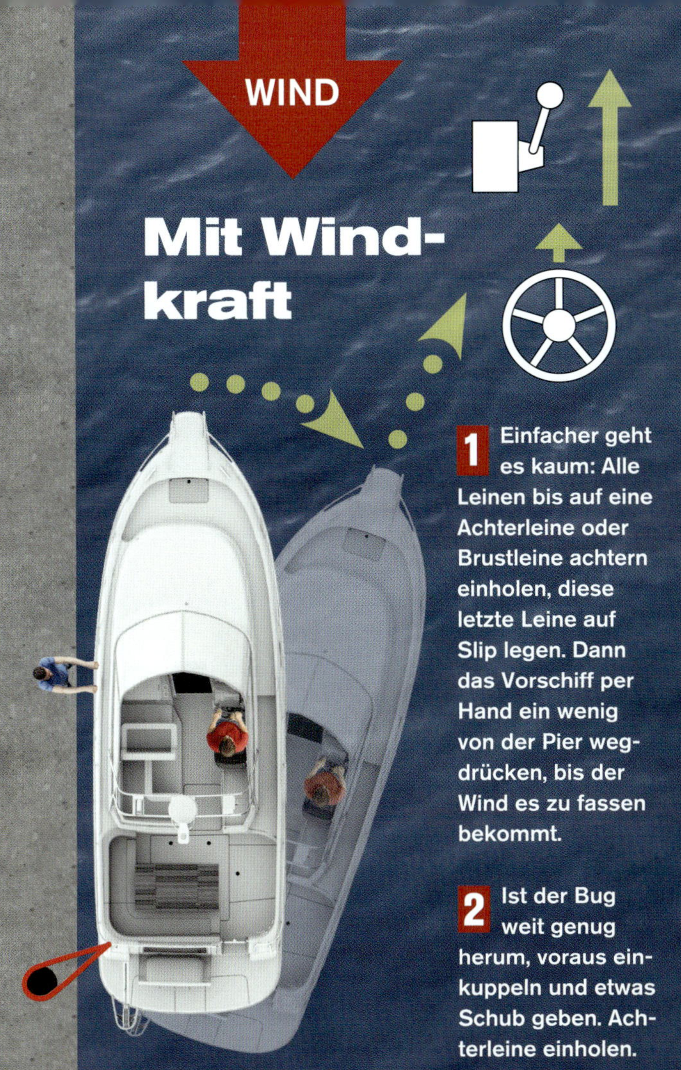

Mit Windkraft

1 Einfacher geht es kaum: Alle Leinen bis auf eine Achterleine oder Brustleine achtern einholen, diese letzte Leine auf Slip legen. Dann das Vorschiff per Hand ein wenig von der Pier wegdrücken, bis der Wind es zu fassen bekommt.

2 Ist der Bug weit genug herum, voraus einkuppeln und etwas Schub geben. Achterleine einholen.

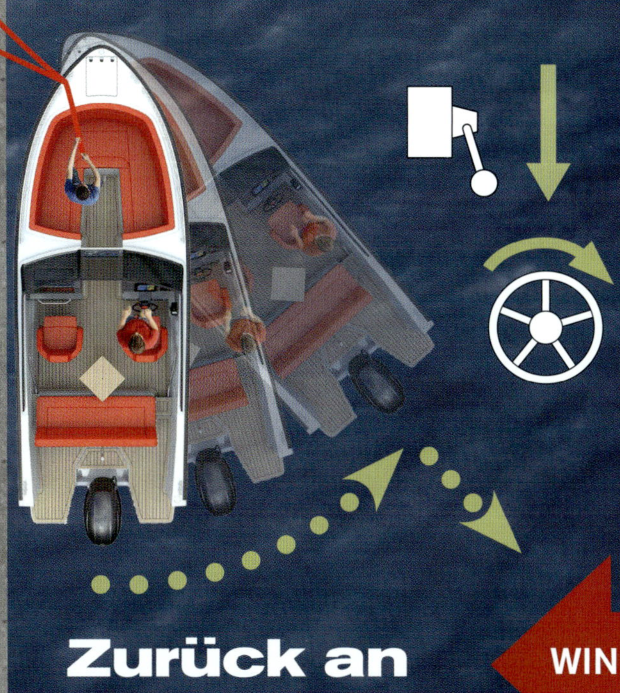

Zurück an der Vorleine

WIND

Ein Manöver für Z-Antriebe oder doppelte Wellenantriebe: Den Bug abfendern, eine Vorleine auf Slip. Das Ruder vom Steg weg legen und achteraus einkuppeln (bei Doppelwellenantrieb nur die innen liegende Maschine). Das Heck zieht sich vom Steg weg, bis das ganze Boot an der Leine „hängt“. Ruder mittschiffs, Leine slippen und achteraus ablaufen.

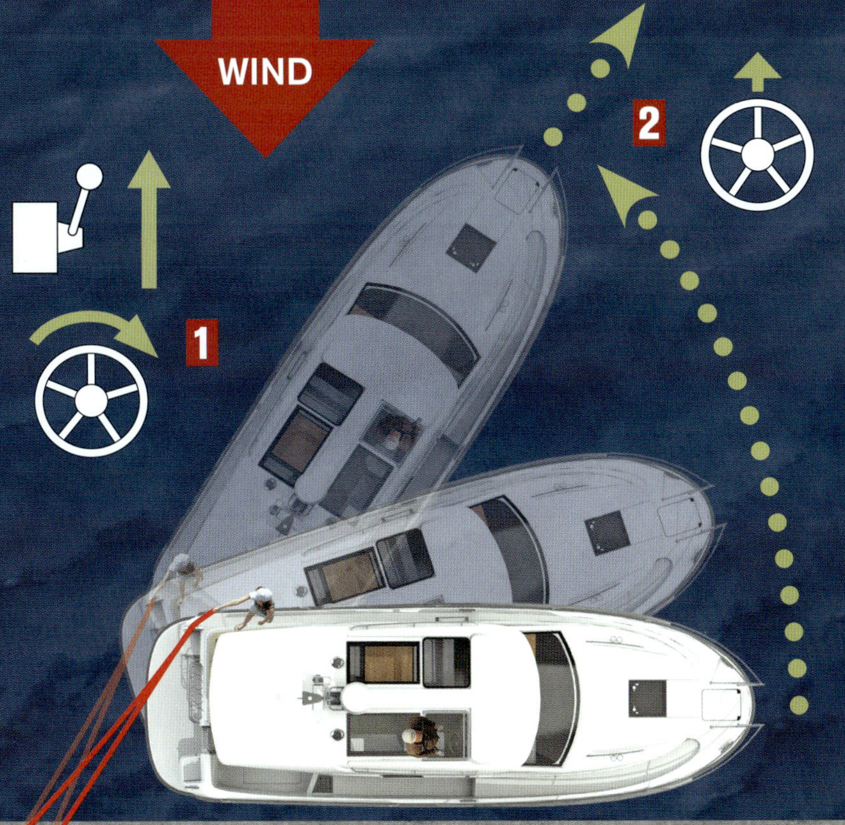

Eindampfen in die Achterleine

1 Für Boote und Yachten mit breitem Heck ist dieses Manöver gut geeignet. Der große Vorteil: Die Maschine braucht nur voraus eingekuppelt zu werden, der bange Moment des Umsteuerns entfällt. Dafür eine Achterleine von der Wasserseite auf Slip zum Steg führen. Das Steuer wird hart Richtung Steg gelegt, dann kräftig voraus Schub geben. Die Strömung am Ruderblatt setzt das Heck ab, die Hebelwirkung lässt den Bug herumschwingen.

2 Wenn das Heck von der Pier frei ist und der Bug in freies Wasser zeigt, langsam Ruder mittschiffs legen und eventuell, abhängig von der Windstärke, Schub reduzieren, und die Achterleine einholen.

Vom Fingersteg ablegen

Unter normalen Umständen gehört das Ablegen vom Fingersteg zu den einfachen Übungen. Ohne Wind und Strom kann das Boot bequem in Richtung offenes Wasser verholt werden, während der Steg dabei als „Leitplanke“ dient. Wenn das Heck frei ist, wird aufgestoppt, gedreht, bis der Bug in Richtung Ausfahrt zeigt, oder bei ausreichendem Platz direkt in einem Zug abgelaufen. Das ganze Manöver benötigt allerdings so wenig Vorbereitung, dass die Aufmerksamkeit schnell darunter leidet. Also darauf achten, dass wirklich alle Leinen eingeholt sind – und das Landstromkabel ebenfalls.

Vorwärts und rückwärts

2 Erst wenn das Boot vollständig frei vom Stegende und den Nachbarliegern ist, kann aufgestoppt und gedreht werden – eventuell auch auf der Stelle in mehreren Zügen, falls der Abstand zum Steg gegenüber nicht für ein anderes Manöver ausreicht. Danach wird die Gasse zwischen den Stegen in normaler Fahrt verlassen.

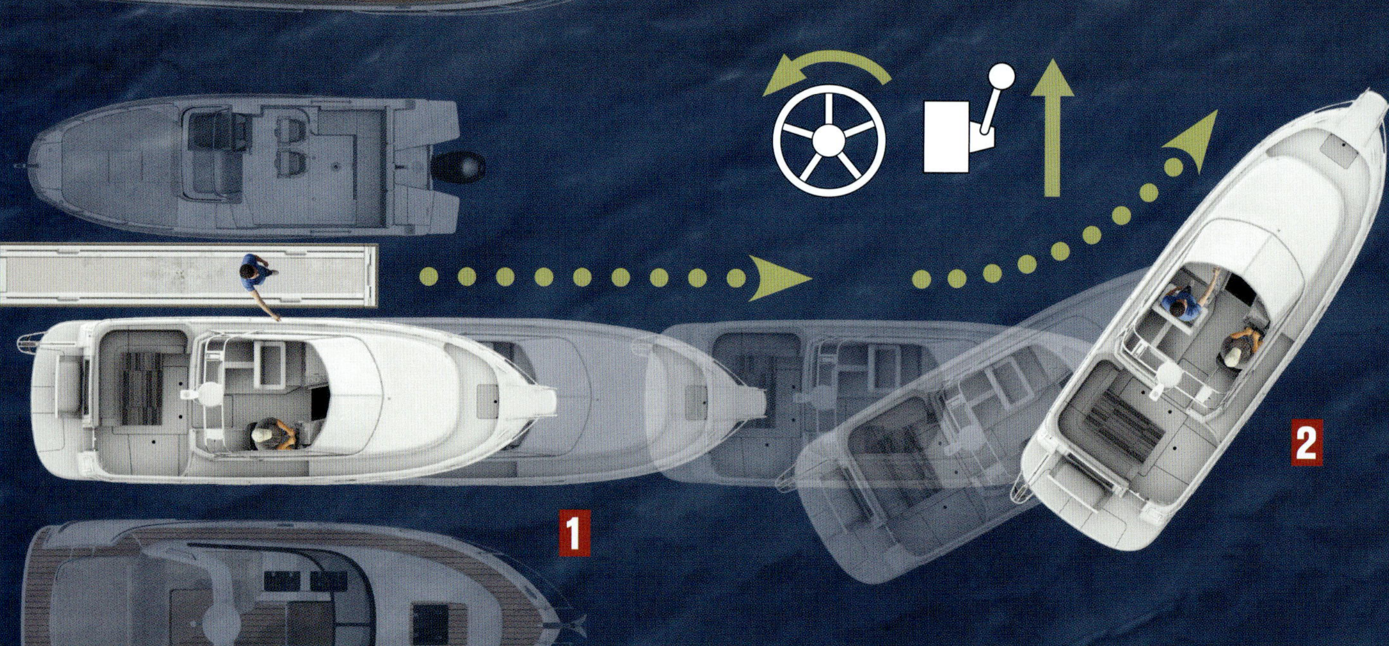

1 Alle Leinen lösen, dabei aber aufpassen, dass das Boot nicht auf den Steg treibt. Kleine Boote können nun per Hand nach vorn verholt werden, bei größeren hilft die Maschine eingekuppelt oder mit kurzen Schüben mit. Das Manöver verläuft dabei in gleicher Form, egal ob Bug oder Heck am Steg liegen. Bei leichter Driftwirkung auf jeden Fall das Ende des Fingerstegs im Auge behalten und sich den Abstand ansagen lassen. Bei zu frühem Eindrehen droht sonst ein ärgerlicher Kratzer zum Abschied.

Vom Ausleger

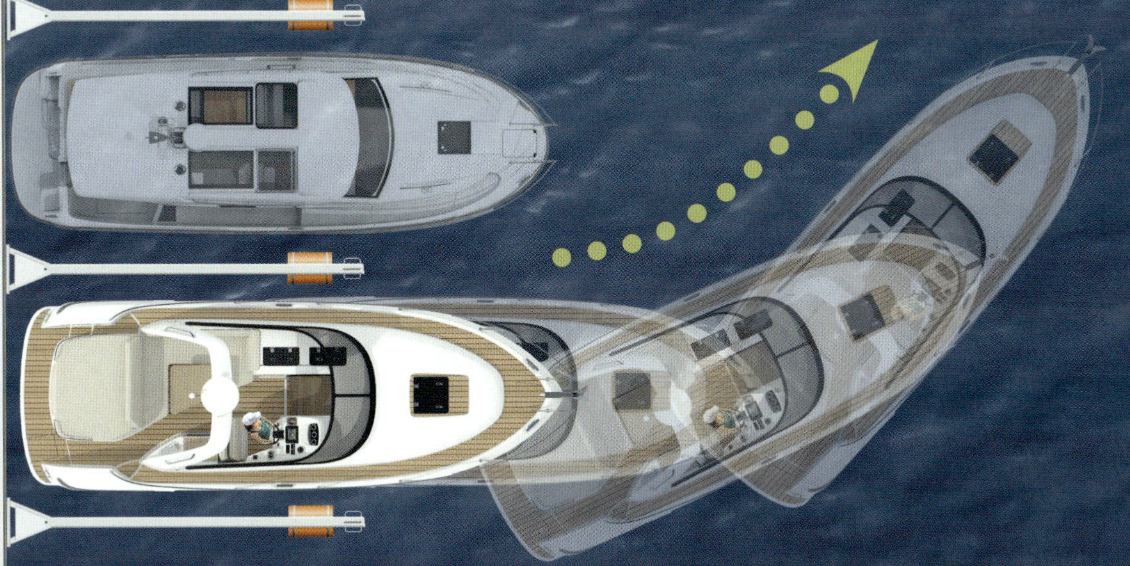

Mit Sicherheit die leichteste Art, abzulegen, selbst bei Seitenwind. Egal ob voraus oder achteraus, die Ausleger stabilisieren das Boot so lange, bis es die Box fast ganz verlassen hat. Mit wenig Fahrt erreicht man freies Wasser und kann wenn nötig wenden oder direkt ablaufen.

Aus der Ecke heraus

Wenn man einen Platz ganz innen am Steg bekommen hat, muss man zwar nicht soweit laufen, kann aber ganz schön eingezwängt werden – besonders, wenn das Nachbarboot länger ist. Direktes Ablegen ist dann nicht mehr möglich.

1 Egal, wie der Wind steht, muss das Boot zuerst nach vorn verholt werden. Weht der Wind auflandig, wie in diesem Beispiel, ist dafür Maschinenkraft nötig. Zu beiden Seiten gut abgefendert bleiben, alle Leinen lösen und längsseits so weit nach vorn wie möglich verholen.

2 Sobald man genug Manövrierraum hat, wird nun längsseits abgelegt, je nach Antriebsart und Windrichtung mit oder ohne Leinenunterstützung, über Bug oder Heck. In diesem Fall bietet sich an, das Boot vom Wind drehen zu lassen (siehe Seite 87), und dann in Vorausfahrt abzulaufen.

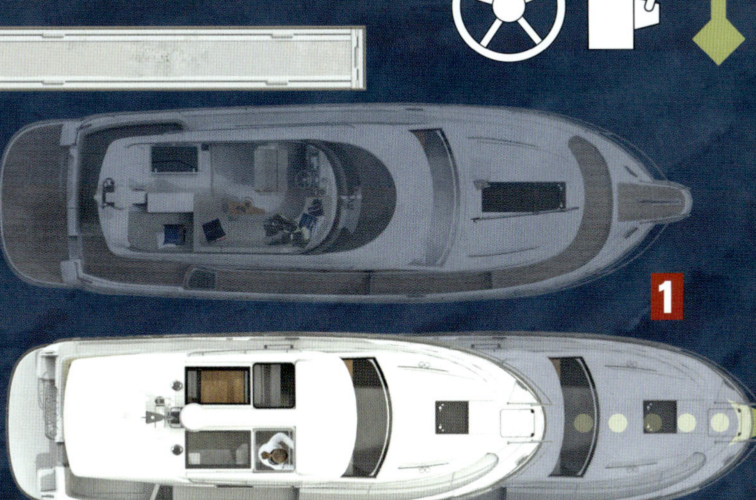

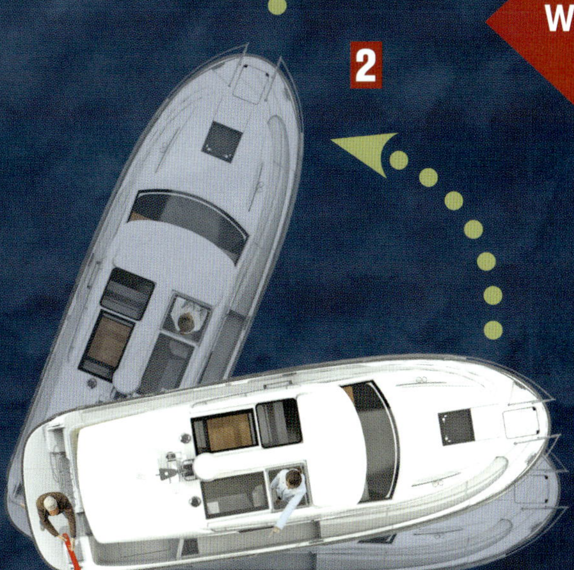

WIND

Seitlicher Wind

Unangenehm kann es werden, wenn der Wind stark von der Seite weht und man wenig Spielraum hat, nachdem der Liegeplatz verlassen wurde. Die Festmachpunkte an den Fingerstegen sind nämlich weniger für aktive Leinenarbeit gedacht; so können sich Festmacher beim Einholen an den Klampen leichter verhaken als an Pfählen. Dennoch gibt es einige Optionen, solche Situationen auch mit jenen Booten zu meistern, die nicht so leicht zu manövrieren sind.

Dicht unter Land

1 Es kann vorkommen, dass sich der Liegeplatz so nah am Ufer befindet, dass beim Ablegen eine Legerwall-Situation entsteht. In diesem Fall kann man sich kein Abdriften nach Lee erlauben und muss das Boot möglichst parallel vom Steg wegbringen. In Vorausfahrt mit etwas Gas lässt sich das auch mit Wellenanlage noch gut machen, achteraus muss – je nach Raddeffekt – nachgeholfen werden. Zwei Leinen werden benötigt: Eine Luv-Vorleine (rot) und eine kurze Manöverleine, die entwerder am Stegende (blau) oder, noch besser, beim Nachbarn in Luv (gelb) auf Slip gelegt wird.

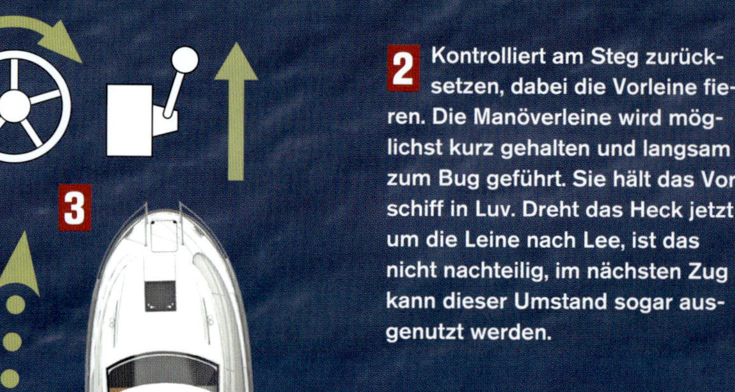

2 Kontrolliert am Steg zurücksetzen, dabei die Vorleine fieren. Die Manöverleine wird möglichst kurz gehalten und langsam zum Bug geführt. Sie hält das Vorschiff in Luv. Dreht das Heck jetzt um die Leine nach Lee, ist das nicht nachteilig, im nächsten Zug kann dieser Umstand sogar ausgenutzt werden.

3 Ist das Boot ausreichend frei, Manöverleine slippen, Ruder sofort hart vom Steg weglegen und mit einem beherzten Schub voraus nach Luv drehen. Durch den Wind vergrößert sich der Drehkreis, was unbedingt einkalkuliert werden muss.

1

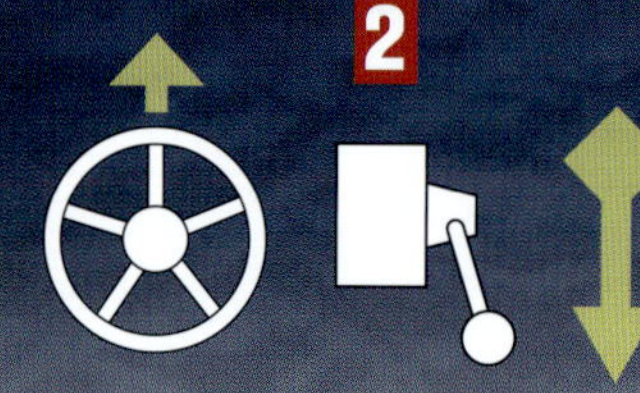

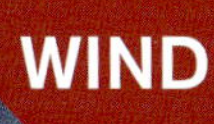

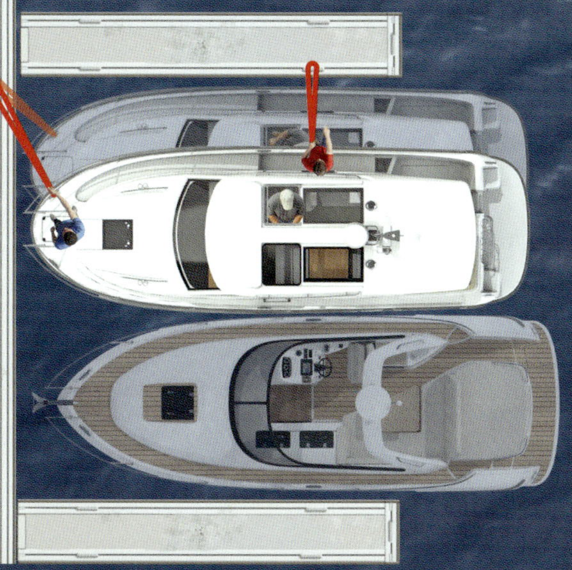

Auf den Nachbarn treiben lassen

Wenn zwei Boote nebeneinander zwischen zwei Fingerstegen liegen, bleibt wenig Platz beim Ablegen. Bevor bei starkem Seitenwind umständlich versucht wird, das eigene Boot vom Nachbarn in Lee klar zu halten, kann es einfacher (und sicherer) sein, sich über die meist nicht besonders große Distanz kontrolliert auf das andere Boot treiben zu lassen. Dafür muss die entsprechende Bordwand natürlich gut abgefendert sein. Nun liegt das Boot erst einmal stabil und kann in Ruhe am Nachbarn entlang nach achtern aus dem Liegeplatz verholt und schließlich so weit zurückgesetzt werden, dass über Bug oder Heck gedreht und abgelaufen werden kann.

Mit Z-Antrieb und Außenborder

Für Boote mit steuerbarem Antrieb ist die links gezeigte Situation nicht ganz so knapp, weil sie sich direkt über Heck aus der Affäre ziehen können. Die zusätzliche Leine (blau oder gelb) kann auch hier unterstützend eingesetzt werden, um den Bug vom zu schnellen Abdriften abzuhalten. Anderseits hilft der Wind, um das Boot korrekt auszurichten. Gerade zurücksetzen 1, dann das Steuer zum Steg hin einschlagen, bis das Boot parallel liegt 2. Mit Fahrt achteraus ablaufen 3.

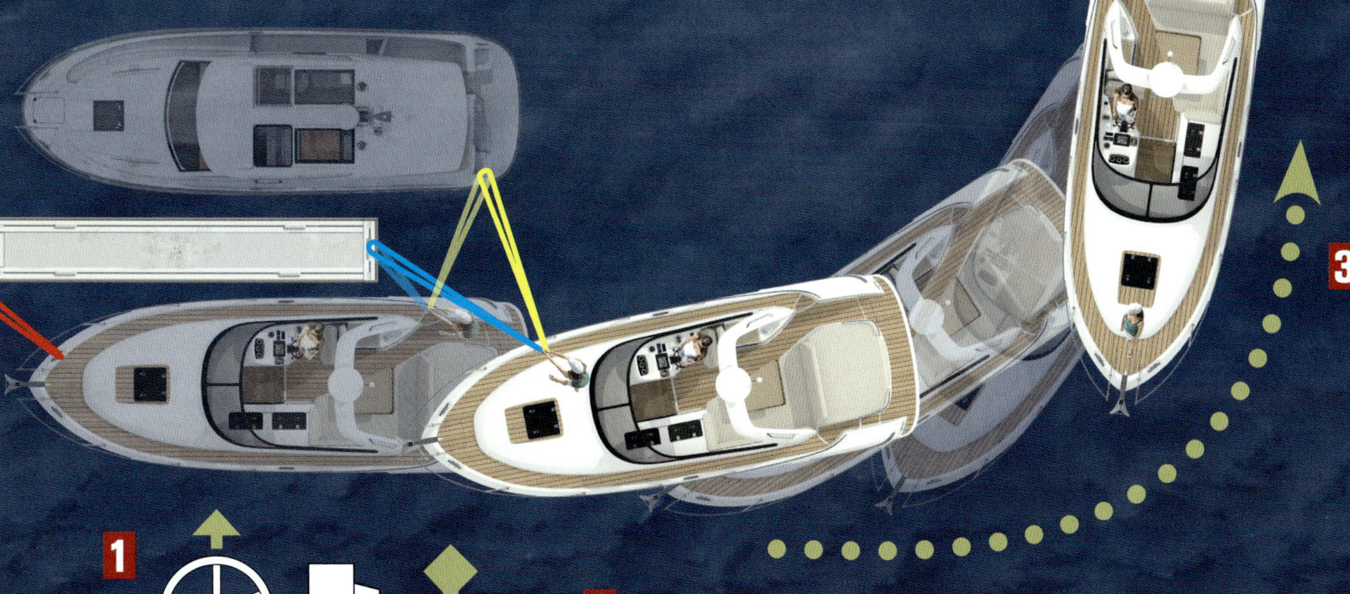

1
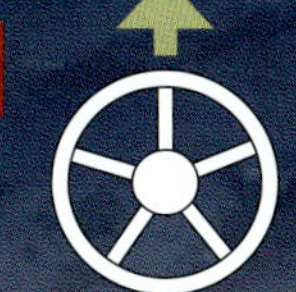
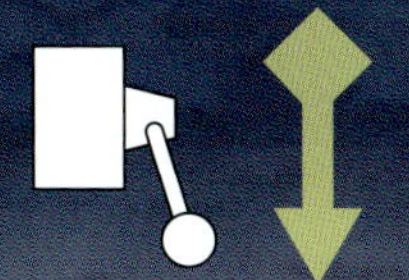
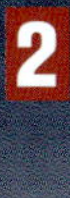

2
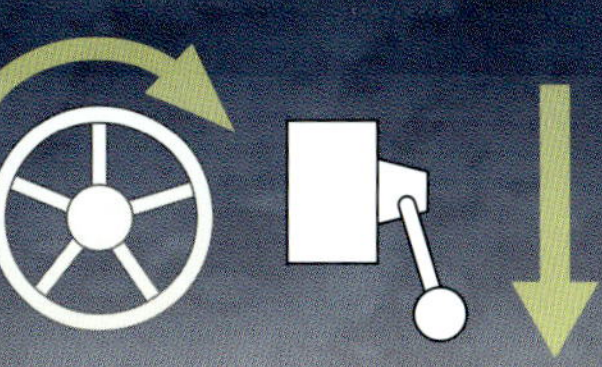

Aus der Box ablegen

Dieses Manöver gehört bei ruhigem Wetter und schwachem Wind zu den einfachen: Vorleinen einholen, Boot an der Achterleinen nach achtern ziehen und diese – sobald die Pfähle erreicht sind – ebenfalls einholen. Dann mit langsamer Fahrt achteraus ganz aus der Box, fertig. Bei starkem Wind sieht das jedoch schon anders aus, da der Bug schnell auf Drift geht – zum Schrecken der Nachbarn. Dagegen hilft viel Schub achteraus, doch gegenüber lauert schon die nächste Pfahlreihe! Wie Situationen mit mehr Wind begegnet wird, sehen Sie hier.

Ablandiger Wind

1 Den Bug mit einer langen Vorleine sichern, die beiden ursprünglichen Vorleinen einholen. Findet sich ein Helfer auf dem Steg, kann dieser fieren und loswerfen, ansonsten die Leine auf Slip ausbringen. Die Vorleine jetzt soweit fieren, bis das Heck zwischen den Pfählen steht. Die Achterleinen einholen.

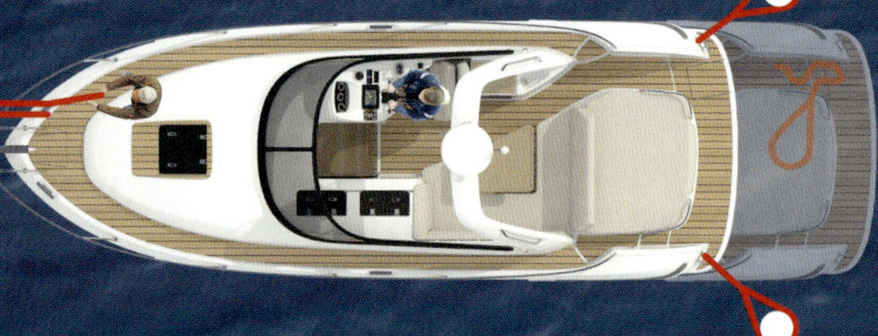

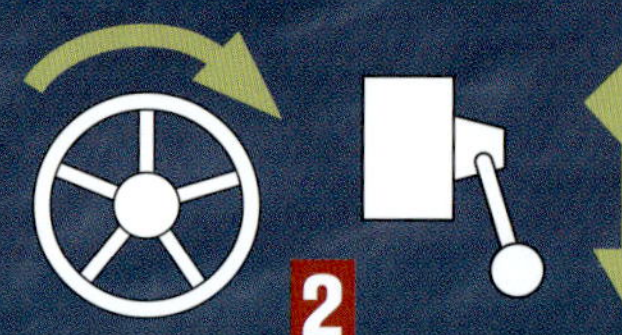

2 Die Vorleine weiter fieren, bis zwei Drittel des Bootes die Pfähle passiert haben. Nun die Leine schnell einholen und mit etwas Schub und Ruder in die gewünschte Richtung achteraus setzen. Selbst wenn sie sich verhaken sollte, kann man das Boot immer noch mit einer weiteren Vorleine am Pfahl sichern, um die unklare Leine zu lösen oder man verholt zurück nach vorn an den Steg. Falls der Bug beim Einholen auf Drift geht, wird seine Bewegungsfreiheit von den Pfählen begrenzt.

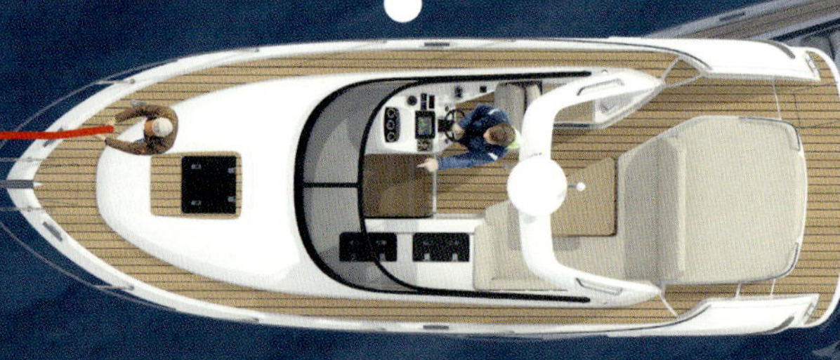

WIND

3 Ist der Bug frei und das Heck in die gewünschte Richtung eingeschwenkt, wird die Fahrt achteraus mit etwas Gas voraus und maximalem Rudereinschlag gebremst. Dadurch wird das Heck nach Luv gedrückt, der Wind dreht derweil den Bug nach nach Lee. Sobald das Boot korrekt ausgerichtet ist, kann die Gasse verlassen werden.

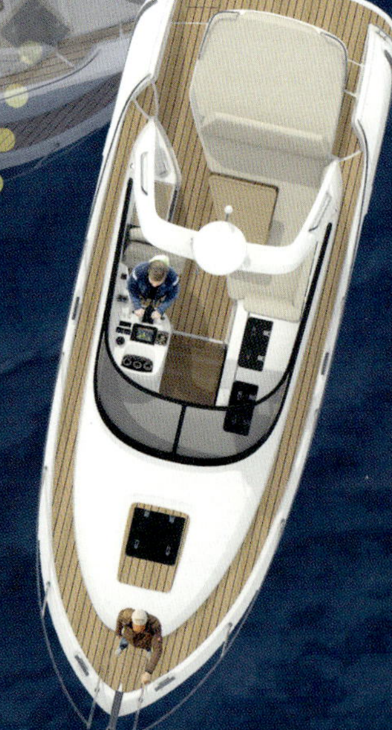

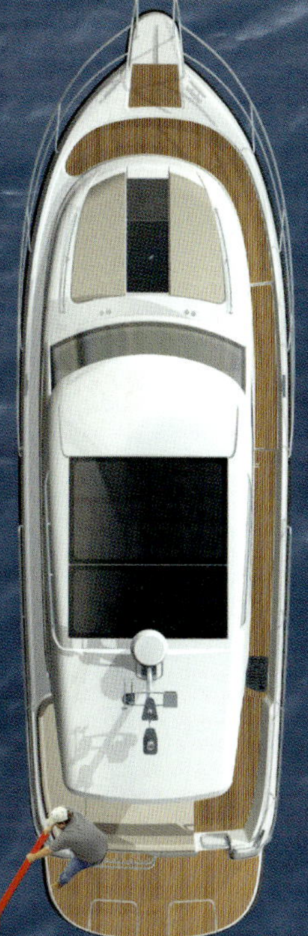

Auflandiger Wind

Bei starkem, in die Box stehenden Wind kann es problematisch sein, nach Passieren der Pfähle die Kurve zu kriegen. Vor allem, wenn wenig Manövrierraum zur Verfügung steht. Normalerweise würde der Skipper bis zur gegenüberliegenden Pfahlreihe fahren und dabei schon so weit wie möglich einlenken. Bei der anschließenden Vorausfahrt besteht jedoch die Gefahr, dass das Boot zu stark driftet und auf die Pfahlreihen in Lee gedrückt wird. Sicherer sind diese Varianten.

1 Beide Vorleinen und eine Achterleine einholen und zum Ausbringen auf Slip vorbereiten. Achteraus einkuppeln, die Box verlassen, und dabei die letzte Leine einholen.

2 Bei Erreichen der gegenüberliegenden Pfahlreihe eine Leine achtern auf Slip um einen Pfahl legen. Die Seite des Hecks, auf der belegt wird, ist auch jene, über die gedreht wird.

A Das Eindampfen in die Achterleine lässt sich auch allein bewerkstelligen. Ist das Boot weit genug herumgekommen, entweder rückwärts die Gasse verlassen oder beherzt Schub voraus geben, um die Manövrierbarkeit zu erhöhen. Sonst könnte der Bug wieder nach Lee gedrückt werden.

B Wenn noch ein weiteres Besatzungsmitglied zur Verfügung steht, kann statt der Achterleine auch eine Mittelspring auf Slip ausgebracht werden. Das Drehen des Bootes benötigt dann weniger Schub.

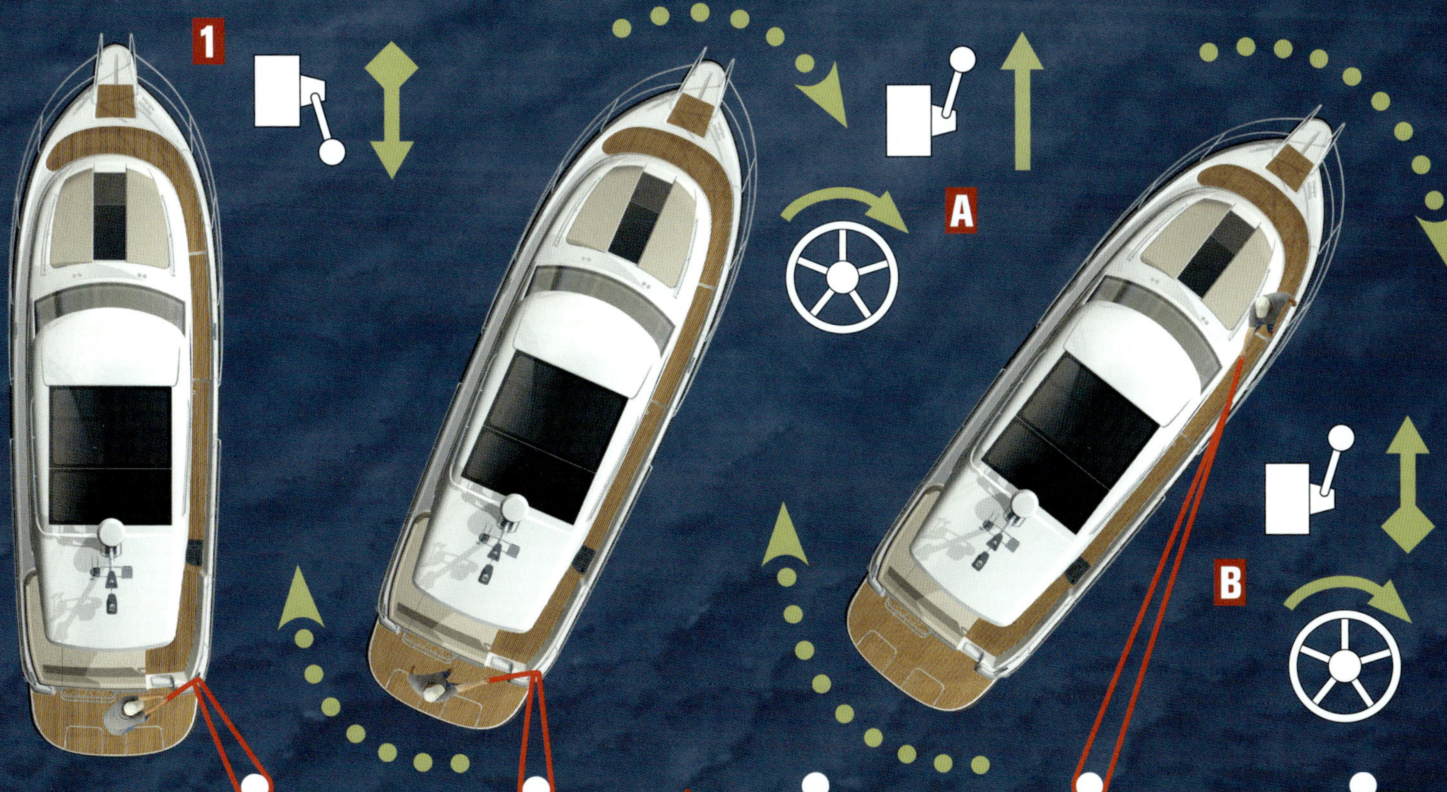

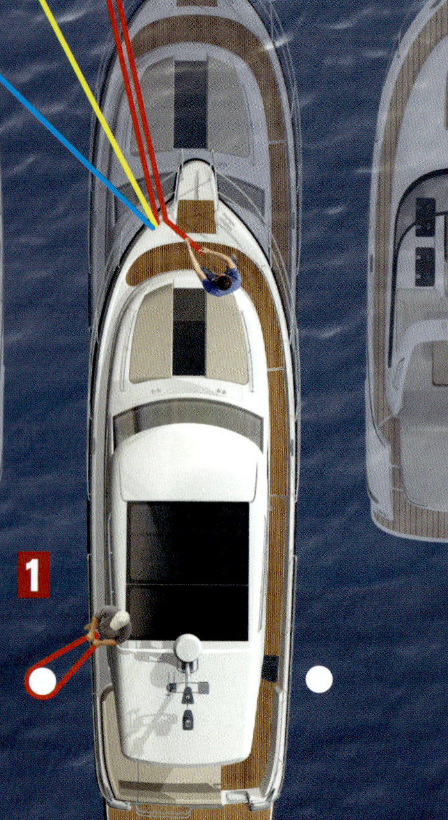

Seitlicher Wind

Wenn der Wind parallel zum Steg bläst und seitlich auf den Liegeplatz trifft, lässt sich ein Boot ohne Bugstrahlruder nur mit Leinenhilfe kontrolliert aus der Box bringen. Wichtig ist dabei das Absetzen vom Pfahl in Lee, auf den das Boot sonst gedrückt wird. Auf dieser Seite sind zwei Varianten dargestellt, wie das Ablegemanöver auch unter diesen Bedingungen funktioniert.

2 Recht sicher ist es nun, das Boot vom Wind nach Lee drehen zu lassen, besonders in sehr engen Gassen. Dabei hilft die Person auf dem Nachbarboot mit ihrer Leine (blau) oder die ganz nach vorn geführte Achterleine, die nun Vorleine ist, um die sich das Boot dreht und in Lee an die Pfähle legt. Nun den Bug wenn nötig wieder etwas abstoßen, und die Gasse kann in Vorausfahrt verlasen werden.

2

Mit Vor- und Achterleine

1 Als erstes eine lange Leine nach Luv auf Slip ausbringen (rot). Findet sich ein Helfer an Land (gelb) oder – noch besser – auf dem Nachbarboot in Luv (blau), muss es keine Slipleine sein. Die beiden anderen Vorleinen lösen, und das Boot an den Achterleinen aus der Box ziehen. Dann die Luv-Achterleine dichtholen und auf Slip langsam nach vorn führen. Als neue Vorleine hält sie den Rumpf in Luv.

3 Ist die Gasse breit, kann bis zur Pfahlreihe gegenüber zurückgesetzt werden (blauer Pfeil). Ein kräftiger Vorwärtsschub bei voll eingeschlagenem Ruder sollte das Boot auf Kurs bringen. Bei sehr viel Wind und Abdrift könnte man jedoch wieder bei der anderen Pfahlreihe ankommen, bevor die Drehung beendet ist. Dann kann aber immer noch das Manöver aus Schritt 2 genutzt werden.

3

Mit Sorgleine und Achterspring

1 Diese Variante zeigt, wie das Heck mit einer Achterspring nach Luv geholt werden kann, wenn es rückwärts aus der Gasse gehen soll oder anschließend vorwärts mit dem Wind (hier nach rechts). Dafür ist allerdings eine Sorgleine zwischen Luv-Pfahl und Steg Voraussetzung. Zunächst werden alle Festmacher bis auf die Luv-Achterleine eingeholt. Eine laufende Vorleine verhindert ein Abdriften des Vorschiffes nach Lee. Sobald der Luv-Pfahl erreichbar ist, wird die Achterleine zur Achterspring. Bei Booten mit Doppelmotorenanlagen kann die Abdrift außerdem ausgeglichen werden, indem mit der leeseitigen Maschine zurückgesetzt wird.

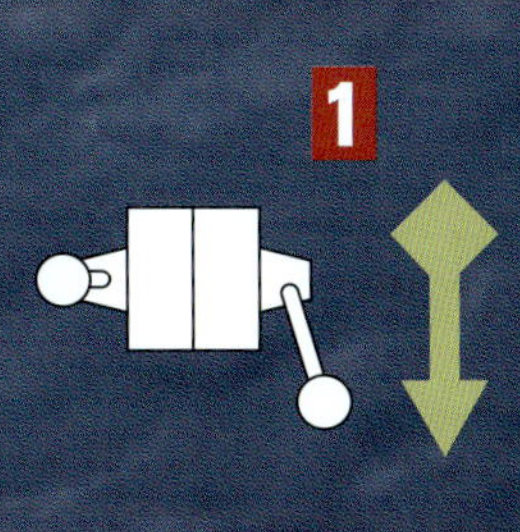

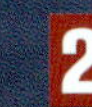

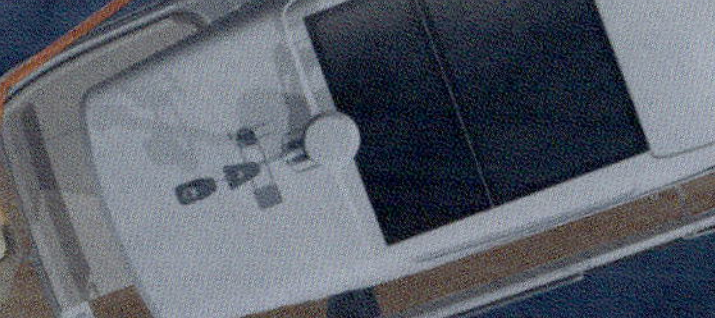

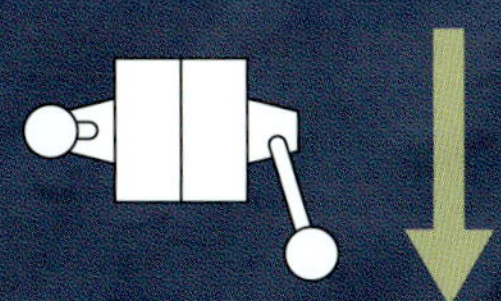

3 Ist der Bug weit genug herumgeschwenkt, wird die Achterspring eingeholt. Die Gasse kann nun rückwärts oder vorwärts verlassen werden. Die Achterspring ist auch das richtige Hilfsmittel, wenn ohne Seitenwind, dafür aber in sehr engen Gassen oder an Ecken Drehungen bewältigt werden müssen.

2 Durch langsames Eindampfen in die auf Slip gelegte Achterspring (siehe Seite 86) wird das Boot aus der Box geholt und zugleich das Heck vor dem Abdriften bewahrt. Wenn der Bug zwischen den Pfählen ist, die Vorleine lösen. Der Bug schwenkt nun nach Lee, das Heck nach Luv. Das Doppelwellenboot hat es hier beim Eindampfen natürlich etwas leichter; das Manöver funktioniert aber auch mit einfacher Wellenanlage.

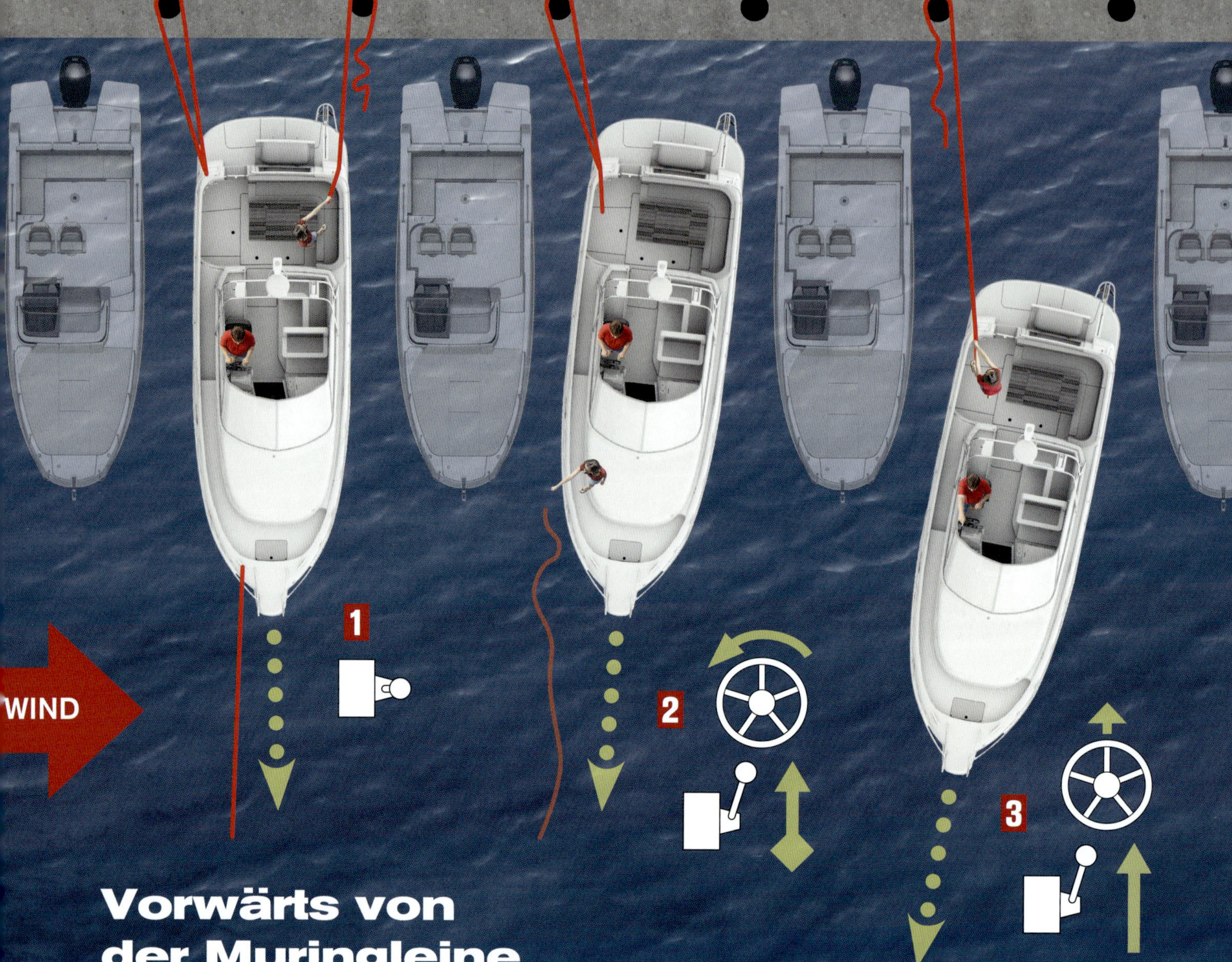

Vorwärts von der Muringleine

1 Beide Achterleinen auf Slip legen, nur so wenig fieren, dass die Muringleine entlastet wird. Dann die Lee-Achterleine einholen.

2 Leicht mit Gegenruder in die Luv-Achterleine eindampfen. Die Person auf dem Vorschiff wirft die Muringleine los.

3 Ist die Muringleine abgesunken, kräftigen Schub voraus geben und die Luv-Achterleine einholen.

Von der Muring ablegen

Das Ablegen von der Pier mit Muring ist oft schwieriger als aus der Box heraus oder vom Fingersteg. Die seitliche Trennung vom Nachbarn fehlt vollständig, und abgesehen von der Pier selbst gibt es keine weiteren festen Punkte für Springs oder andere Arbeitsleinen. Deshalb ist es unter diesem Umständen absolut üblich, auf den Nachbarn in Lee zu treiben – nur darf man dabei nicht vergessen, besonders gut abzufendern und die Crew an selbstständiges Abhalten zu erinnern. Ganz wichtig: Bevor die eigene Leine überlaufen wird, muss sie tief genug abgesunken sein – denn wenn sie in den eigenen Propeller gerät, ist Chaos angesagt.

1 Auch hier werden die Achterleinen auf Slip gelegt, die luvwärtige jedoch über Kreuz nach Lee, um die Abdrift des Hecks besser kontrollieren zu können. Die Leine in Lee bleibt zunächst an ihrem Platz, um dem Zug der Muring entgegenzuwirken. Zusätzlich wird eine Manöverleine mit mindestens doppelter Bootslänge auf Slip über die Bugklampe des luvwärtigen Nachbarn gelegt, die mindestens doppelte Bootslänge haben muss. Zuerst die leeseitige Achterleine loswerfen. Dadurch zieht die Muring das Boot etwas von der Pier, das Heck dreht leicht nach Luv. Nun die Muringleine lösen. Ist sie abgesunken, reicht ein kurzer Schub voraus, um das Heck abzusetzen. Dabei wird die verbliebene Luv-Achterleine mitgefiert. Gleichzeitig fiert die Person auf dem Vorschiff die Vorspring. Nach wenigen Metern wird der Winkel der Achterleine zu spitz, also wird sie eingeholt und das Heck vom Boot in Lee abgehalten. Das kann durch leichtes Gegenruder unterstützt werden, wodurch das Heck nach Luv versetzt. An beiden Seiten müssen Fender hängen!

Mit der Vorspring drehen

In engen Marinas können die Gassen zwischen den Murings schon mal schmaler sein, als das Durchschnittsboot lang ist. Oder Ihnen liegt eine besonders große Yacht gegenüber. In beiden Fällen ist normales Auslaufen voraus unmöglich. Selbst das Herausdrehen mit dem Bugstrahlruder kann bei starkem Seitenwind problematisch werden. Das ist der Moment der Vorspring: Sie dreht das Boot um den Bug des Nachbarn in Luv. Der sollte natürlich vorher um Erlaubnis gefragt werden. Meistens hilft er sogar, sodass die Manöverleine nicht auf Slip gelegt werden muss, da er sie loswerfen kann. Erleichternd kommt hinzu, dass die Muringleinen sehr steil ins Wasser ragen und damit kein zusätzliches Unterwasserhindernis darstellen.

2 Die Drehung des Bootes wird jetzt nur noch durch das Fieren der Vorspring und leichte Schübe voraus kontrolliert. Vorsicht auch am Bug des Nachbarn, abhalten! Die oft vorstehenden Anker sorgen schnell für Schrammen und Verletzungen und verhaken sich leicht in der eigenen Reling. Zeigt der Bug in die gewünschte Richtung, Vorspring loswerfen und einholen. Der Skipper übernimmt nun mit Maschine und Ruder die Kontrolle.

Mit zweiter Luvleine

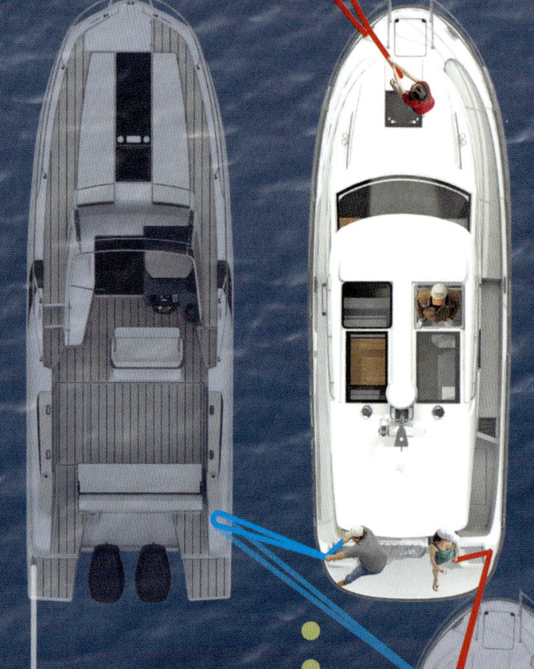

1 Die Luv-Vorleine muss möglichst lang sein und wird auf Slip gelegt, die eigentlichen Vorleinen werden gelöst. Wenn die eine lange Arbeitsleine, die es an Bord gibt, aber bereits am Heck im Einsatz ist, und die Vorleine nicht lang genug ist, um das Boot zu halten, bis es die Boje erreicht hat, wird das Nachbarboot in Luv als „Fingersteg" genutzt. Dafür dort eine weitere Leine (blau) auf Slip über die Heckklampe legen. Die Muringleine kommt auf die eigene Leeseite.

2 Nun das Boot an der Muringleine (oder mit leichter Maschinenunterstützung) nach achtern verholen. Die Vorleine gleichzeitig kontrolliert fieren, und die Brustleine zum Nachbarboot langsam nach vorn führen (und dabei möglichst kurz halten, um Abdrift nach Lee zu verhindern). Die Leeseite trotzdem gut abfendern, falls sie dennoch auf das dortige Boot treibt.

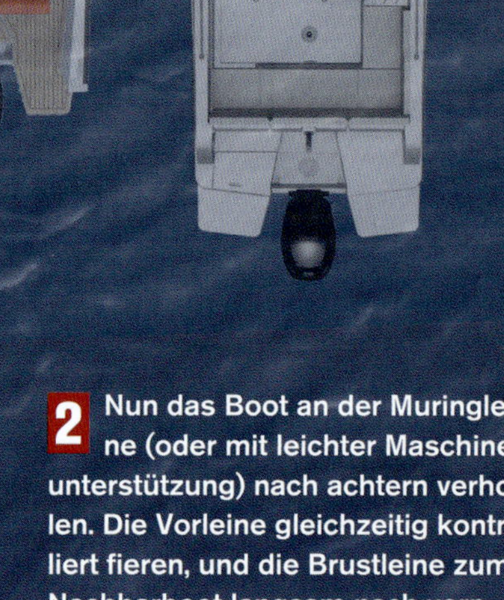

WIND

3 Hat das Boot die Muring erreicht, die Boje nach Luv nehmen. Nun entweder sofort alle Leinen slippen und mit Fahrt achteraus zwischen den Bojen hindurchlaufen oder die Muringboje an kurzer Leine noch etwa bis mittschiffs führen, und erst dann alle Leinen lösen und achteraus ablaufen.

Rückwärts von der Muringboje

Bei normalen Verhältnissen ist das Ablegen vom Steg mit Muringboje kein Problem, selbst bei vollem Hafen und leichtem Seitenwind genügt es in der Regel, das Boot, mit der Luv-Vorleine auf Slip, an der Muringleine nach achtern zu verholen, bis die Bojenreihe erreicht ist. Vor- und Muringleinen werden gelöst, und selbst wenn der Bug leicht nach Lee driften sollte, kann mit Fahrt achteraus schnell offenes Wasser erreicht werden. Spannender wird es, wenn es stärker von der Seite weht und der Abstand zur Boje so groß ist, dass die Vorleine schon vorher gelöst werden muss. Das Boot treibt unweigerlich nach Lee – schlecht am vollen Steg, denn die nur knapp über der Wasserlinie gespannte Muringleine des Nachbarn muss gemieden werden.

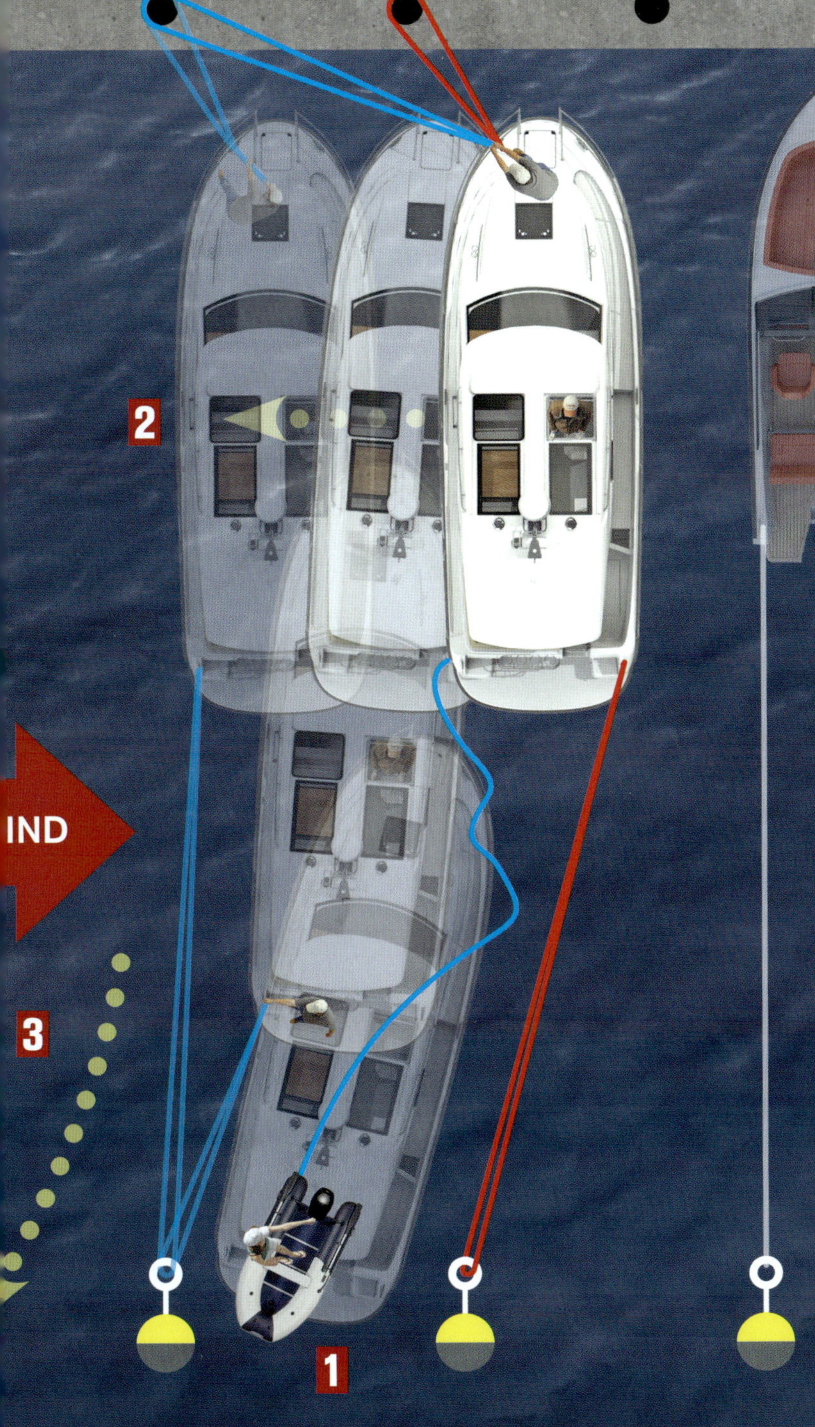

Mit dem Beiboot nach Luv

1 Liegt kein Nachbar, den man zum Festmachen nutzen kann, auf der Windseite und die eigene Vorleine wie auf der gegenüberliegenden Seite zu kurz ist, muss man das Boot notfalls nach Luv verholen, um mehr Spielraum nach Lee zu haben. Das geht am besten mit einem Dingi: Ist nur eine lange Manöverleine an Bord, jene zur Muring (rot), diese zunächst mit dem Boot gegen eine kürzere, am Ring der Boje befestigte Leine austauschen. Die freigewordene lange Leine danach auf Slip an der nächsten Boje in Luv ausbringen (blau). Das gleiche passiert am Bug: Dort kommt eine zweite Vorleine (blau) nach Luv dazu.

2 Die neuen Leinen werden so dicht wie möglich geholt, dann die alten gelöst (an der Muringboje wieder vom Dingi aus). Nun die neuen Leinen wenn möglich noch dichter holen. Das Boot bewegt sich dabei auf seinen neuen Liegeplatz nach Luv.

3 Das eigentliche Ablegemanöver kann beginnen: Während achtern geholt wird, vorn in gleichem Maß fieren, bis die Vorleine am Ende ist und eingeholt werden muss. Das Boot wird jetzt auf jeden Fall nach Lee drehen, aber der gewonnene Platz müsste ausreichen, um es von der Muringleine in Lee freizuhalten, wenn gleichzeitig – auch mit Schub achteraus – die eigene Boje angesteuert, die Leine dort geslippt und zwischen den Bojen abgelaufen wird.

Längsseits gehen und ablegen

Wenn sehr viel Platz in Lee am Steg vorhanden sein sollte und man bei extremem Seitenwind keine Lust auf die Hangelei an den langen Leinen hat, gibt es noch eine weitere Alternative: Man geht zunächst einfach am Steg längsseits, indem Muringleine und Luv-Vorleine geslippt werden und der Wind das gut abgefenderte Boot soweit dreht, dass eine Achterleine übergeben werden kann. Danach kommt das eigentliche Ablegen: Dazu die Vorleine entfernen, vorn abstoßen. Der Wind dreht das Boot nun so, dass der Bug Richtung offenes Wasser zeigt (für diese Methode des Ablegens siehe Seite 87). Mit Fahrt voraus und Rudereinsatz wird dann die Reihe der Muringbojen passiert, und man befindet sich in freiem Wasser.

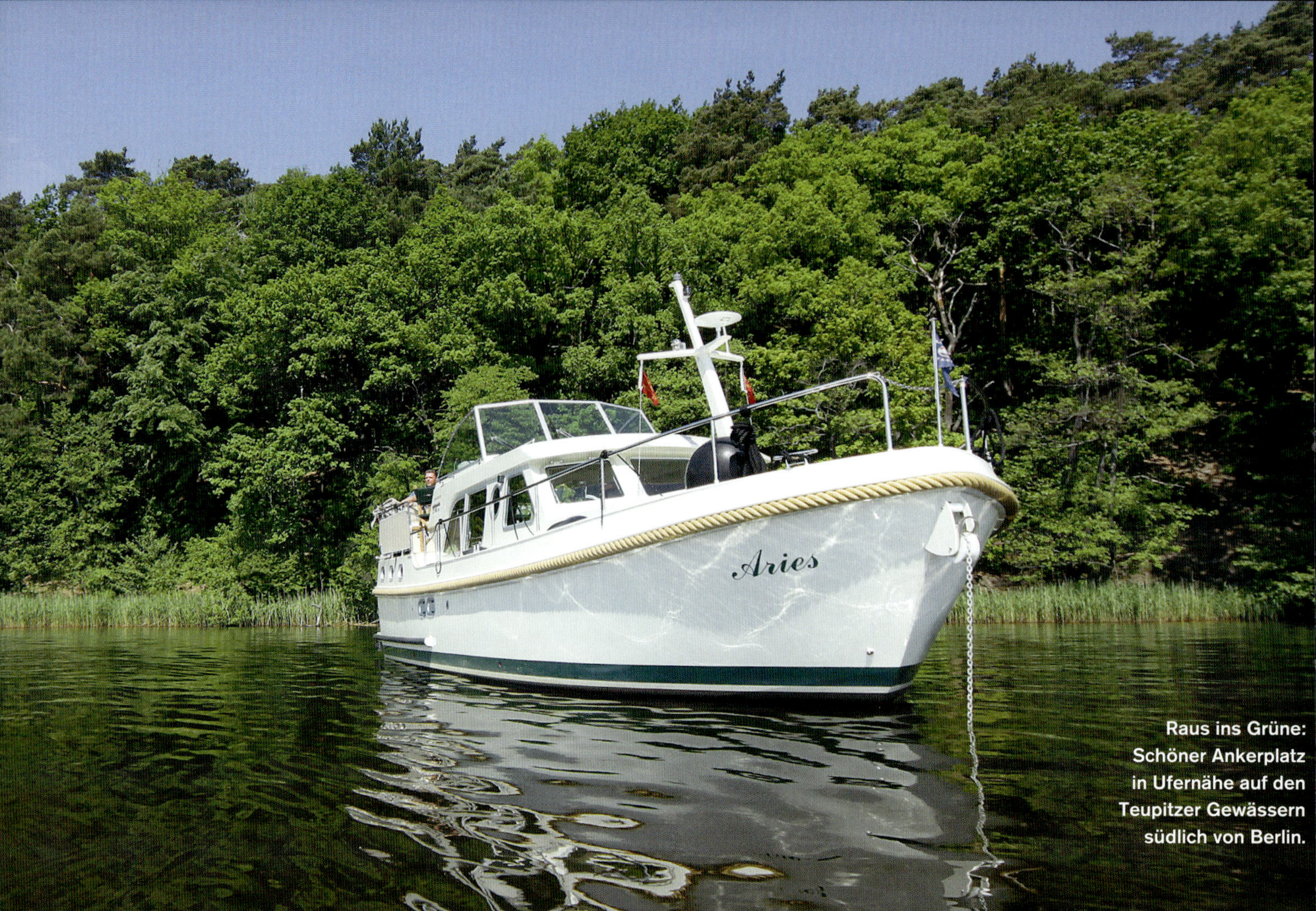

Raus ins Grüne: Schöner Ankerplatz in Ufernähe auf den Teupitzer Gewässern südlich von Berlin.

Lass fallen!

Manche Skipper sind dem Eisen in ihrem Ankerkasten in inniger Hassliebe verbunden. Dabei könnte die Beziehung so harmonisch sein. Auf den folgenden Seiten wird erklärt, wie das Manöver erfolgreich abläuft und der Haken hält.

Keine Frage, lebhafte Häfen haben ihre Vorteile: Strom am Steg, Restaurants und Kneipen gleich daneben und richtige Duschkabinen obendrein. Aber immer muss das auch nicht sein, oder? Zum Glück bietet das Ankern dazu eine verlockende Alternative, egal ob binnen oder buten. Einfach „den Haken über Bord", und man hat seine kleine Bucht vielleicht sogar ganz für sich allein, komplett mit schönster Natur rundherum. Und Stille. Soweit die Theorie. Die Voraussetzung dafür ist nämlich, dass das „Eisen" hält – und dafür muss eine ganze Reihe von Dingen bedacht werden: vom geeigneten Ankerplatz, über den Grund bis hin zum Ankermanöver selbst. Auch die Elemente müssen einkalkuliert werden: Was machen Wetter, Wind und Strom, und muss mit Änderungen gerechnet werden? Bei so viel Seemannschaft kann man zwar verstehen, dass so mancher Skipper am Ende des Tages doch die sichere Box und den soliden Steg vorzieht. Doch auch das Ankern ist nur eine Frage der Übung; Routine und Sicherheit kommen auch unter den unterschiedlichsten Bedingungen mit der Zeit von ganz allein. Auf den folgenden Seiten ist deshalb alles für Sie zusammengefasst, was man wissen sollte und was es zu beachten gilt – für Einsteiger und Experten gleichermaßen. Denn den Augenblick, wenn der Motor abgestellt wird und Ruhe eingekehrt, sollte man sich nicht entgehen lassen.

Die Ankertypen

Die Auswahl an Ankern auf dem Markt ist groß; welcher Typ der richtige ist, richtet sich in der Regel nach dem vorherrschenden Ankergrund (siehe Seite 103) im Hausrevier. Für die hierzulande häufigen Sand- und Lehmböden der Küsten- und Binnengewässer sind Pflug- und Plattenanker mit ihren Unterformen gut geeignet, da sie sich unter Zug eingraben. Besonders bei Sportbooten sind sie entsprechend weit verbreitet. Daneben gibt es aber auch echte „Spezialisten" für weichen Schlamm oder scharfe Felsen. Bei der Entscheidung kann allerdings auch der Stauraum an Bord ausschlaggebend sein: Einige Modelle lassen sich flach zusammenlegen und platzsparend unterbringen. Bei kleinen Booten ist daher der Klappdraggen die bevorzugte Variante. Als Material kommt meistens verzinkter Stahl zum Einsatz, seltener auch Aluminium oder (deutlich teurerer) Edelstahl.

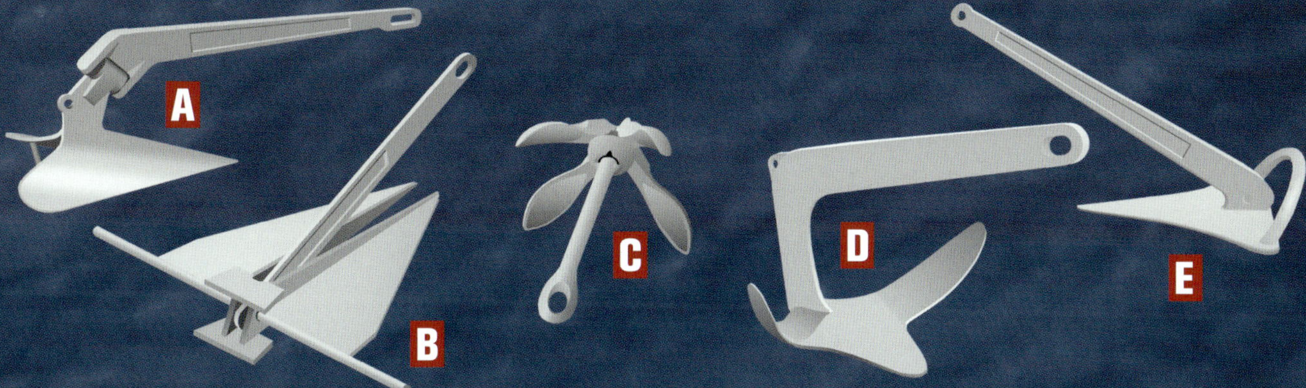

Pflugscharanker A
Wie der Name schon sagt, gräbt sich dieser Anker unter Zugbelastung wie ein Pflug in weichen Untergrund ein. Ein Allzweckmodell, das mit leichten Abänderungen unter verschiedenen Produktnamen vermarktet wird. Am bekanntesten sind der CQR mit seitlichem Schaftgelenk (Abbildung), der Kobra, dessen Schaft sich nach vorn klappen lässt, und der gelenklose Delta.

Plattenanker B
Diese Variante ist ebenfalls für die meisten Ankergründe geeignet. Ursprünglich als Danforth-Anker bekannt, wurde das Design stetig verbessert. Zu den modernen Nachfolgern gehören der Fortress oder der FOB. Zwar bricht der Plattenanker etwas leichter aus als der Pflugscharanker. Dafür ist er jedoch flacher und besser zu verstauen.

Klappanker C
Beim Klappanker (oder auch Klappdraggen) lassen sich die Flunken an den Schaft anlegen und mit einem Ring arretieren. Kanten und Spitzen sind absichtlich stumpf ausgeführt, was besonders auf Schlauchbooten von Vorteil ist. Seine Halteeigenschaften sind jedoch nur für kleine Boote ausreichend.

Bruce-Anker D
Mit seiner weit ausladenden, dreiflügeligen Flunke in Schaufelform verfügt der Bruce über hohe Haltekraft, wenn er sich tief in weichen Boden eingräbt. Ohne bewegliche Teile ist er einfach zu handhaben, passt aber nur in geräumige Ankerkästen – oder auf die Rolle vorn am Bug. Für bewachsenen und steinigen Grund ist er weniger geeignet.

Bügelanker E
Durch den Bügel dreht sich der ansonsten starre Ankertyp auf dem Boden selbst bei „Rückenlage" unter Zug immer in die aufrechte Position zurück, sodass sich seine einzelne flache, aber schwere Flunke eingraben kann. Das funktioniert besonders gut, wenn der Untergrund aus weichem Sand oder Schlick besteht.

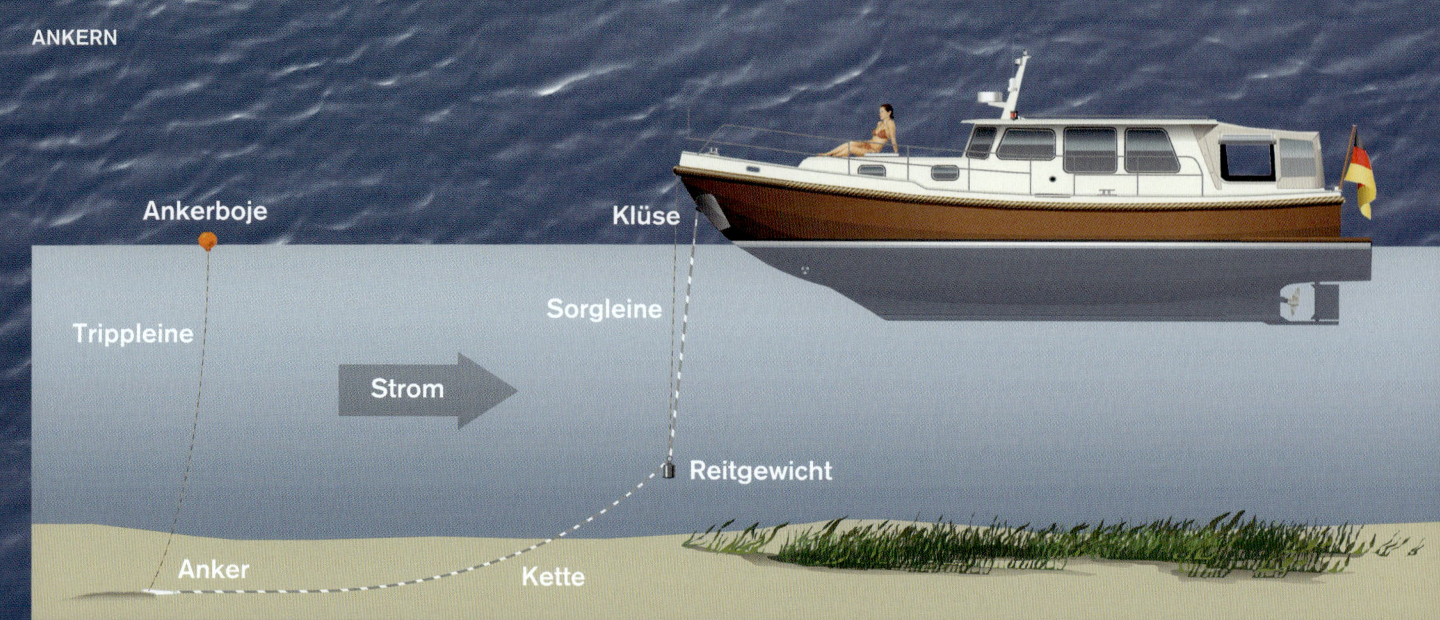

Das Ankergeschirr

Ein gutes Eisen allein macht's nicht, auch das übrige Ankergeschirr muss auf das Boot abgestimmt und in Schuss sein. Nur dann kann man sich darauf verlassen, wenn es mal „unruhig" werden sollte.
Vom Bug aus betrachtet, nimmt das Ankergeschirr seinen Anfang im Kettenkasten im Vorschiff, über den selbst kleine Daycruiser bereits verfügen. Auch wenn er gern genutzt wird, um Fender oder Ähnliches zu verstauen, haben in ihm eigentlich nur Kette oder Leine etwas zu suchen (die frei auslaufen können müssen) – und eventuell der Anker selbst, wenn er passt. Ansonsten ist sein Platz auf der Halterung am Bug, oder (bei größeren Booten und Yachten) in der Klüse im Rumpf. Zurück zum Ankerkasten: Schon so manche Kette ist mitsamt Anker komplett ausgerauscht und auf Tiefe gegangen, weil sie nicht gesichert waren. Dafür gibt es im Ankerkasten in der Regel einen Augbolzen, an dem das Ketten- oder Leinenende befestigt wird. Für das eigentliche Ankergeschirr gibt es drei Möglichkeiten der Zusammensetzung: reine Kette, Ankerleine mit Kettenvorlauf (dabei befinden sich mehrere Meter Kette zwischen Anker und Leine) oder reine Ankerleine. Dabei gilt, dass mehr Kette auf dem Boden auch mehr Gewicht bedeutet, was ein größeres Boot besser auf Position hält. Natürlich müssen die gleichen Kilos dann auch während der Fahrt an Bord mitgeschleppt werden. Für kleinere Kajütboote und offene Sportboote sind daher die Optionen mit Leine besser geeignet. Wirbelschäkel bilden die beste Verbindung von Anker und Kette. Sie verhindern, dass die Drehbewegungen der Kette, die beim Schwojen entstehen, auf den Anker übertragen werden und ihn aus dem Grund brechen. Gleiches gilt für das Aufholen mit der Winde, da der Anker so leichter in seine Halterung am Bug läuft. Bei der Art der Kette hat man die Wahl zwischen verzinktem Stahl und Edelstahl. Letztere ist zwar deutlich teurer, läuft aber leichter und ist langlebiger. Bei der Leine muss darauf geachtet werden, dass es sich um spezielle Anker- oder Bleileine handelt, die absinkt und nicht aufschwimmt (wo sie sonst schnell in den Propeller geraten könnte). Um den Zugwinkel des Ankers möglichst flach zu halten und das Einrucken in die Kette bei Schwell abzudämpfen, kann zusätzlich ein Reitgewicht an einer Sorgleine ausgebracht und in die Kette eingehängt werden (siehe Abbildung oben). Je größer der Winkel zwischen Geschirr und Ankerschaft ist, desto stärker wirkt die Zugkraft. Die Haltekraft des Ankers nimmt ab und er kann ausbrechen. Eine Boje, die per Trippleine mit dem Anker verbunden ist, zeigt nicht nur dessen Lage an (was bei der Bestimmung des Schwojkreises hilft), sondern kann auch die Bergung erleichtern.

Um den Zugwinkel des Ankers möglichst klein zu halten, muss das Geschirr eine ausreichende Länge haben: Bei Kette sollte mindestens die vierfache Wassertiefe gesteckt werden **A**, bei Leine und Kette die sechsfache **B** und bei Leine allein die zehnfache **C**.

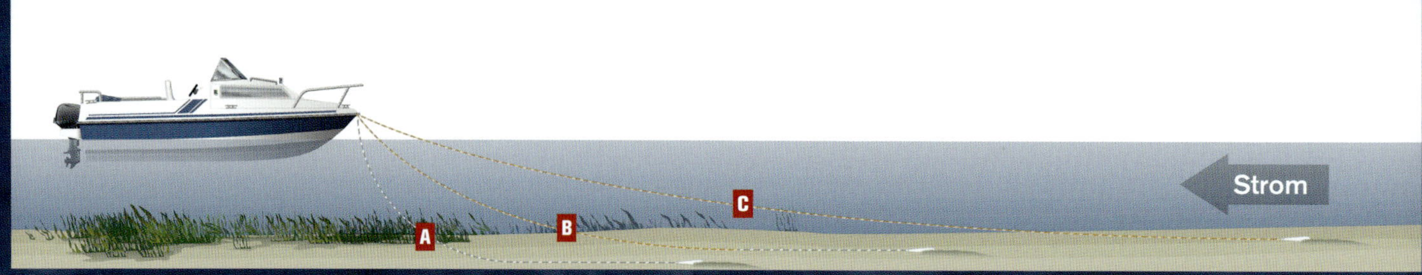

Gute und schlechte Ankerplätze

Die Suche nach dem perfekten Platz für den Ankerstopp beginnt immer mit einem Blick auf die Gewässerkarte, völlig egal, ob man binnen unterwegs ist oder vor der Küste. Denn so lauschig eine Bucht von Bord aus auch erscheinen mag – entscheidend ist, wie es unter der Oberfläche aussieht. Die Karte enthält diese Informationen, von der Wassertiefe bis zu möglichen Hindernissen, und markiert Gebiete oder Abschnitte, in denen vom Ankern abgeraten wird oder wo es sogar amtlich verboten ist. Rechts ein Beispiel: Durch die Tiefenangaben bieten sich zwei Buchten mit Wassertiefen zwischen 2 und 10 m an, die weitläufige im Südosten E, und die tief eingeschnittene im Norden, die sogar mit dem Symbol für geeignete Ankerplätze markiert ist C. Nur die Karte verrät, dass die dritte Bucht im Nordwesten B gefährlich flach ist. Ebenfalls ungeeignet sind die Bereiche im Südwesten mit steinigem Grund G und im Westen mit unreinem Grund J. Das Gleiche gilt für den Süden, wo Munition versenkt wurde F, über der unterseeischen Kabelleitung im Westen H und bei dem Wrack A im Norden. Für Naturschutzgebiete D oder Nationalparks besteht meist ebenfalls ein Befahrungs- und Ankerverbot. Tipps zu geeigneten Ankerplätzen bekommt man auch im Revier direkt: Wer sich in den umliegenden Häfen vorab bei örtlichen Skippern umhört oder den Hafenmeister fragt, bekommt praktische, und vor allem aktuelle Informationen. Das betrifft ebenso nautische Details wie die Infrastruktur an Land. Einmal vor Ort, stellt sich dann die entscheidende Frage: Ist noch genug Platz? Die Schwojkreise aller Ankerlieger müssen dabei bedacht werden. Wichtig kann auch sein, ob man mit dem Beiboot anlanden kann. Und natürlich muss man die Elemente im Hinterkopf behalten: Ob der Wind dreht und auffrischt, und eine scheinbar perfekte Bucht damit doch ungeeignet macht, verrät der aktuelle Wetterbericht – ein Muss, besonders wenn über Nacht geankert werden soll.

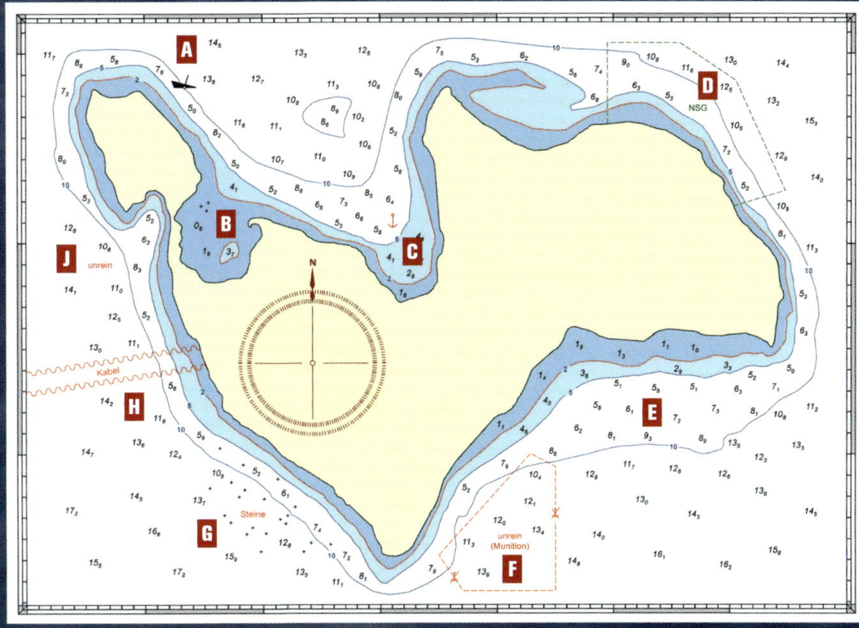

Der Ankergrund

Sandboden

Unter Wasser verhält sich Sand fast flüssig, verfestigt sich jedoch unter Druck und bildet damit die ideale „Grundlage“ für alle Anker, die sich eingraben. Auch Lehm ist weich, verfügt aber nicht über die gleiche Haltekraft, sodass Anker dort leichter ausbrechen.

Bewuchs

Je dichter das Kraut auf dem Boden ist, desto schwieriger wird es für den Anker, das Dickicht zu durchdringen und soliden Halt darunter zu finden. Modelle mit langer, spitzer Flunke und hohem Gewicht haben hier noch die besten Chancen zu greifen.

Geröll und Steine

Sobald der Boden mit Geröll durchsetzt ist (bei Lehm und Kies spricht man von Mergel), wird das Eindringen für jeden Anker schwer. Oft verhaken sich die Eisen und lösen sich unter Zug trotzdem wieder. Gewicht spielt hier eine entscheidende Rolle.

Das Standardmanöver

Hat man eine geeignete Stelle gefunden, ist das eigentliche Ankermanöver an der Reihe. Sprechen Sie die einzelnen Schritte schon vorher mit der Crew durch, damit besonders die Kommunikation zwischen Vorschiff und Fahrstand funktioniert. Wenn der Anker problemlos fallen soll, kann es nicht schaden, auch das komplette Geschirr mit einem rechtzeitigen Blick in den Ankerkasten noch einmal zu überprüfen – besonders dann, wenn lange nicht geankert wurde oder es sogar das erste Mal ist, etwa bei einer Charteryacht. Gute Vorbereitung zahlt sich aus!

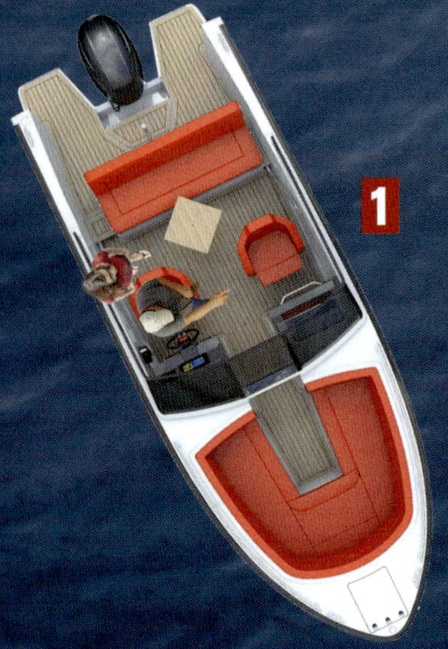

1

Den vorgesehenen Ankerplatz einmal umkreisen. Der Radius sollte so groß sein wie das zu steckende Geschirr. So lassen sich eventuelle Untiefen oder unreine Stellen am Grund erkennen, und der Skipper geht sicher, auch bei einer kompletten Drehung um den Anker noch genügend Wasser unter dem Kiel zu haben.

Der Schwojkreis

Die Größe des Schwojkreises, also der Kreisfläche, innerhalb der sich das Boot um seinen Anker dreht, richtet sich nach der Länge des ausgebrachten Ankergeschirrs und der Wassertiefe (links). Vorsicht: Unterschiedliche Bootstypen können auch unterschiedlich schwojen. In diesem Fall wäre der kleinere Schwojkreis **A** für das Sportboot (rechts) in Ordnung, beim größeren würde Kollisionsgefahr mit dem Felsen oder der Motoryacht (links) bestehen (**B** , roter Bereich).

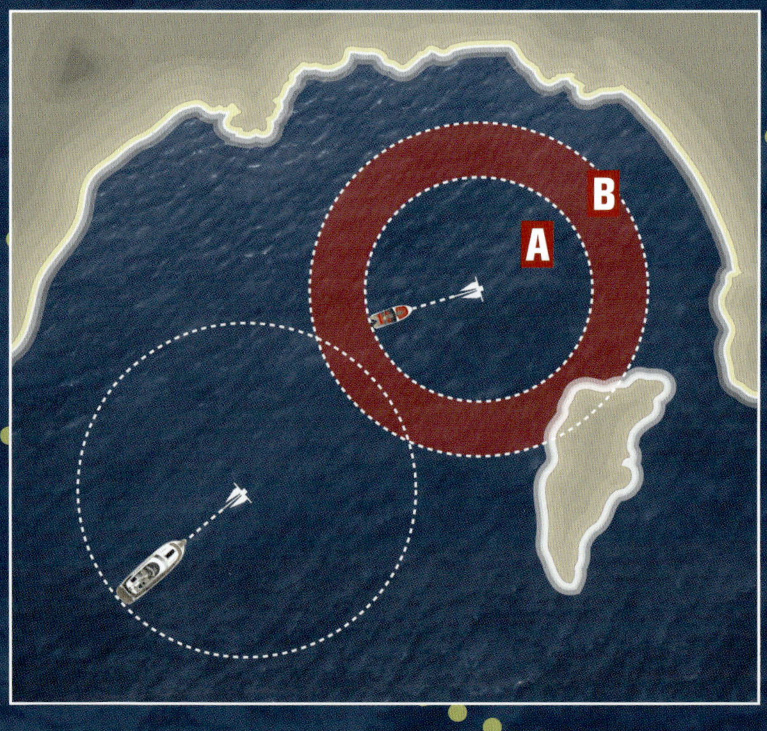

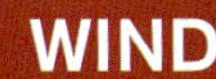

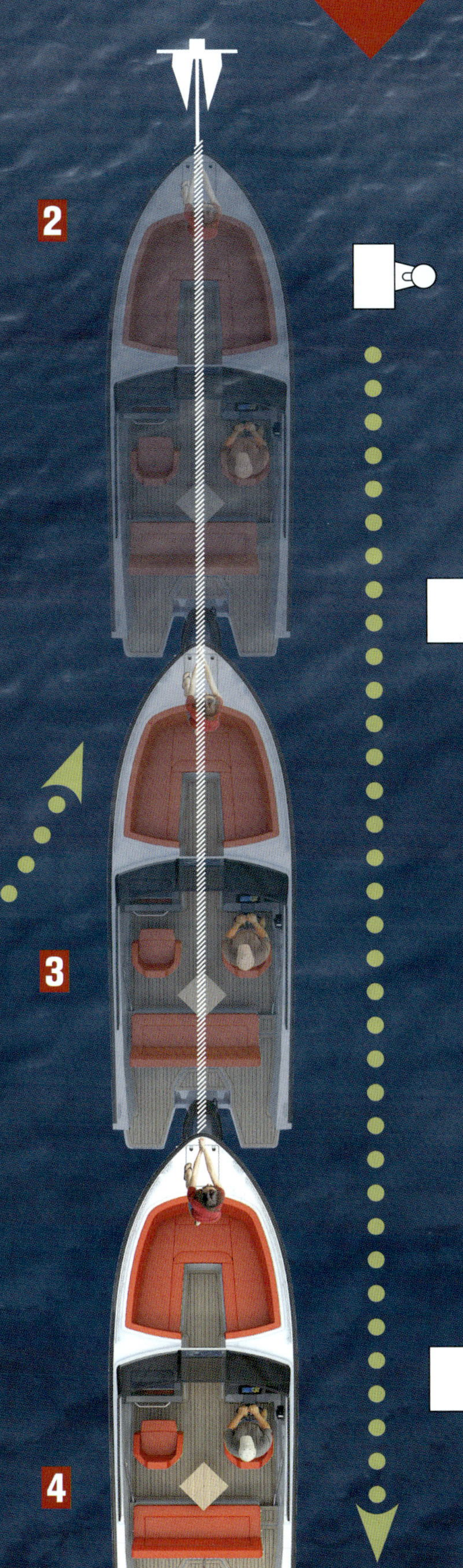

2 Am gewünschten Ankerplatz dreht der Skipper das Boot in den Wind. Auf sein Zeichen, wenn die Fahrt voraus fast Null ist, lässt das Besatzungsmitglied auf dem Vorschiff den Anker kontrolliert hinunter, bis er den Grund erreicht hat. Außer in Häfen oder bei sehr großen Wassertiefen sollte die Position des Eisens mit einer Boje markiert werden. Der Winddruck versetzt das Boot nun nach Lee. Wenn die Wirkung von Wind oder Strom auf das Boot nicht ausreicht, kurz zurück einkuppeln, sodass es leicht Fahrt über das Heck aufnimmt.

3 In der Geschwindigkeit, mit der sich das Boot achteraus bewegt, die restliche Ketten- oder Leinenlänge gleichmäßig weiter ausstecken. Wenn ausreichend Geschirr auf dem Boden ist (siehe Seite 102), dieses sichern. Der Anker beginnt, sich in die richtige Lage zu drehen, während er noch langsam über den Grund schleift.

4 Noch einmal achteraus einkuppeln und der Anker beginnt sich einzugraben. Dabei darauf achten, dass das Geschirr nicht übermäßig gespannt wird. Sobald er tief genug ist und ausreichend Haltekraft entwickelt hat, wird das Boot in die Kette „einrucken“ und zum Stehen kommen. Überprüfen kann man das mittels einer Landpeilung oder – bei klarem Wasser – einer Grundpeilung. Eine gute Methode ist auch, eine Hand auf Kette oder Leine zu legen, bei vorhandener Bugrolle allerdings immer vor dieser. Wenn die Kette ruckelt, poltert der Anker noch immer über den Grund. Soll über Nacht oder bei rauem Wetter geankert werden, kann der Zug mit der Maschine dosiert noch etwas erhöht werden. Bricht der Anker aus, muss das Geschirr verlängert oder ein Zweitanker ausgebracht werden. Falls sich viel Seegras in den Flunken befindet, ist der Grund stark bewachsen. Dann sollte man es lieber gleich an anderer Stelle erneut versuchen. Es ist übrigens nicht zu empfehlen, mit Anlauf achteraus ins Geschirr einzurucken.

Zweitanker ausbringen

Um die Haltekraft des Geschirrs zu erhöhen oder den Schwojkreis, also den Bewegungsspielraum des Bootes vor Anker, einzuschränken, kann das Ausbringen eines Zweitankers sinnvoll sein. Er sollte für die Schiffsgröße hinreichend dimensioniert sein und idealerweise – wie der Hauptanker – mindestens über einen Kettenvorlauf an der Leine verfügen.

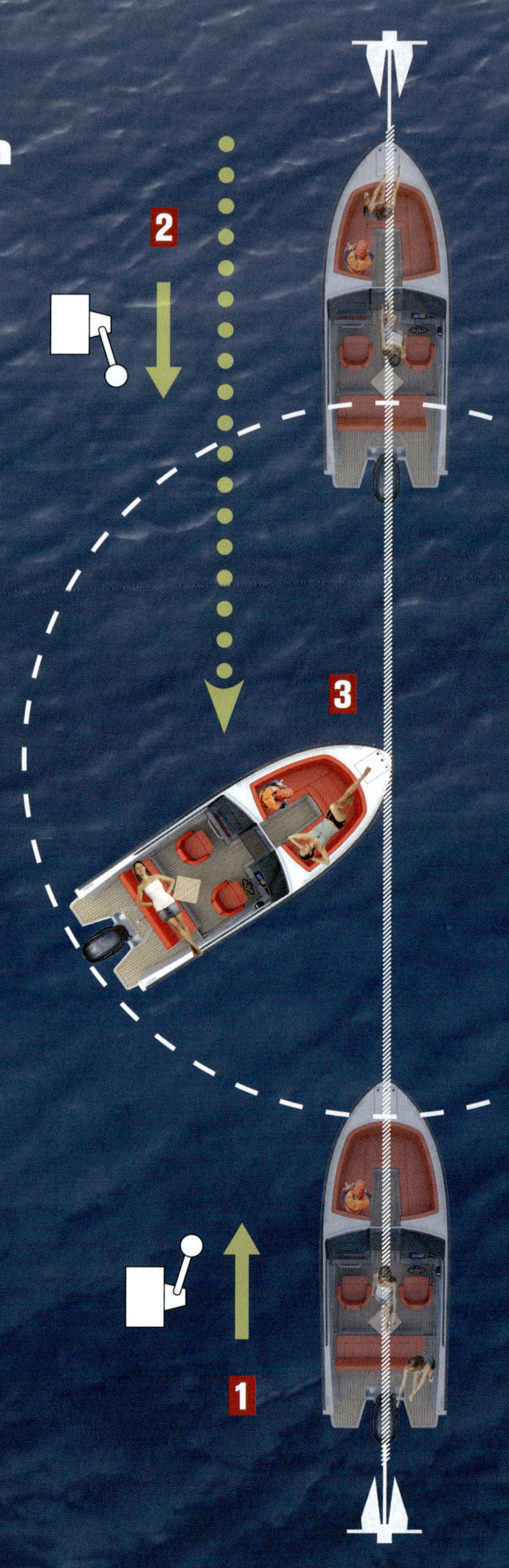

Vor Bug und Heck

1 Diese Methode ist gut zum Ankern in Gezeitenrevieren und bei wechselnden Windrichtungen geeignet. Zuerst wird ein Anker an sehr langer Leine über das Heck gegen den Wind und/oder Strom ausgebracht.

2 Anschließend wird der zweite Anker über den Bug fallen gelassen. Man kann auch andersherum beginnen, die Reihenfolge macht keinen Unterschied. Wird der zweite mit dem Dingi ausgebracht, muss die Leine des ersten nicht ganz so lang sein.

3 Das Boot dreht sich um sich selbst, wenn beide Anker schließlich am Bug belegt werden. Das verringert den Schwojkreis immens. Das Boot bleibt sogar nahezu auf der Stelle, wenn die eine Leine am Bug und die andere am Heck belegt wird und es zwischen den beiden Punkten hängt.

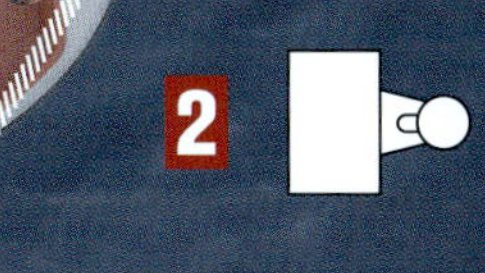

Am Anker-V

1 Dieses Manöver ist mit so geringem Aufwand verbunden, dass es auch von einer einzelnen Person gefahren werden kann. Das Boot wird dabei quer zum Wind gesteuert; der erste Anker fällt am Heck in Luv. Er kann auch am Bug ausgebracht werden. Das birgt jedoch die Gefahr, dass die Leine in den Propeller gerät.

2 Ist abhängig von der Tiefe ausreichend Leine oder Kette gesteckt, wird sie belegt und der erste Anker etwas eingegraben. Manche Boote lassen sich mit Gas und Ruder so ausbalancieren, dass sie schräg zum Wind liegen bleiben. Der Skipper kann nun in Ruhe den zweiten Anker am Bug zu Wasser lassen.

3 Die zweite Leine wird jetzt soweit gefiert wie die erste und dann belegt. Wurde die erste Leine am Heck festgemacht, muss erst jetzt das lose Ende am Bug belegt werden, bevor sie am Heck gelöst werden kann, damit das Boot mit dem Heck nach Lee dreht. Beide Anker sind jetzt eingegraben.

Anker bergen und ausbrechen

Soll der Anker geborgen werden, holt man das Geschirr so weit ein, bis es senkrecht zum Grund führt (kurzstag). Dann wird er nach oben geholt, und spätestens jetzt zeigt sich, in welchem „Zustand“ der Anker ist. Besonders bei lehmigem Grund muss der Decksschlauch zur Hand genommen und das Eisen gesäubert werden, bevor es an Bord geholt wird. Sollte der Anker sich nicht lösen, ist er entweder sehr tief eingegraben oder hat sich in einem Hindernis verfangen. Um ihn „auszubrechen“, muss man voraus einkuppeln und gegebenenfalls kurz Gas geben. Vorsicht mit der gespannten Kette am Bug! Wer eine Ankerboje ausgebracht hat, kann auch versuchen, den Anker direkt mit der Trippleine zu bergen. Da sie an der Schaftbasis befestigt ist, hat man einen anderen Zugpunkt, und die Flunken werden unter dem Hindernis hervorgezogen. Man kann sich auch mit einer Schlinge behelfen und den Anker kopfüber bergen.

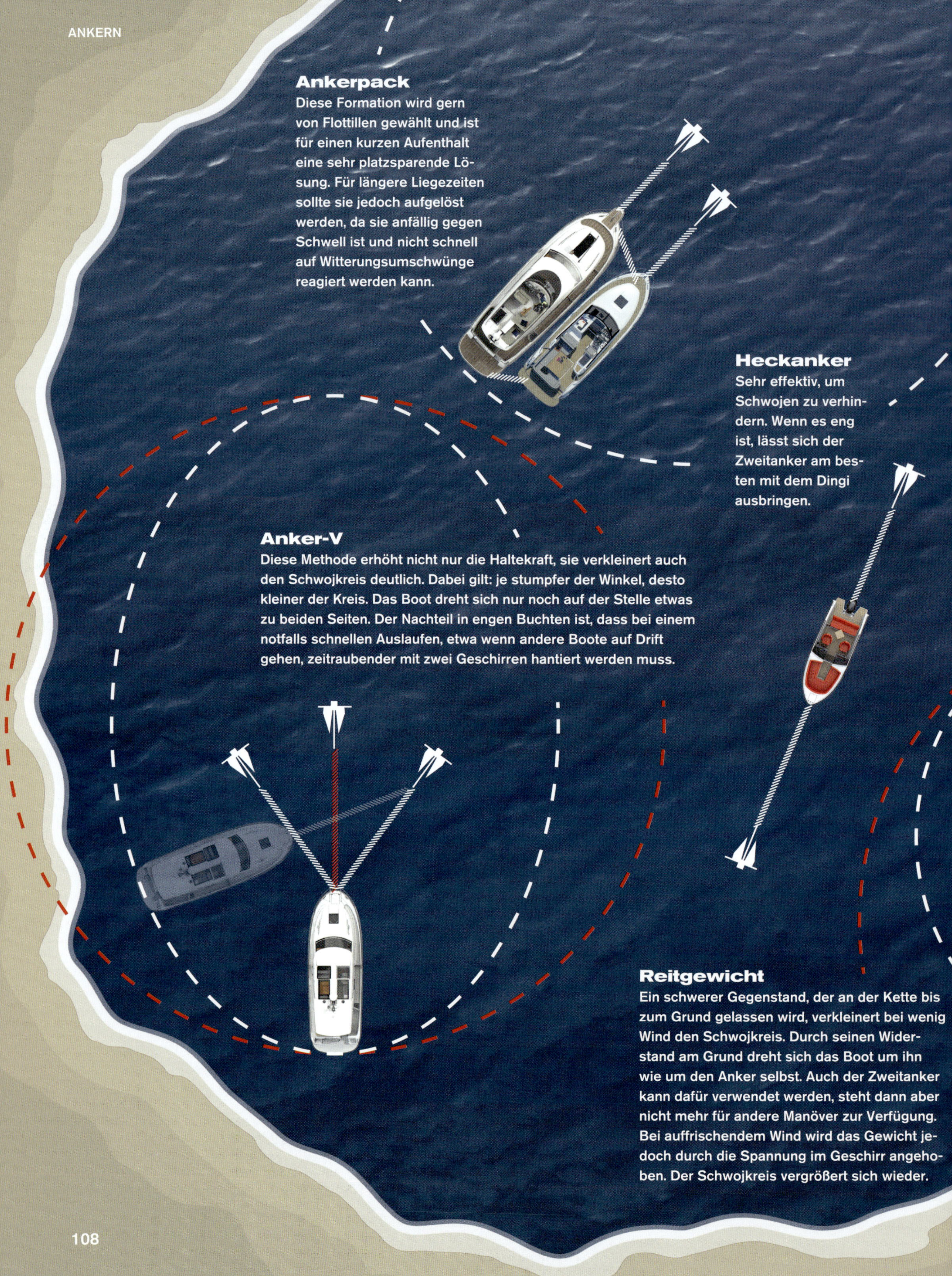

Ankerpack

Diese Formation wird gern von Flottillen gewählt und ist für einen kurzen Aufenthalt eine sehr platzsparende Lösung. Für längere Liegezeiten sollte sie jedoch aufgelöst werden, da sie anfällig gegen Schwell ist und nicht schnell auf Witterungsumschwünge reagiert werden kann.

Heckanker

Sehr effektiv, um Schwojen zu verhindern. Wenn es eng ist, lässt sich der Zweitanker am besten mit dem Dingi ausbringen.

Anker-V

Diese Methode erhöht nicht nur die Haltekraft, sie verkleinert auch den Schwojkreis deutlich. Dabei gilt: je stumpfer der Winkel, desto kleiner der Kreis. Das Boot dreht sich nur noch auf der Stelle etwas zu beiden Seiten. Der Nachteil in engen Buchten ist, dass bei einem notfalls schnellen Auslaufen, etwa wenn andere Boote auf Drift gehen, zeitraubender mit zwei Geschirren hantiert werden muss.

Reitgewicht

Ein schwerer Gegenstand, der an der Kette bis zum Grund gelassen wird, verkleinert bei wenig Wind den Schwojkreis. Durch seinen Widerstand am Grund dreht sich das Boot um ihn wie um den Anker selbst. Auch der Zweitanker kann dafür verwendet werden, steht dann aber nicht mehr für andere Manöver zur Verfügung. Bei auffrischendem Wind wird das Gewicht jedoch durch die Spannung im Geschirr angehoben. Der Schwojkreis vergrößert sich wieder.

Platz sparen

Wenn eine Bucht schon sehr voll ist, gibt es eigentlich nur eine vernünftige Verhaltensregel: eine andere ansteuern! Dennoch kann ein Notfall an Bord oder ein aufziehender Sturm keine andere Wahl lassen, als sich noch einen Platz zu suchen. Grundsätzlich gilt dabei, dass der Schwojkreis eines anderen Bootes verbotenes Terrain ist. Es gibt jedoch Methoden, den eigenen Platzbedarf zu verringern, sowie weitere Tipps und Tricks, so viele Crews wie möglich in den Genuss einer geschützten Bucht kommen zu lassen. Für alle gilt jedoch: Je voller die Bucht, desto wichtiger ist es, permanent Ankerwache zu halten und klar zum Manövrieren zu sein.

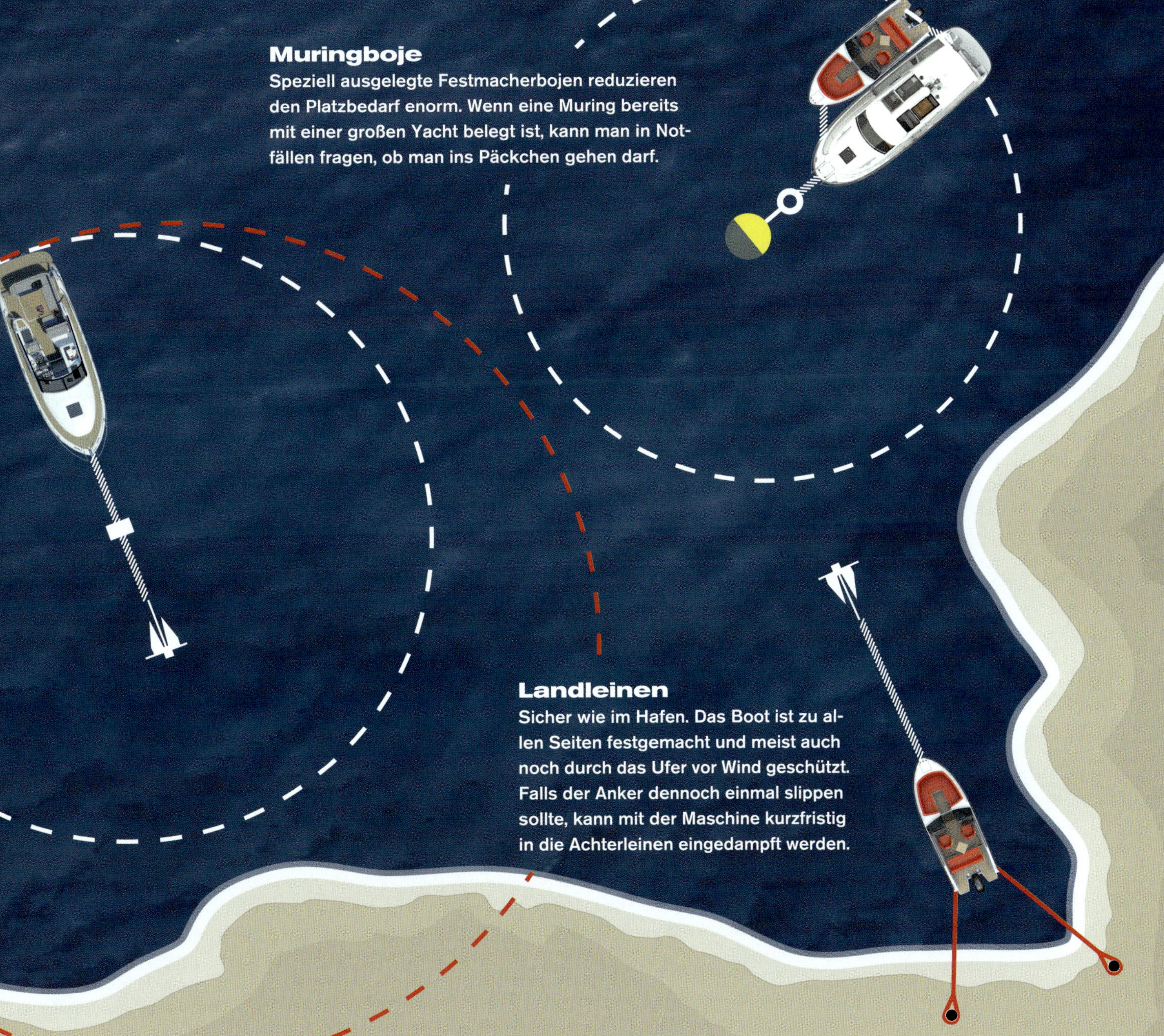

Muringboje
Speziell ausgelegte Festmacherbojen reduzieren den Platzbedarf enorm. Wenn eine Muring bereits mit einer großen Yacht belegt ist, kann man in Notfällen fragen, ob man ins Päckchen gehen darf.

Landleinen
Sicher wie im Hafen. Das Boot ist zu allen Seiten festgemacht und meist auch noch durch das Ufer vor Wind geschützt. Falls der Anker dennoch einmal slippen sollte, kann mit der Maschine kurzfristig in die Achterleinen eingedampft werden.

Rückwärts an die Pier

Anders als beim Anlegen mit Murings ist der Manövrierraum beim Ankern mit dem Heck an der Pier – das Verfahren wird auch „römisch-katholisch" genannt, weil es im Mittelmeerraum weit verbreitet ist – stark eingeschränkt. Ist es voll im Hafen, steht über dem Ankergrund nur eine schmale Gasse zur Verfügung, denn die eigene Kette soll ja nicht über denen der Nachbarn liegen. Außerdem beginnt der Anlauf meist früher, um die nötige Kettenlänge zu erreichen. Deshalb ist eine noch bessere Absprache aller Manöverschritte mit der Crew ratsam. Als Fausregel für die zu steckende Kettenlänge gilt: Wassertiefe mal fünf, mindestens aber drei Bootslängen. Beim Anlaufen der Ankerstelle kann das Eisen bis zum Wasserspiegel gefiert werden. Damit ist sichergestellt, dass es klar zum Fallen ist. Für die Kommunikation zwischen Vorschiff und Fahrstand sollten eindeutige Handzeichen vereinbart werden. Das ist professioneller und bei lauter Umgebung sicherer. So kann ein kreisender Zeigefinger des Skippers Fieren bedeuten, die geballte Faust Stopp. Auf das Kommando des Steuermanns lässt die Person am Bug den Anker schnell bis auf den Grund ausrauschen, kontrolliert dessen Fall aber per Hand über die Spillbremse. Ein Fieren per Elektroantrieb dauert meist zu lange, und das Boot kann in dieser Zeit vertreiben. Während des Anlaufs zum Liegeplatz fiert der Bugmann immer weiter, aber nur so viel, dass die Kette gerade zum Liegen kommt. Auf keinen Fall darf sie sich am Grund übereinander türmen. Einige Meter vor der Pier kann die Kette immer wieder leicht gebremst werden, damit sich das Eisen eingräbt. Dabei das Boot jedoch nicht zum Stillstand kommen lassen. Sobald die Luv-Achterleine übergeben ist, wieder wenigstens eine halbe Bootslänge von der Pier entfernen, die Kette durchsetzen und den Anker mit Rückwärtsfahrt eingraben. Erst dann werden Kette und Festmacher auf die richtige Länge gebracht.

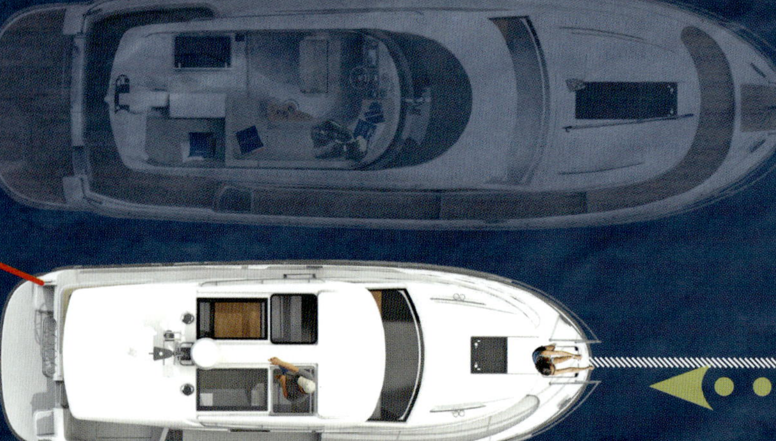

Ist der Liegeplatz erreicht, kurz aufstoppen. Ein Crewmitglied geht mit dem Luv-Festmacher an Land und belegt ihn. Danach mit leichter Vorausfahrt in diese Leine eindampfen. Das Heck kommt frei. Jetzt muss die Person am Bug nur noch die Kette durchsetzen.

WIND

Welche Ausgangsposition für das Manöver gewählt werden sollte, hängt von Wind, Strom und Radeffekt ab:

A Mit Radeffekt, ohne Seitenwind

Sollte das Boot mit einfacher Wellenanlage ausgerüstet sein und somit einen starken Radeffekt beim Anfahren achteraus haben, muss dieser einkalkuliert werden. Ohne gegenhaltenden Seitenwind würde eine linksdrehende Schraube das Boot aus Ausgangsposition A zunächst parallel zu Position B versetzen, bevor es rückwärts Fahrt aufnimmt und korrekt auf den Liegeplatz zuhält. Wäre das Manöver mit den gleichen Voraussetzungen hingegen von Position B begonnen worden – also in gerader Linie zum Liegeplatz – würde das Boot zunächst parallel zu Position C kommen. Eine größere Korrektur wäre nötig, während das weiter ausgesteckte Ankergeschirr am Grund vielleicht bereits die Kette des Nachbarn gekreuzt hat (dargestellt durch roten Pfeil).

B Mit Radeffekt und Seitenwind

Ausgangsposition B ist bei Seitenwind und entgegengesetzt wirkendem Radeffekt zu empfehlen; die beiden Kräfte würden sich neutralisieren und das Boot direkt auf den Liegeplatz zuhalten. Boote mit Doppelmotorenanlage können ebenfalls so beginnen, müssen aber die Abdrift exakt mit den beiden Maschinen ausgleichen.

C Mit Seitenwind, ohne Radeffekt Bei Seitenwind ohne Radeffekt, also etwa bei einem Z-Antrieb mit gegenläufigen Propellern, muss bei der Fahrt achteraus zunächst nach Luv vorgehalten werden, sodass die Ausrichtung in etwa Position C entspricht. Der Winkel richtet sich danach, wie stark das Vorschiff seitlich abdriftet.

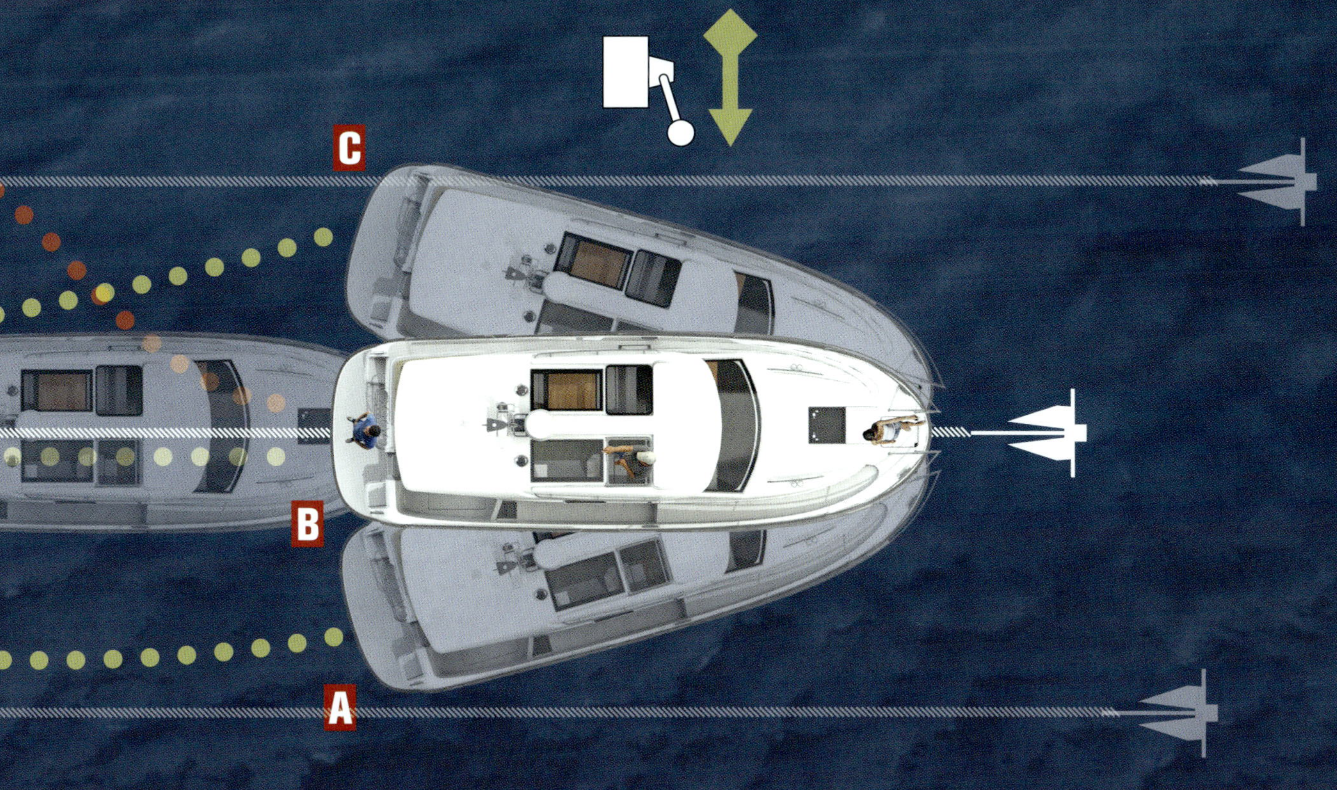

Drei spezielle Methoden

Hinweise in der Seekarte, wie steiniger Grund, steil abfallende Ufer mit schnell zunehmender Wassertiefe oder ausgedehnte Flachs, machen das Ankern nicht zwangsläufig unmöglich – sonst wären beispielsweise weite Bereiche der skandinavischen Schären oder viele Abschnitte der türkischen Küste bei Sportbootfahrern nahezu unbekannt. Einige spezielle Techniken erlauben nämlich auch dort ruhiges Liegen, wo keine seichte Bucht vorhanden ist. Da es jedoch bei Wetterumschwüngen schnell zu Legerwallsituationen kommen kann, sollte eine Ankerwache eingeteilt oder wenigstens der Ankeralarm aktiviert werden, egal ob mit GPS-Gerät oder Echolot.

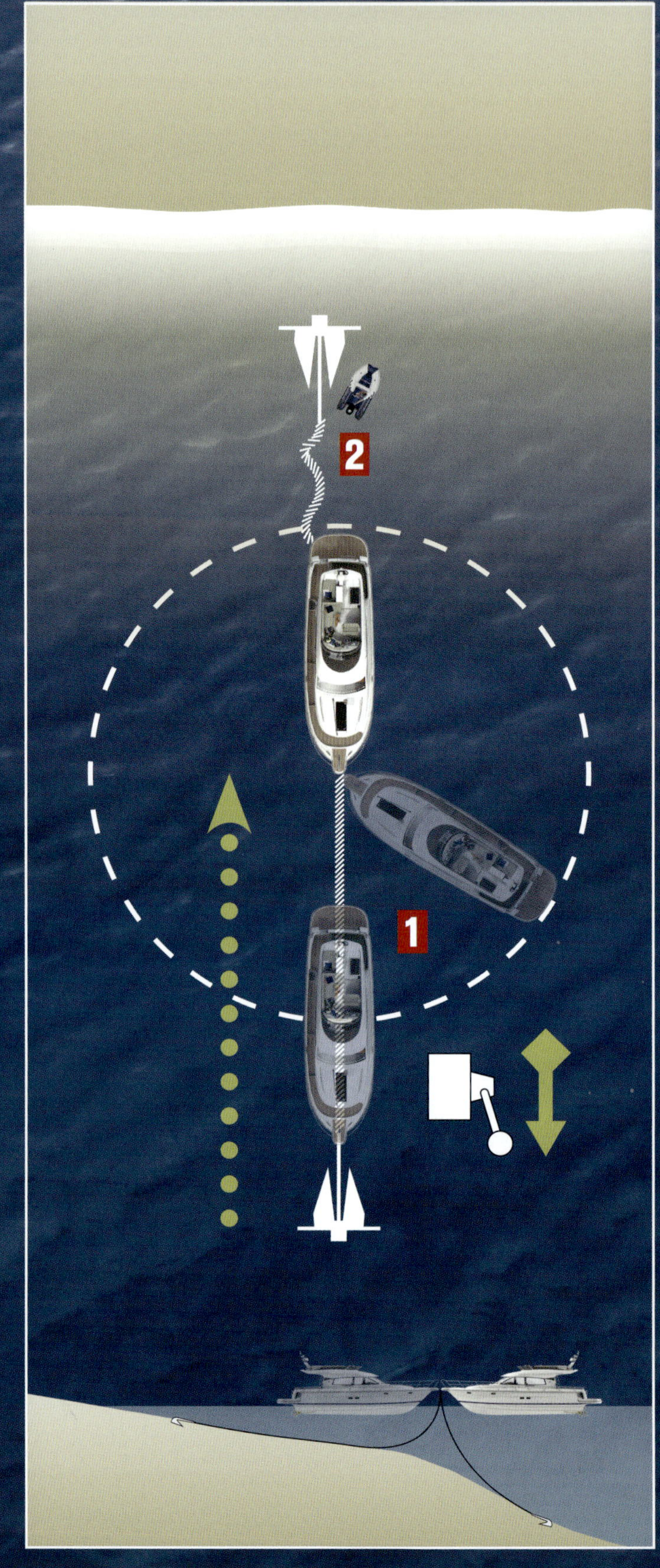

Flacher Strand

1 Manchmal fällt ein breiter, flacher Strand abrupt auf größere Tiefe ab. Kein idealer Ankerplatz. Wer aber dennoch bleiben möchte, und sei es nur zum Baden, benötigt zwei Anker. Der erste wird im tiefen Bereich ausgebracht und hält sehr gut, da er bei auflandigem Wind „bergauf" zieht.

2 Der Heckanker kann vom Boot aus oder mit dem Dingi ausgebracht werden und verhindert, dass der erste Anker bei plötzlich ablandig drehendem Wind ausbricht. Wird der zweite Anker sehr weit ins Flache gebracht, muss er manchmal per Hand ausgegraben werden.

Heck zum Land

1 Hier eine Methode für steil abfallenden Grund, wie er häufig in der Türkei vorherrscht. Der Anker wird auf einer Tiefe ausgebracht, die gerade noch mit der Geschirrlänge vereinbar ist. Solange der Wind auflandig weht, hält der Anker sehr gut, denn er wird in günstigem Winkel „bergauf" gezogen. Dreht er jedoch ablandig, bricht das Eisen aus dem Grund.

2 Deshalb werden Landleinen ausgebracht, die das Drehen und Schwojen verhindern und das Ankergeschirr gleichzeitig unter Spannung halten. Übrigens: Das Festmachen an Bäumen und Sträuchern ist in der Türkei aus Naturschutzgründen nicht mehr erlaubt.

Bug zum Land

1 Viele Schären, aber auch Felsen im Mittelmeer, fallen so steil ins Wasser ab, dass an ihnen festgemacht und trockenen Fußes an Land gegangen werden kann. Dabei wird zunächst ein Heckanker ausgebracht. Die Leine oder Kette beim Ausstecken von Zeit zu Zeit blockieren, um zu testen, ob sich das Eisen verhakt hat. Hier gibt es nur ein entweder-oder – fest oder lose. Deshalb können mehrere Anläufe nötig sein.

2 Mit langsamer Fahrt tastet man sich dann an den Felsen heran, die Landleinen werden auf großen Steinen oder an speziellen Haken oder Erdnägeln belegt. Manchmal sind auch Punkte zum Festmachen vorhanden. Zum Schluss das Ankergeschirr kräftig durchsetzen.

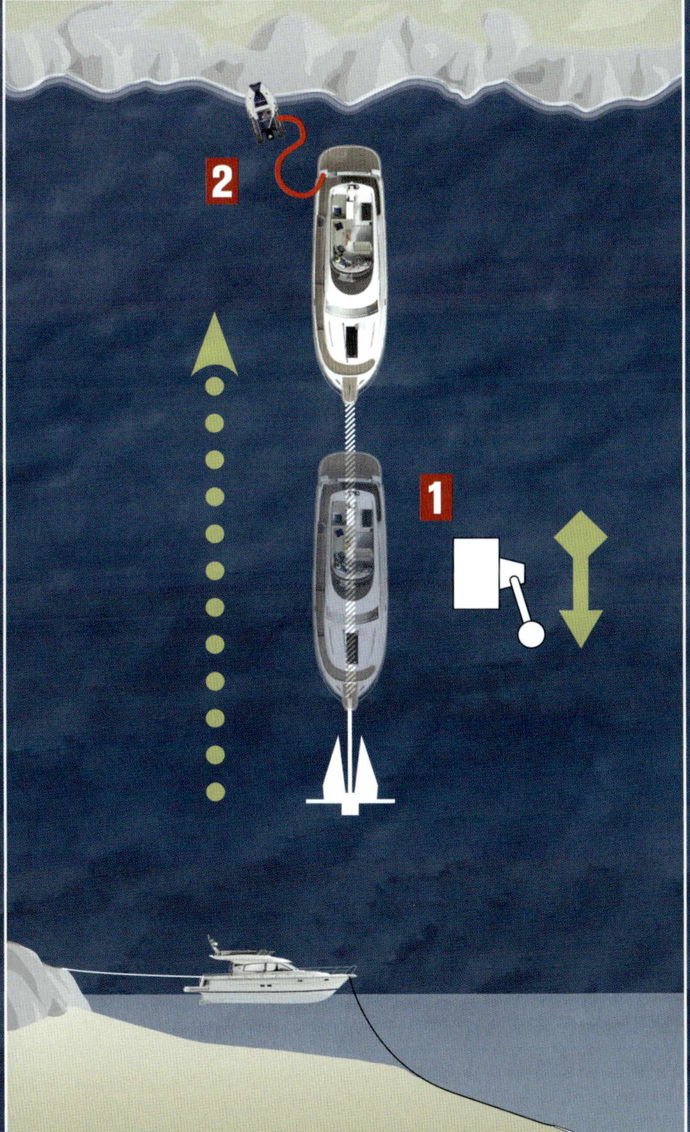

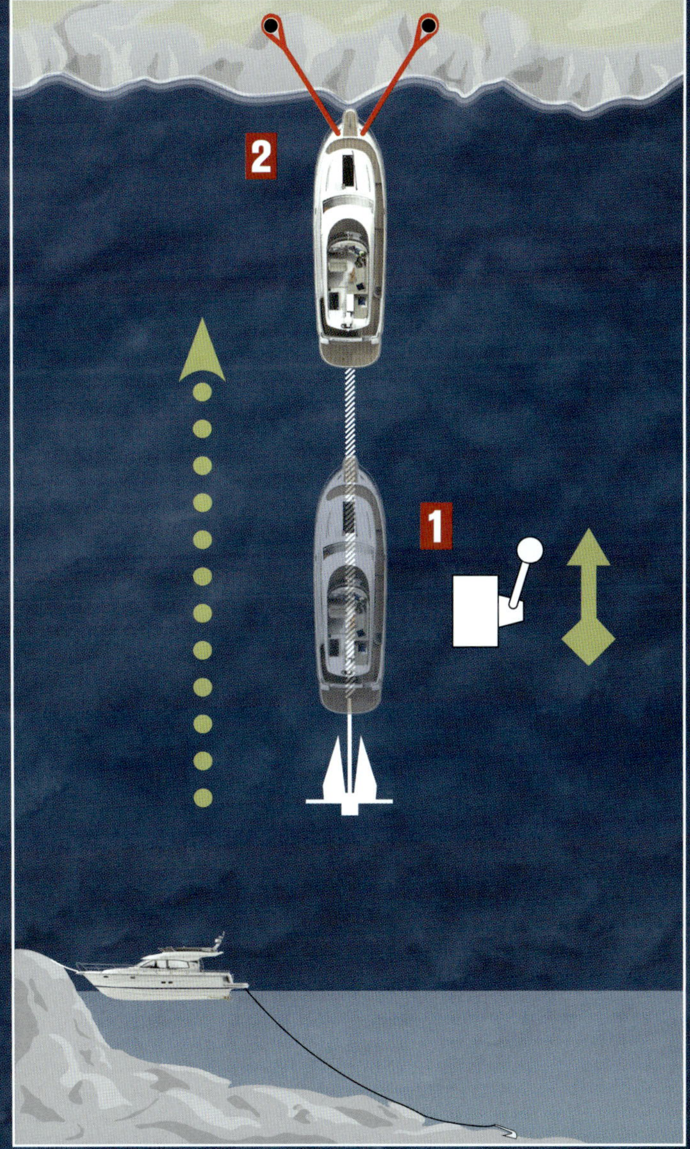

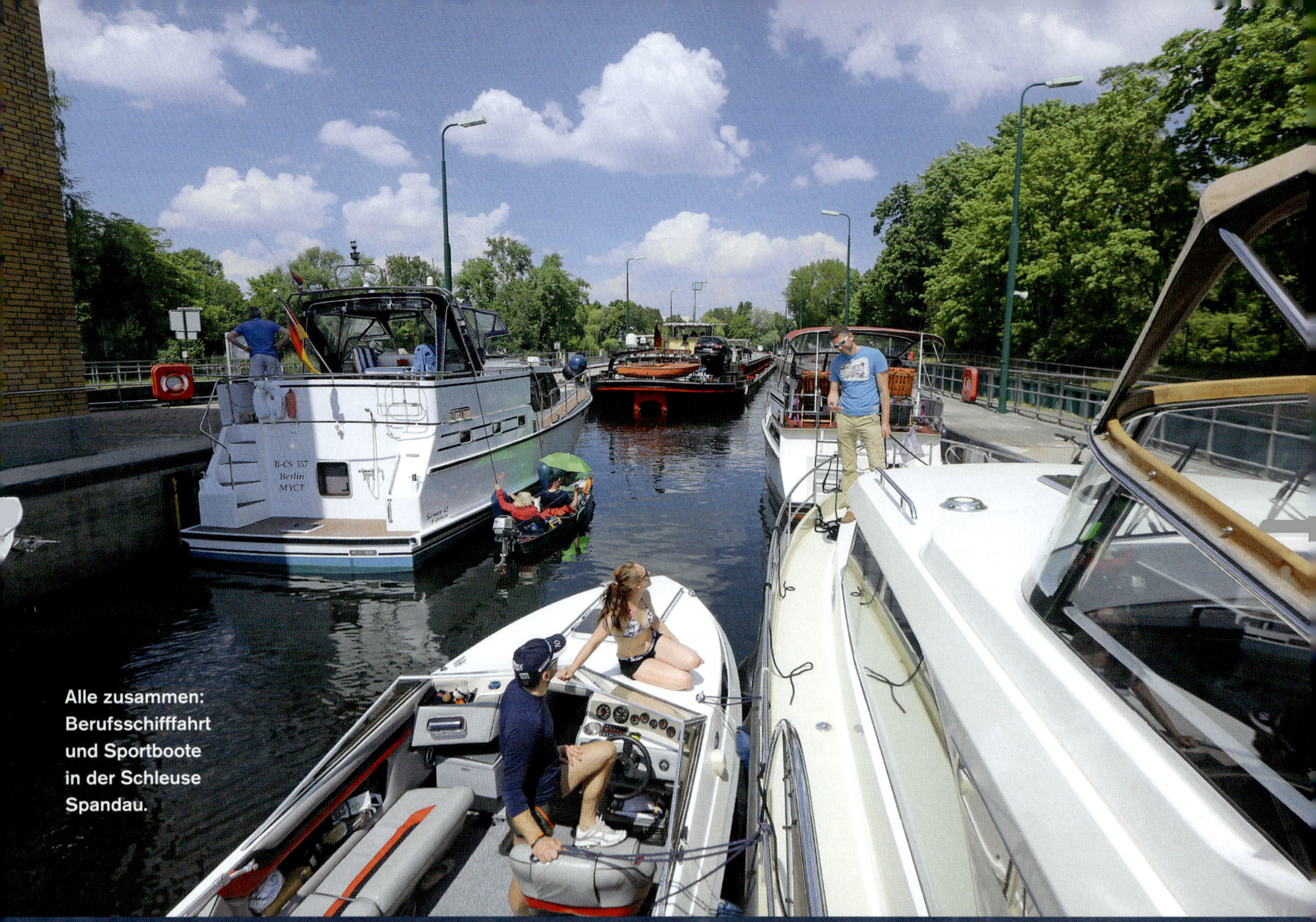

Alle zusammen: Berufsschifffahrt und Sportboote in der Schleuse Spandau.

Über den Berg

Schleusen gehören auf vielen Revieren einfach dazu. In der Kammer und davor muss oft auf engem Raum manövriert werden. Dieses Kapitel soll dazu führen, dass Sie entspannt mit dem Boot „zu Tal" oder „zu Berg" kommen.

Flüsse sind ihrer Natur nach in den meisten Fällen alles andere als bequeme und sichere Verkehrswege: Stromschnellen, Wasserfälle, Untiefen, enge Schleifen mit hoher Strömungsgeschwindigkeit – die Liste der Gefahren und Hindernisse, die den Bootsleuten in früheren Zeiten schwer zu schaffen machte, war lang. Dazu kamen veränderliche und unverlässliche Wasserstände mit Hochwasser und Dürreperioden. Man begann deshalb damit, die Flüsse mit Wehren zu „zähmen". Ihr Bett führte nun nicht mehr zu Tal wie eine wellige Rutsche, durch die das Wasser schoss, sondern glich einer gleichmäßigen Treppe. Zwischen den einzelnen Stufen, in den sogenannten Stauhaltungen, waren Gefälle und Strömungsgeschwindigkeit weitaus geringer als vorher. Schiffe und Flöße in Talfahrt konnten nun leichter unter Kontrolle gehalten werden, und das Treideln bergauf, wenn mit Muskelkraft vom Ufer aus gezogen werden musste, war zumindest etwas weniger mühsam. Ab dem späten Mittelalter machten Kammerschleusen die Staustufen für die Schifffahrt passierbar. An ihrer Entwicklung war auch Leonardo da Vinci beteiligt. Das einfache Funktionsprinzip hat sich dabei bis heute kaum verändert: In der Kammer, die von beiden Seiten mit Toren verschlossen ist, kann der Wasserstand durch Zulauf und Ablassen beliebig verändert werden. Ein Fahrzeug darin hebt oder senkt sich entsprechend mit dem Wasserspiegel. Aufbau und Funktionsweise moderner Schleusen werden auf den folgenden Seiten im Detail erklärt.

Mit der Erfindung der Schleuse war auch der Bau von Kanälen möglich, die andere Wasserwege miteinander verbanden – selbst wenn ein Gefälle oder eine höher gelegene Wasserscheide überwunden werden musste. Das gelang erstmals im Jahre 1398 mit der Eröffnung der „Stecknitzfahrt"; sie verband die Elbe mit der damals mächtigen Hansestadt Lübeck, um das Lüneburger Salz besser zur Ostsee transportieren zu können. 17 Schleusen wurden gebaut, eine blieb erhalten: die Palmschleuse bei Lauenburg. Moderner Nachfolger der Stecknitzfahrt ist übrigens der Elbe-Lübeck-Kanal.

Mit dem Ausbau des Kanal- und Flussnetzes stiegen auch die Anforderungen an die Schleusen: Anfangs noch aus Holz, wurden bald Ziegel, Stein und schließlich Beton verbaut. Auf Wasserstraßen mit großem Verkehrsaufkommen wachsen die Fahrzeuge bis heute weiter und machen immer größere Wasserbauwerke nötig. Die Unterschiede können gewaltig sein: von kleinen, handbetriebenen Kahnschleusen bis zu Großschifffahrtsschleusen, die mit weit über 200 m nutzbarer Kammerlänge komplette Koppelverbände aufnehmen. Am Nord-Ostsee-Kanal wird die fünfte Kammer in Brunsbüttel, derzeit noch in Bau, sogar 330 m lang und mehr als 50 m breit sein.

Inzwischen gibt es eine ganze Reihe von spezialisierten Schleusentypen: Seeschleusen etwa riegeln in Tidengewässern Hafenbecken ab. Sparschleusen kommen auf Kanälen zum Einsatz. Durch ein ausgefeiltes System von Rückhaltebecken „verbrauchen" sie weniger Wasser. Schachtschleusen, Schleusentreppen und Schiffshebewerke wiederum überwinden besonders große Fallhöhen. Verfügt eine Staustufe über zwei parallele Kammern, die im Wechsel betrieben werden können, spricht man von einer Doppelkammerschleuse. Manchmal ist zusätzlich sogar eine spezielle, kleinere Schleuse für Sportboote vorhanden. In Revieren mit geringer Berufsschifffahrt und steigendem Bootstourismus geht der Trend seit einigen Jahren zur halbautomatischen Selbstbedienungsschleuse, die bequem von Bord aus in Gang gesetzt werden kann.

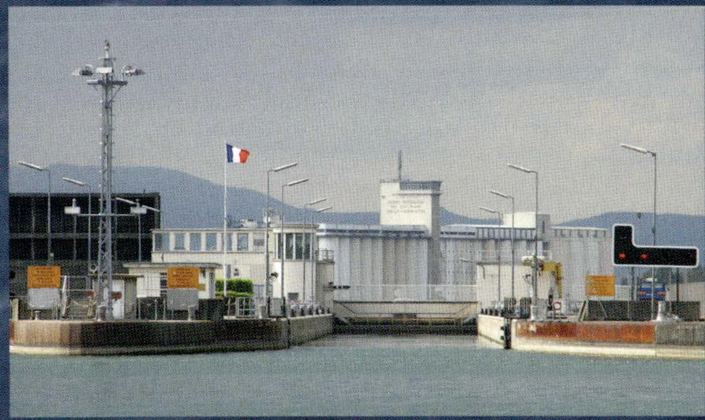

Zweimal Rot nebeneinander: Obwohl die Kammer offen ist, darf noch nicht eingefahren werden. Oberhaupt der Großschifffahrtschleuse Vogelgrun am Rhein-Seitenkanal.

Die Lichtsignale

Die Lichtsignale zur Schleuseneinfahrt gibt es in verschiedenen Kombinationen. Die in Deutschland bei Weitem gebräuchlichsten sind hier abgebildet. Generell gilt: Egal in welcher Paarung die Lichter leuchten, bedeutet Rot immer „Halt!". Nur Grün allein heißt „freie Fahrt". Auch die Ausfahrt aus der Kammer wird häufig mit einem grünen Ampelsignal freigegeben.

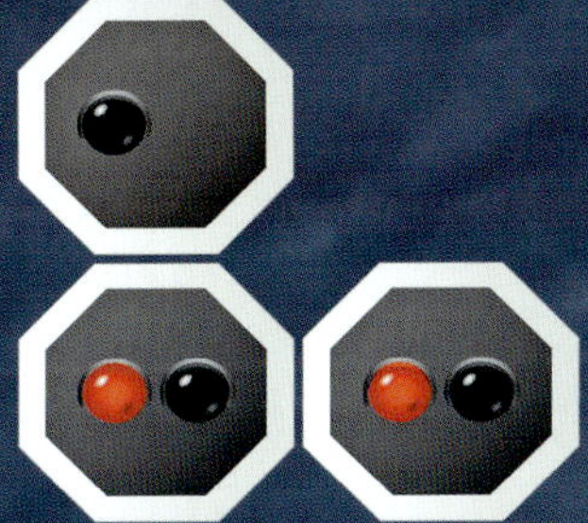

Geschlossen: Im Moment läuft eine Gegenschleusung, die abgewartet werden muss. Wenn möglich zum Warten anlegen.

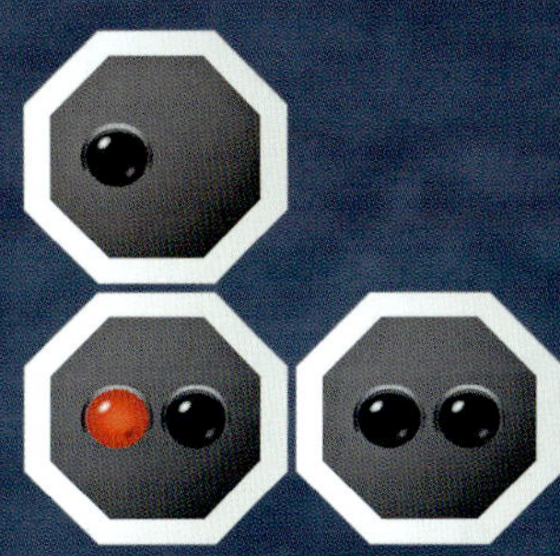

Einfahrt wird vorbereitet: Die Einfahrt steht kurz bevor; spätestens jetzt sollten die Vorbereitungen zur Schleusung erfolgen.

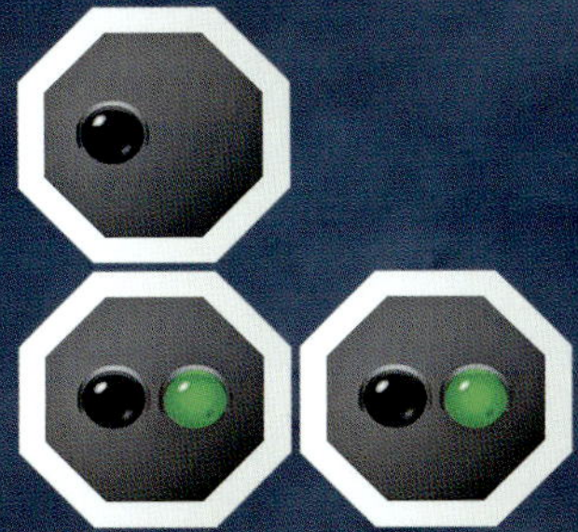

Einfahrt ist frei: Die Einfahrt ist freigegeben. Berufsschiffe haben immer Vorrang, unabhängig vom Zeitpunkt ihres Eintreffens.

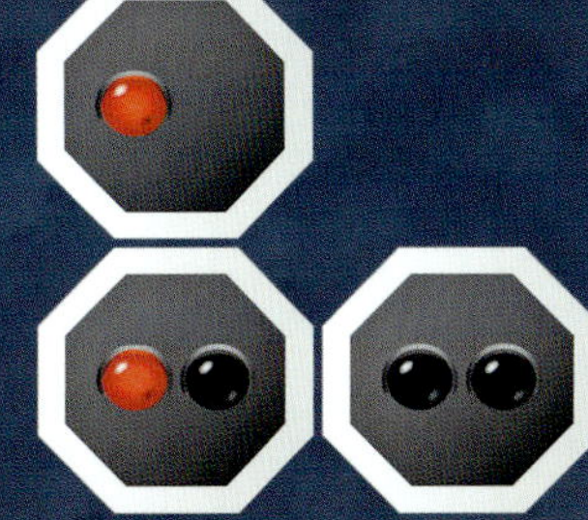

Außer Betrieb: Die Schleuse ist entweder im Rahmen der normalen Betriebszeiten außer Betrieb oder längere Zeit gesperrt.

Die drei Schritte einer Bergschleusung

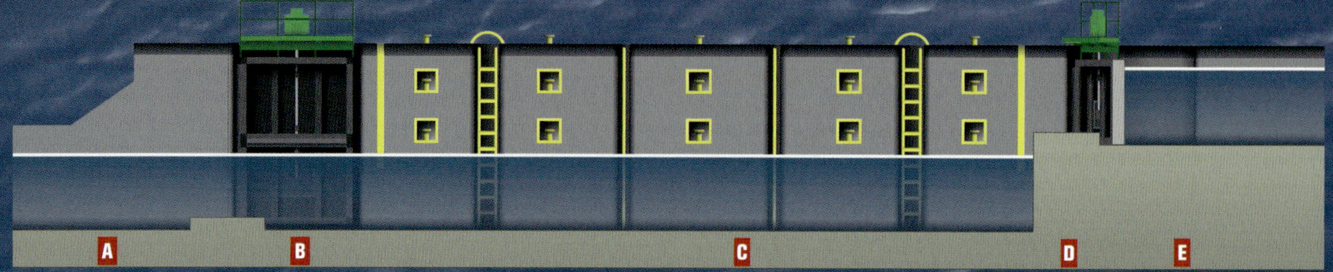

1 Leere Kammer: Die drei Abbildungen auf dieser Seite zeigen in schematischer Darstellung die drei Schritte einer Bergschleusung – also stromaufwärts. Zur Einfahrt für die Boote aus dem Unterwasser, also dem talseitigen Ende des Schleusenbereiches **A**, ist das Untertor **B** geöffnet, das Obertor **D** mit seinen Schützen jedoch geschlossen.

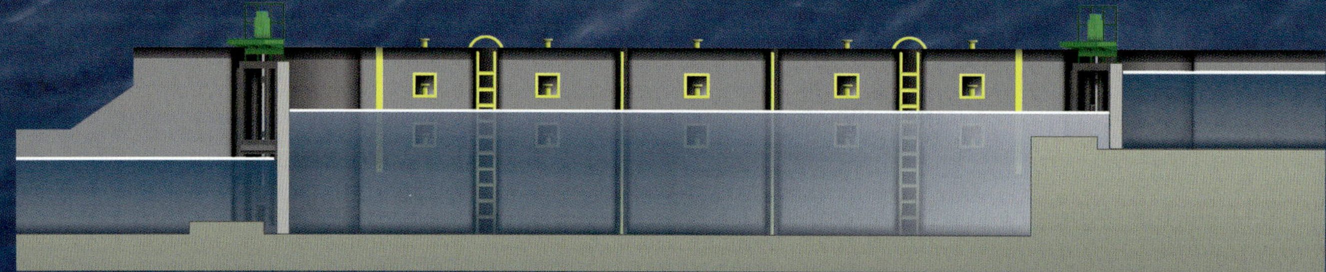

2 Die Bergschleusung läuft: Sind Untertor und Schütze geschlossen, werden die Schütze im Obertor zunächst leicht geöffnet, damit die Strömung nicht zu stark wird. Wasser strömt ein, die Kammer **C** füllt sich. Es geht „nach oben“. Dann werden die Schütze ganz geöffnet, und der Wasserspiegel steigt bis auf Höhe des Oberwassers **E**.

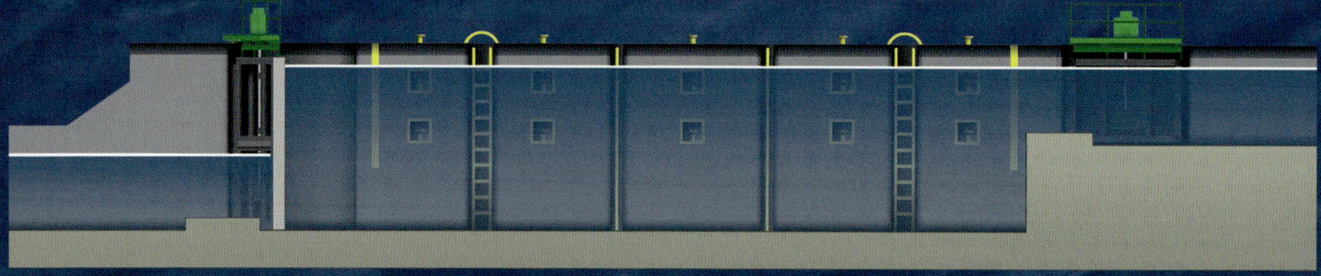

3 Volle Kammer: Erst wenn der völlige Niveauausgleich zwischen Schleusenkammer und Oberwasser hergestellt ist, lässt sich das Obertor **D** gegen die Fließrichtung des Gewässers öffnen. Vorher ist der auf ihm lastende Wasserdruck zu groß. Die Boote sind nun oben angekommen und können aus der vollen Kammer **C** in das Oberwasser **E** ausfahren.

Immer ausgeglichen

Das Prinzip einer Schleuse ist verblüffend einfach, egal wie groß sie ist. Wenn man weiß, welche Kräfte wann und wo wirken, lässt sich das Manöver ganz entspannt angehen. Doch was genau spielt sich in der Kammer ab?

Die rein physikalische Funktionsweise einer Schleusenkammer ist im Grunde immer gleich, völlig egal, ob es sich um eine kleine Kahnschleuse oder um eine große Schachtschleuse handelt. Die Tortechnik mag sich unterscheiden, die Art und Weise ebenfalls, wie das Wasser in die Kammer gelangt und wieder hinaus, an ihrem Grundprinzip – Schiffe durch eine Änderung des Wasserstandes anzuheben oder abzusenken – ändert das jedoch nichts.

Zunächst ein Blick auf die Schleuse selbst: Vereinfacht dargestellt besteht sie aus einer Kammer, die auf beiden Seiten durch Tore wasserdicht verschlossen werden kann. Außerdem verfügt sie an beiden Enden über ebenfalls verschließbare Öffnungen – sogenannte Schütze – mit denen der Wasserstand in der Kammer reguliert wird. Befindet er sich auf dem Niveau des Unterwassers, also dem talseitigen, niedriger gelegenen Ende der Schleuse, ist sie im Sprachgebrauch leer – wie auf der Abbildung 1 links zu sehen ist. Nur in diesem Zustand kann das Untertor, wie das Schleusentor auf dieser Seite genannt wird, geöffnet werden. Das Obertor am anderen Ende der Kammer wird derweil vom Druck des höher gelegenen Oberwassers fest verschlossen.

Soll es hinaufgehen, spricht man von einer Bergschleusung: Sind die Boote in die Kammer eingefahren, wird zunächst das Untertor mit seinen Schützen geschlossen. Nun werden die Schütze am Obertor geöffnet, Wasser strömt ein, die Kammer füllt sich.

Erst wenn der Wasserstand das Niveau des Oberwassers erreicht hat und der völlige Ausgleich bis auf den letzten Zentimeter hergestellt ist, lässt sich das Obertor öffnen – vorher ist der auf ihm lastende Wasserdruck einfach zu mächtig. Die Boote in der Kammer können nun ausfahren; die Bergschleusung ist abgeschlossen.

Zu Tal läuft der Vorgang genau umgekehrt ab: Durch das offene Obertor fahren die Boote in die volle Kammer ein. Danach werden die Schützen am Obertor geschlossen und unmittelbar darauf auch das Tor selbst. Die gesamte Schleuse ist nun wasserdicht. Dafür sorgt auch der Wasserdruck, der auf das Untertor wirkt und es in seine Lager presst. Jetzt öffnen sich jedoch die Schütze am Untertor, und das Wasser fließt aus der Kammer ins Unterwasser, wo die Strömung, gerade bei kleineren Schleusen, spürbar zunimmt – ein deutliches Zeichen dafür, dass es „drinnen nach unten geht". Sobald der Wasserstand auf beiden Seiten des Untertores ausgeglichen ist, öffnen sich die Tore, und die Fahrt ist wieder frei.

Während die Talschleusung in der Regel recht ruhig und ohne große Strömungsbildung in der Kammer abläuft, kann es bei der Bergschleusung wesentlich bewegter zugehen, besonders in älteren, kleineren Kammern. Das hängt einerseits von der Bauart der Schleuse und ihrer Fallhöhe ab (also dem Unterschied zwischen Ober- und Unterwasser) und andererseits davon, wie schnell das Wasser in die Kammer strömt.

Geschieht das sehr schnell, etwa bei ganz geöffneten Schützen, können sich kräftige Strömungen, Strudel und unangenehm kurze Wellen bilden. Wichtig ist dann, das Boot möglichst dicht an der Kammerwand zu halten. Das gelingt am besten, wenn die Leinen auf Slip über Klampen oder Poller geführt werden. Wird dagegen „frei aus der Hand" geschleust, ist man schlecht auf plötzlich wirkende starke Kräfte vorbereitet.

Wird das Boot trotz aller Anstrengungen einmal von der Kammerwand weggedrückt, muss man auch an die „äußere" Bordwand denken, wo sich eventuell ein anderes Boot befinden kann. Fender sollten deshalb schon vor der Einfahrt immer auf beiden Seiten ausgebracht werden.

Um die Wucht des einströmenden Wassers zu verringern, werden die Schütze des Obertores zu Beginn der Schleusung – automatisch oder manuell – nur zum Teil geöffnet. Erst wenn sich die Kammer mindestens zur Hälfte gefüllt hat, wird ganz geöffnet.

Es passt – wenn auch nur knapp: Ein Charterboot fährt durch das geöffnete Untertor in die Selbstbedienungsschleuse Fürstenberg ein. Das Ampelsignal steht auf Grün. Gleich wird es nach oben gehen!

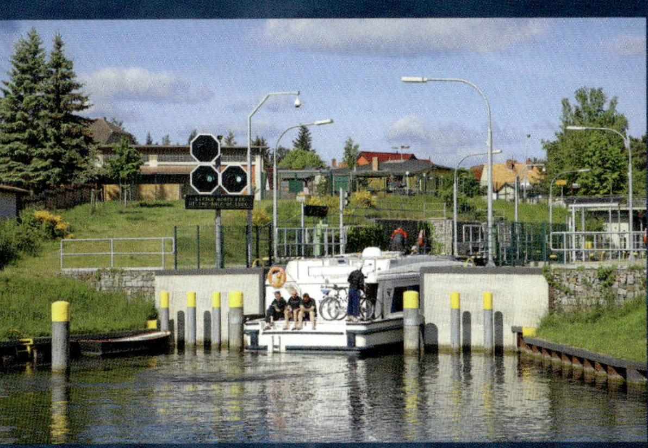

Stufe für Stufe

Von der Anmeldung über die Wartestelle bis an die Kammerwand: Auf den folgenden Seiten wird Schritt für Schritt erklärt, worauf beim Schleusen mit anderen Wassersportlern, Sportbooten und Berufsschifffahrt geachtet werden sollte.

Unabbhängig von den amtlichen Kategorien kann man Wasserstraßen heute auch grob danach einteilen, ob sie noch von der Großschifffahrt genutzt werden und entsprechend ausgebaut sind oder ob Sportskipper dort weitgehend unter sich sind – vom vereinzelten Fahrgastschiff der Weißen Flotte oder dem Dienstfahrzeug der Aufsichtsbehörden einmal abgesehen.

Zu den nach wie vor stark frequentierten Verkehrsadern gehören vor allem die großen, international vernetzten Flüsse und Kanäle, wie etwa das Rhein- und das Elbstromgebiet oder die Achsen des Main-Donau- und des Mittellandkanals mit ihren Anschlüssen. Entsprechend groß fallen dort die Schleusen aus, Sportboote spielen nur eine Nebenrolle.

Andererseits gibt es jene Reviere, die fest in der Hand der Sportschifffahrt sind. Bestes Beispiel dafür ist Europas größte zusammenhängende Wassersportregion: die Mecklenburgischen und Märkischen Gewässer. Weite Strecken dieses „Blauen Paradieses“ können aus diesem Grund inzwischen mit der Charterbescheinigung befahren werden und sind so nicht nur für Einheimische und Tourenskipper, sondern auch für Chartercrews zum Urlaubsziel geworden, die dort unter besonderen Auflagen auch ohne Bootsführerschein mit Booten von weniger als 15 Metern Länge auf Törn gehen können.

In der Hauptsaison kann es nicht nur in den Häfen, sondern vor allem auch vor und in den Schleusen voll werden. Wartezeiten von zwei Stunden und mehr müssen deshalb durchaus einkalkuliert werden.

Ganz nebenbei: Der Begriff „Sportbootschleuse“, der immer häufiger in den Medien auftaucht, ist übrigens nur dann korrekt, wenn die Schleuse tatsächlich nur der Sportschifffahrt zur Verfügung steht. So gibt es etwa auf der Mosel an den Staustufen spezielle Bootsschleusen, die von Booten bis 18 m Länge genutzt werden müssen. Ähnlich sieht es auf Nebengewässern wie etwa der Oberen Spree aus, wo selbst die neugebaute Schleuse Kossenblatt nur eine nutzbare Länge von rund 15 m hat und ausschließlich für den Wassertourismus gedacht ist.

Die Betriebszeiten

Worauf man achten und was man wissen sollte, wenn man allein oder mit anderen Fahrzeugen schleust, soll jetzt Schritt für Schritt erklärt werden.

Lange vor dem ersten Schleusentor steht die Törnplanung. Bevor die Reise beginnt, sollten Sie sich genau über die Betriebszeiten der Schleusen und eventuelle Sperrungen informieren. Nichts ist ärgerlicher, als im Urlaub unverhofft vor dauerhaft verschlossenem Tor zu stehen. Feste Sperrungen – etwa für Wartungsintervalle oder Reparaturen – werden im Internet auf den Seiten der Wasser- und Schifffahrtsverwaltung des Bundes (www.elwis.de) angekündigt. Hafenmeister, Wasserschutzpolizei sowie Wasser- und Schifffahrtsämter können aber meistens ebenfalls Auskunft geben. Die Betriebszeiten findet man außerdem in der nautischen Törnliteratur.

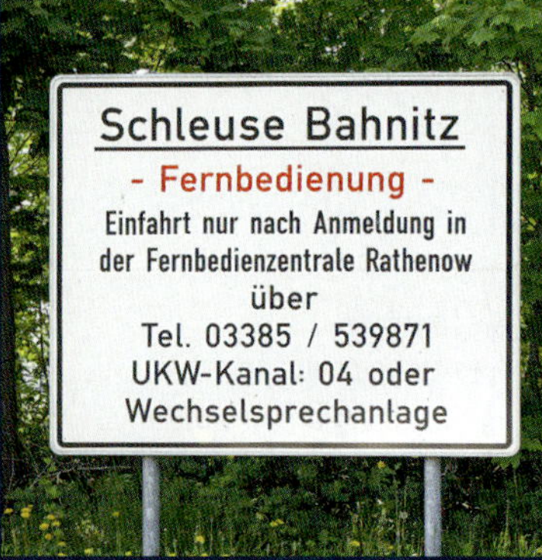

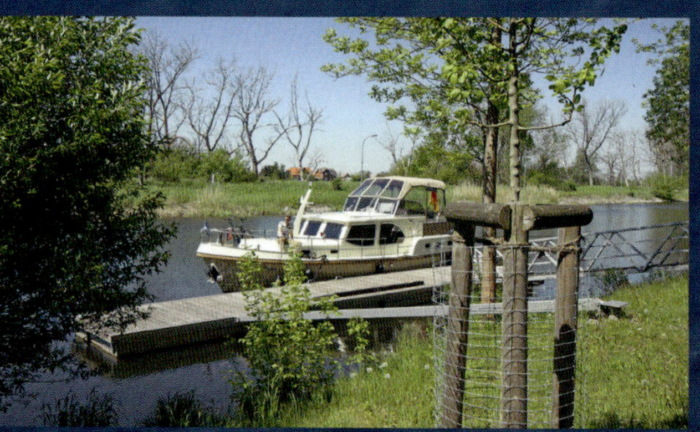

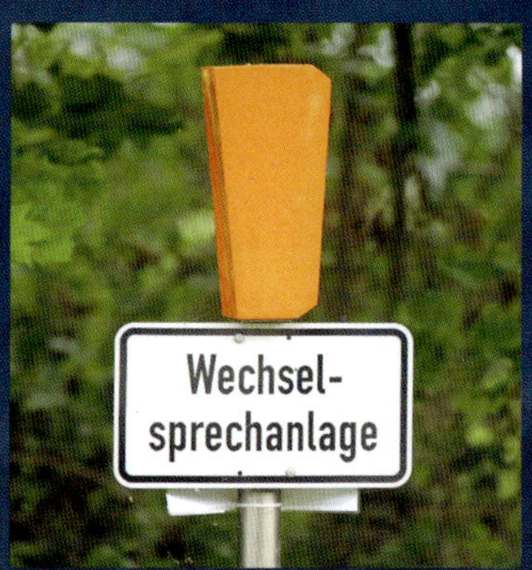

Auf der Unteren Havel-Wasserstraße zwischen Brandenburg-Plaue und Havelberg werden die Schleusen inzwischen fernbedient. An den Sportbootwartestellen (Bild in der Mitte) informieren Schilder über die Anmeldemöglichkeiten, auch per Wechselsprechanlage.

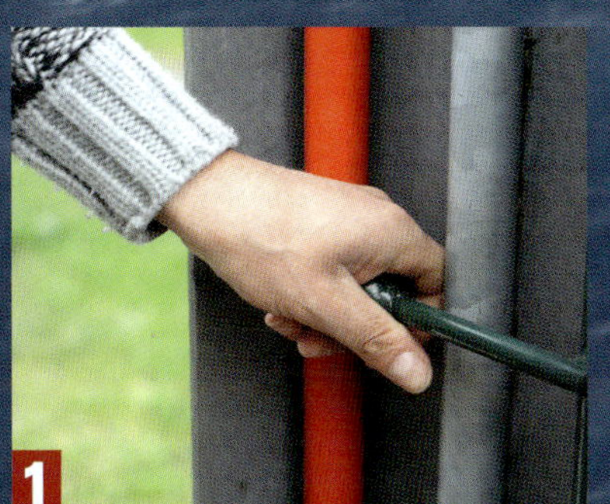
1

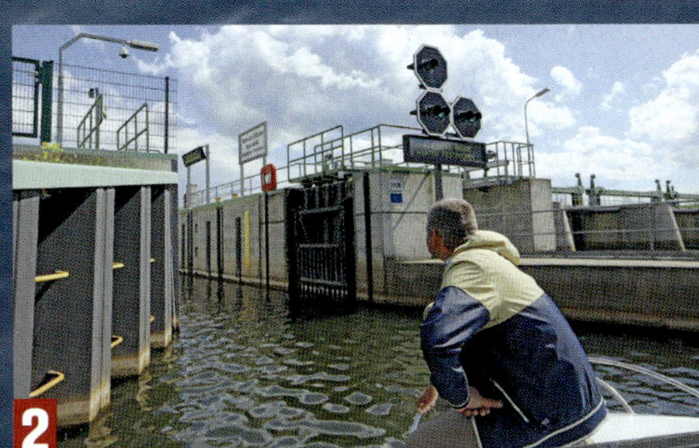
2

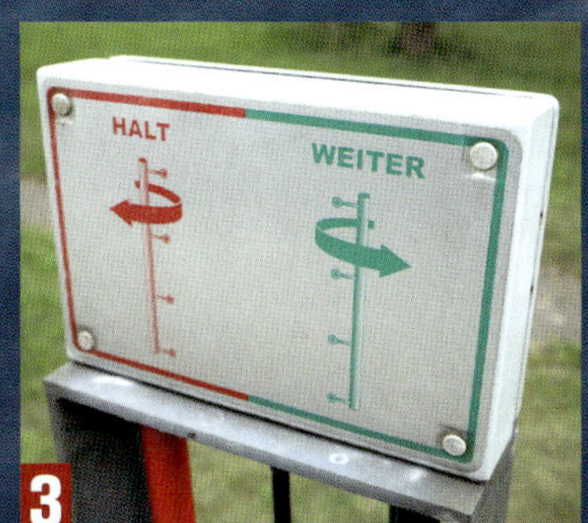

3

Die Selbstbedienungsschleuse

Immer mehr Schleusen werden auf den sogenannten halbautomatischen Selbstbedienungsbetrieb umgerüstet. SB-Schleusen findet man besonders in Sportbootrevieren. Dabei wird die Schleusung von der Besatzung über Drehschalter gesteuert, ohne dass jemand das Boot verlassen muss. Fernüberwachung per Kamera gibt es natürlich trotzdem. Tritt ein Notfall ein, wird der Ablauf durch Betätigung eines roten Hebels sofort gestoppt. Das SB-Verfahren in drei Schritten:

1 An der Sportbootwartestelle festmachen. Ist man der erste oder allein, Anforderungsschalter drehen. Er ist blau oder grün. Die Leuchtschriftanzeige bestätigt nun, dass die Schleusung angenommen wurde und vorbereitet wird.

2 Sobald Anzeige und grüne Ampel die Einfahrt erlauben, in die Kammer einlaufen und dort anlegen, wo sich der Weiterschleusungschalter befindet. Diesen aber erst dann drehen, wenn auch das letzte Boot eingelaufen und bereit ist.

3 Das Tor schließt, die Schleusung beginnt. Sie kann jederzeit durch den roten Not-Schalter unterbrochen werden. In diesem Fall auf weitere Anweisungen durch die Fernaufsicht warten. Ansonsten kann bei grüner Ampel ausgelaufen werden.

Die Anmeldung

Sind Sie auf einer Großschifffahrtsstraße wie dem Rhein unterwegs, ist eine Anmeldung bei der nächsten Schleuse per Handy oder UKW-Funk spätestens eine Viertelstunde vor Erreichen des Schleusenvorhafens Pflicht. Telefonnummern und Funkkanäle verrät wiederum die nautische Literatur; die Kanäle werden auch auf blauen Tafelzeichen am Ufer angegeben. Das Schleusenpersonal wird Ihnen dann sagen, wie es weitergeht und ob Sie eventuell gleich hinter einem Berufsschiff einfahren können oder erst einmal den Gegenverkehr abwarten müssen.

In Sportbootrevieren ist dagegen in der Regel keine vorherige Anmeldung bei der Schleuse nötig. Wenn doch, weisen Törnliteratur oder Tafelzeichen darauf hin. Solche Aufforderungen können sich auch direkt an der Sportbootwartestelle befinden, beispielsweise wenn die Schleuse fernüberwacht und nur nach Bedarf betrieben wird. Für diesen Zweck sind Gegensprechanlagen vorhanden. Die folgenden Anweisungen kommen dann häufig über Lautsprecher. Nähert man sich einer Schleuse auf Sichtweite und das Signal zeigt Rot, sollte man in jedem Fall an der ausgewiesenen Sportbootwartestelle festmachen. Erstens kann man nie genau wissen, wann es weitergeht, und zweitens kann ein Boot, das ungeduldig Kreise dreht, schnell zum Verkehrshindernis werden.

An der Wartestelle

Die Wartestelle kann eine frei im Wasser stehende Dalbenreihe, ein fester Steg oder lediglich ein befestigter Uferstreifen sein. Vor großen Schleusen sind es entweder glatte Mauern oder Spundwände mit Pollern. Bei Letzteren muss man darauf achten, dass die Fender nicht in die Zwischenräume rutschen und das Boot hart anschlagen lassen, wenn passierende Berufsschiffe Schwell erzeugen. Feste Regel: Liegen andere Boote weiter vorn, werden sie nicht überholt. Vordrängeln ist in jeder Phase der Schleusung absolut tabu (allerdings spricht nichts dagegen, ein kleines Boot vorzulassen, das vielleicht noch in die Kammer passt).

Einfahrt in die Schleuse

Losmachen sollten Sie immer erst dann, wenn das Signal Grün zeigt (siehe Seite 115). Selbst wenn die Kammer bereits leer erscheint, kann noch ein unvermuteter Nachzügler herauskommen. Springt das Signal wieder auf Rot, heißt es zurück zur Wartestelle, selbst, wenn das Tor schon fast passiert ist. Schnelles Vorpreschen wird den Schleusenwärter in keinem Fall umstimmen.

Sind Sie allein, haben Sie in der Regel freie Platzwahl in der Kammer. Bei mehr Verkehr befolgen Sie die Anweisungen des Schleusenpersonals, das die meiste Erfahrung beim „Sortieren" hat. Auch in der Schleuse wird niemals überholt! Wenn Sie angewiesen werden, bei einem anderen Boot längsseits ins Päckchen zu gehen, fendern Sie diese Seite besonders gut ab.

Neue Schleusenwände bestehen meistens aus glattem Beton (gut) oder stählernem Spundprofil (weniger gut, da die Fender in die Vertiefungen rutschen und so wirkungslos werden können), ältere sind zum Teil noch geziegelt. Eine Besonderheit stellen dabei Schleusen mit geböschten (heißt: schrägen) Kammerwänden dar, die dort gebaut wurden, wo der Untergrund weniger fest war; ihre Zahl ist jedoch sehr gering.

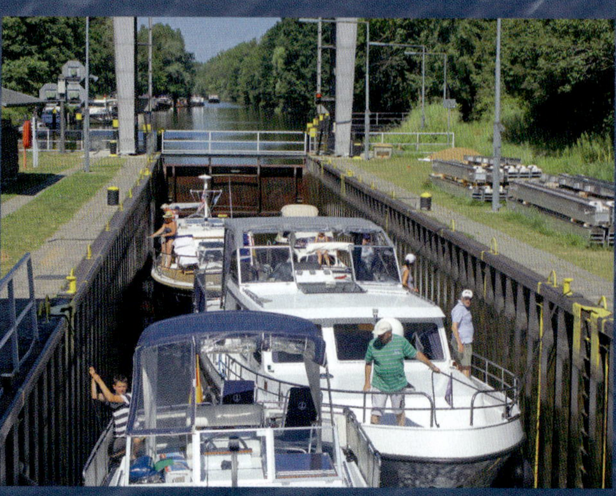

Sportboote sind in die Schleuse Mirow eingefahren und warten auf den Beginn der Bergschleusung. Das Hubtor hinter ihnen hat sich bereits gesenkt. Um die Strömung des einfließenden Wassers zu verringern, liegen sie wechselseitig an den Spundwänden der Schleusenkammer.

Die Leinenführung

Kajütboote und größere Yachten müssen mit mindestens zwei Schleusenleinen gesichert werden, bei kleinen Booten kann eine Leine mittschiffs ausreichend sein, wie es auch auf der gegenüberliegenden Seite dargestellt ist – das hängt aber stark davon ab, wie viel Bewegung im Wasser ist (besonders bei einer Bergschleusung). Sehr hilfreich kann ein Schleusenhaken sein, um sich an einer Leiter oder einer Steigstange „einzupicken". Bootshaken sind – obwohl häufig beobachtet – in der Schleuse nur zum Überlegen einer Leine gut geeignet; um das Boot damit an der Kammerwand zu halten, ist das Hebelverhältnis (und der eher kleine Haken) ungeeignet.

Neben Leitern und Steigstangen eignen sich natürlich auch die in der Wand eingelassenen Poller für die Leinenführung. Großschifffahrtsschleusen sind häufig mit Schwimmpollern ausgerüstet; sie laufen in Führungsschienen, sodass sie sich mit dem Wasserspiegel heben und senken. Alle Leinen müssen immer auf Slip geführt und dürfen niemals festgemacht werden – wird ein Boot wegen eines Knotens bei der Talschleusung gewollt oder ungewollt „an der Klampe aufgehängt", kann es schnell teuer werden!

Der Drempel

Vorsicht auch vor der gelben Drempelmarkierung: Die eigentliche Schleusenkammer wird durch die Tornischen begrenzt. Ihre „nutzbare Länge" ist jedoch geringer; sie liegt innerhalb der Drempelmarkierungen. Boote in der Schleuse dürfen diese Markierung nicht überschreiten, da sie bei der Talschleusung sonst auf dem Oberdrempel aufsitzen können. Liegt man sicher, wird der Motor abgestellt, damit die Schleusenkammer (besonders für Paddler!) nicht zur Räucherkammer wird. Doch bevor es weitergeht, soll ein schneller Blick auf die verschiedenen Schleusenbetriebsarten geworfen werden.

Selbstbedienungsbetrieb

Viele Schleusen in den Sportbootrevieren sind inzwischen für den halb automatischen Selbstbedienungsbetrieb ausgelegt. Das bedeutet, dass die Crew keine Muskelarbeit an Toren und Schützen mehr leisten muss, sondern die Schleusung von Bord aus einleiten kann – wenn am sogenannten „Anforderungsschalter" gedreht wird.

Ein Schleusenwärter ist nicht mehr vor Ort, bei Problemen gibt es in der Regel jedoch eine Rufanlage, und das Gelände wird per Videokamera überwacht. Schleusen dieser Art findet man auf den weitverzweigten Mecklenburgischen und Brandenburgischen Gewässern immer häufiger – entweder als Ersatzneubau oder umgerüstet.

Die Anforderungsschalter sind meistens blau, doch auch Grün kommt vor. In unmittelbarer Nähe befindet sich zusätzlich eine Tafel mit Bedienungshinweisen. Wird die Stange gedreht, beginnt ein Signallicht an ihrer Spitze zu leuchten – die Anforderung wurde von der Automatik registriert. Nun ist den Anweisungen auf der Leuchtschriftanzeige und den Ampelsignalen Folge zu leisten. Nach der Einfahrt in die Kammer wird der „Weiterschleusungsschalter" (in gleicher Farbe) erst gedreht, wenn alle mitschleusenden Boote Bereitschaft signalisieren. Die rote Stange darf nur im Notfall gedreht werden; sie unterbricht die laufende Schleusung, und die Leitstelle wird alarmiert. Rettungsmittel befinden sich an Land.

Im Bereich der Großschifffahrt ist Selbstbedienung (noch) keine Option; allerdings werden auch hier immer mehr Schleusen auf fernüberwachten Betrieb umgerüstet, bei dem ein ganzer Revierabschnitt von einer Zentrale gesteuert wird. Der Großteil der Schleusen verfügt aber immer noch über Personal während der Betriebszeiten.

Die Schleusung

Wie die eigentliche Schleusung abläuft, wurde bereits dargestellt (siehe Seite 116). Natürlich läuft die Talschleusung gleich in mehrfacher Hinsicht leichter ab: Strudel und Strömungen treten kaum auf, und das Boot zerrt trotz Sog nur selten an den Leinen. Die können – wenn die Fallhöhe nicht zu groß ist – bequem oben auf dem Poller am Kammerrand liegen bleiben und müssen nur auf Slip nachgefiert, aber nicht umgelegt werden. Unten angekommen, wird ein Ende einfach abgezogen (natürlich muss man vorher sicher sein, dass die Leine dafür lang genug ist).

Bei der Bergschleusung kann es besonders in kleineren Schleusen, schon etwas rauer zugehen. Das Wichtigste: Denken Sie daran, die Leinen rechtzeitig auf einen höheren, gut erreichbaren Punkt umzulegen.

Leinenführung in der Schleusenkammer

Je nach Größe der Schleusenkammer verteilen sich die Boote nach dem Einfahren. Die gelben Drempelmarkierungen A dürfen dabei nicht überschritten werden. Um bei Bergschleusungen die Wucht der Strömung zu brechen, wird im Normalfall wenn möglich wechselseitig angelegt, wie auf der rechten Abbildung. Bei viel Andrang muss der Platz voll ausgenutzt werden, die Poller liegen dann nicht immer ideal. Wichtig ist dabei, dass die Leinen entweder beide nach „innen" geführt werden B, oder nach „außen" C, um ein Vor- und Zurückpendeln zu verhindern. Bei kleinen Booten kann eine kurze Leine über der Mittelklampe genügen D. Bei breiteren Schleusen kann man auch Päckchen bilden (E, unten).

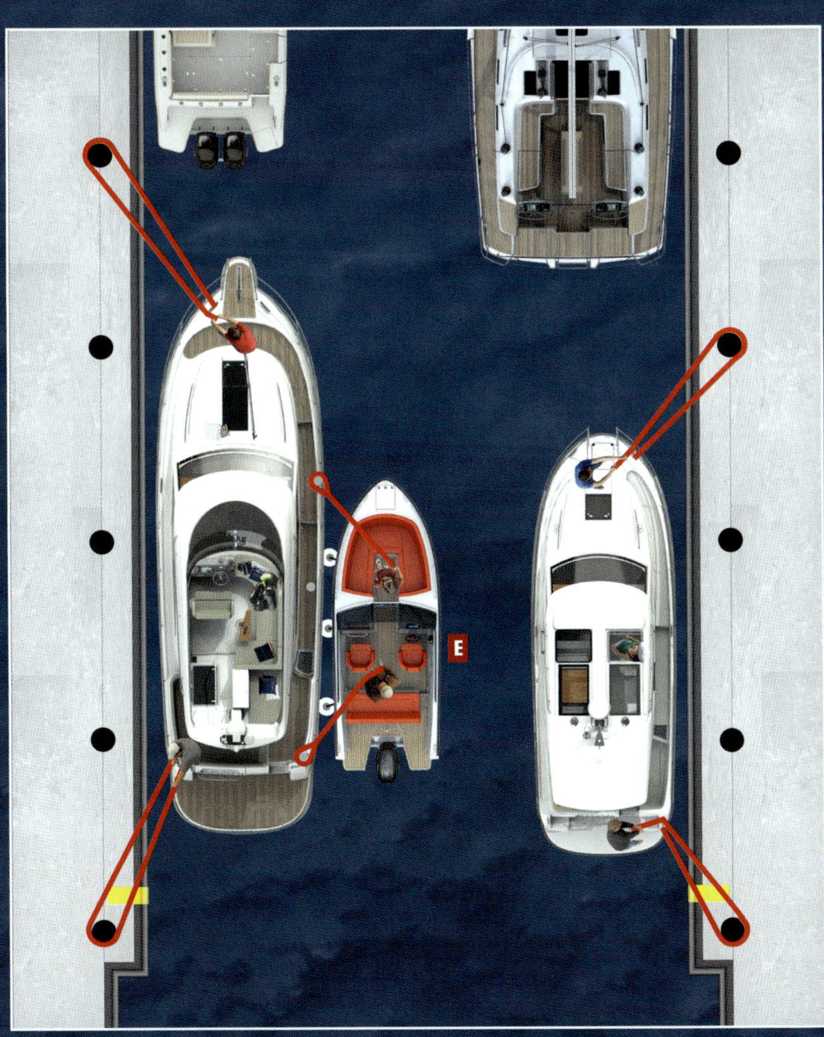

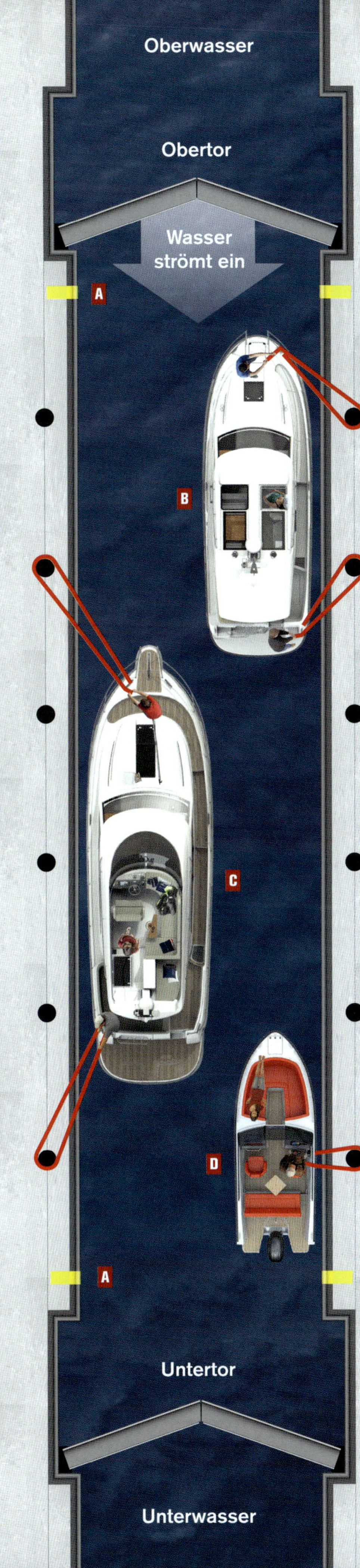

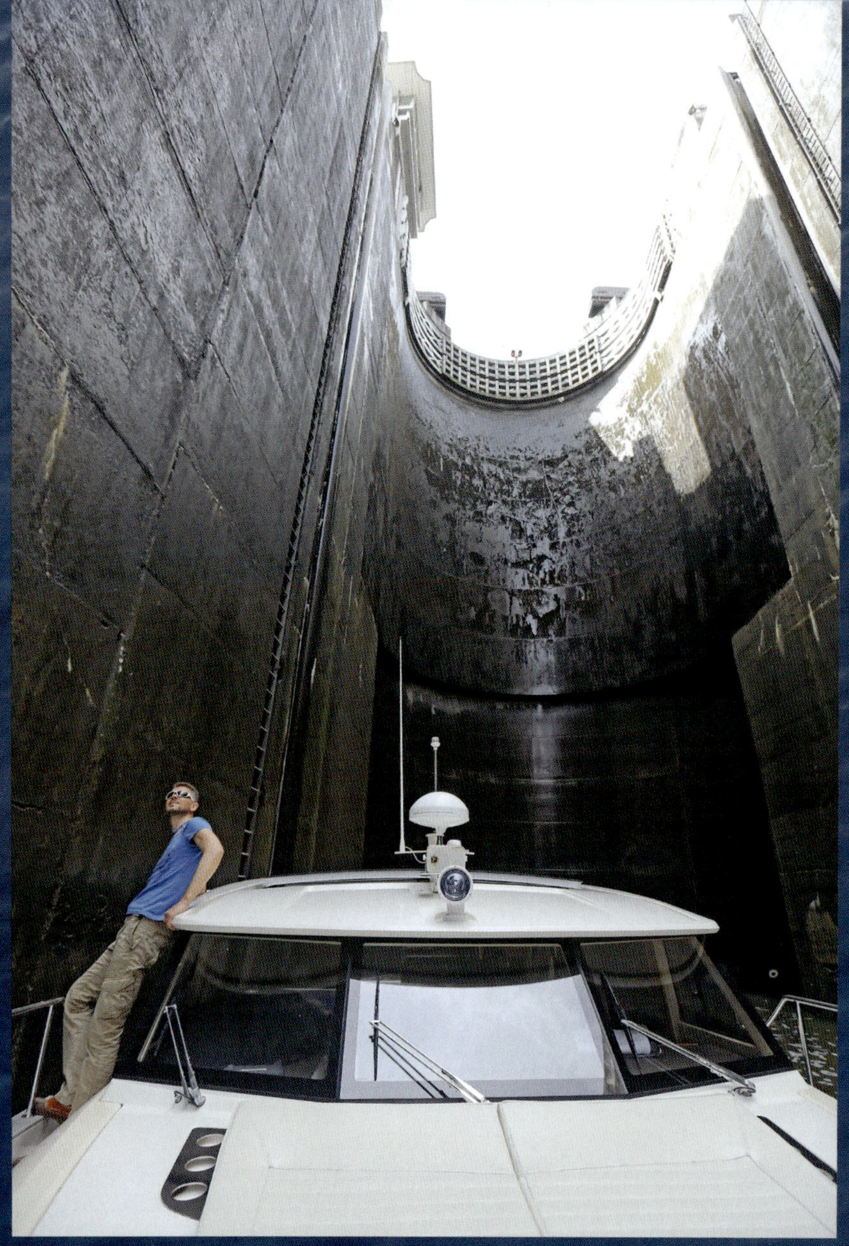

Ganz schön dunkel: Die Schachtschleuse von Carrapatelo auf dem Fluss Douro in Portugal ist mit einem Hub von 35 Metern die zweithöchste in Europa. An Schwimmpollern geht es ohne Strömung trotzdem entspannt nach oben.

Warten Sie nicht, bis der Poller mit der Leine schon unter der Wasserlinie verschwindet – auch eine Leine auf Slip kann sich verhaken. Und keine Angst vor Schlick und Dreck an der Kammerwand, ziehen Sie im Zweifel alte Arbeitshandschuhe an. Zu den Aufgaben des Skippers gehört übrigens auch, die anderen Fahrzeuge um sich herum im Auge zu behalten. Geht dort alles so glatt wie bei Ihnen an Bord? Wenn ein Boot nicht mehr gehalten werden kann, stellt es sich schnell in der Kammer quer. Ein freier Fender, der schnell an gefährdeter Stelle zum Einsatz kommt, vermeidet Schäden.

Strömung in der Kammer

Wie stark die Strömung in der Kammer tatsächlich ist, hängt von vielen Faktoren ab. Die wichtigsten dabei sind, wo genau sich die Schütze befinden – also von wo das Wasser in die Kammer gelangt – und wie schnell wie viel Wasser eindringt. Traditionelle Schleusen, bei denen sich die Schützöffnungen direkt in den Toren befinden, sorgen auch für die stärkste Strömung. Oft gibt es dann einen Wechseleffekt: Das Wasser flutet herein, durchquert die Kammer der Länge nach und drängt sich dann entlang der Wände wieder nach vorn. Bei vielen Schleusen wird der Wasserdruck jedoch durch Absätze und Kanten vor der Schützöffnung zumindest schon ein wenig gebrochen. Bei mehreren Öffnungen entlang der Kammerwände oder im Boden verteilt sich das Wasser dagegen regelrecht sanft, und es geht ohne großes Gezerre an den Leinen nach oben. Moderne Großschleusen sind oft in dieser Weise gebaut.

Die Ausfahrt

Kanuten und anderen Paddlern, die sich neben einem befinden, lässt man bei der Ausfahrt wenn möglich den Vortritt. Liegen Boote auf beiden Seiten der Kammer, sprechen Sie sich ab. Den Motor sollte man erst starten, wenn sich das Tor öffnet und die Leinen erst dann lösen, wenn man grünes Licht hat oder eine entsprechende Lautsprecherdurchsage ertönt ist. Dabei sollte man besonders auf das Schraubenwasser der vorher ausfahrenden Boote und Berufsschiffe achten, da sie eine nicht unerhebliche Strömung erzeugen. Ist das Schleusentor passiert, keinesfalls gleich aufs Tempo drücken, sondern erst die Wartestellen passieren, wo vielleicht gerade andere Boote ablegen.

Im Notfall

Tritt doch einmal ein Notfall ein, etwa wenn sich eine Leine verhakt hat, die unter Zug nicht mehr gelöst werden kann, machen Sie so schnell wie möglich auf Ihre Lage aufmerksam, sodass die Schleusung gestoppt werden kann – entweder von einer anderen Crew (bei einer Selbstbedienungsschleuse) oder vom Schleusenpersonal. Auch eine Schwimmweste kann in der Schleuse generell nicht schaden. Rettungsmittel wie Schwimmhilfen und lange Bergestangen mit Ringen für ins Wasser gefallene Personen befinden sich am Ufer neben der Kammer.

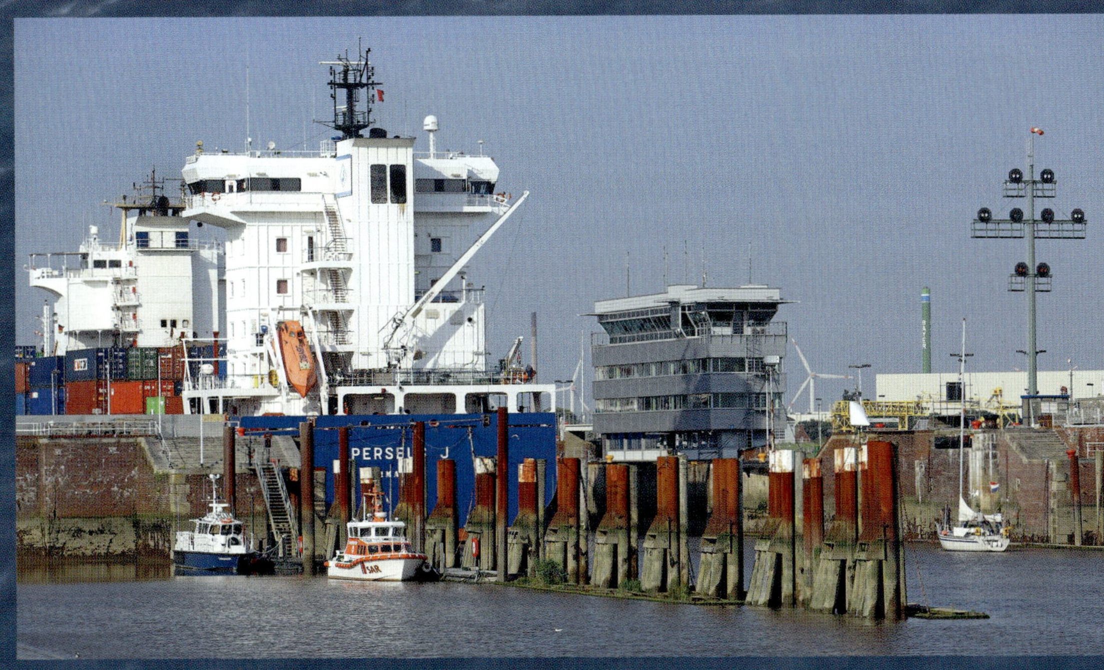

Größere Schiffe als auf dem Nord-Ostsee-Kanal wird man kaum in einer Kammer antreffen. Hier ist bereits ein Containerfrachter eingefahren, die Sportschifffahrt folgt (am rechten Bildrand). Die speziellen Schleusensignale (ganz rechts) sind in der Seeschifffahrtsstraßen-Ordnung aufgeführt.

Schleusen mit der Großschifffahrt

Keine Angst vor dem Schleusen mit den „Großen“: Die Schiffsführer haben alles im Griff, auch wenn es manchmal sehr knapp zuzugehen scheint. Dennoch sind große Schiffe im Bereich der Schleusenvorhäfen und in der Kammer in ihrer Manövrierfreiheit stark eingeschränkt – zusammen mit der Tatsache, dass sie nach Termin fahren; der wichtigste Grund, warum sie immer Vorrang haben. Für Sportskipper gelten daher ein paar besondere Regeln, wenn sie eine Großschifffahrtsschleuse nutzen möchten. Rufen Sie die schon einige Kilometer vorher an und teilen Sie mit, wer Sie sind und wohin Sie möchten. So werden Sie später nicht übersehen und können vom Betriebspersonal eingeplant werden. Legen Sie auf jeden Fall am gekennzeichneten Warteplatz für Sportboote an. Warten Sie auf Anweisungen (per Funk oder über Lautsprecher). Man wird Ihnen genau sagen, wann Sie hinter welchem Berufsschiff einfahren können. Werden Sie nicht ungeduldig! Man wird Sie zwar nicht vergessen, aber bei viel Verkehr kann das Warten etwas länger dauern. Das gilt auch, wenn wenig los ist – Sportboote werden bei Großschleusen fast nie allein geschleust, um Wasser zu sparen. Wenn es losgeht, wird man Ihnen sagen, wo Sie festmachen können. Aber egal, wie viel Platz Sie dort haben (oder nicht haben): Überholen Sie auf keinen Fall ein bereits festliegendes Berufsschiff! So hilfreich Schwimmpoller sind – sie können sich in ihrer Führung verhaken. Lassen Sie Ihre Leinen deshalb auch bei Schwimmpollern immer locker auf Slip, sodass sie schnell gelöst werden können. Machen Sie zur Ausfahrt erst los, wenn sich das Berufsschiff etwas entfernt hat. Sein Schraubenwasser kann beim Anfahren für viel Unruhe sorgen!

Kaum noch Luft: Ein Gütermotorschiff „schiebt“ in die Moselschleuse Wintrich. Halten Sie bei der Einfahrt Abstand! (l.). Schwimmpoller heben und senken sich mit dem Wasserstand, praktisch! Hier in Birsfelden am Rhein (r.).

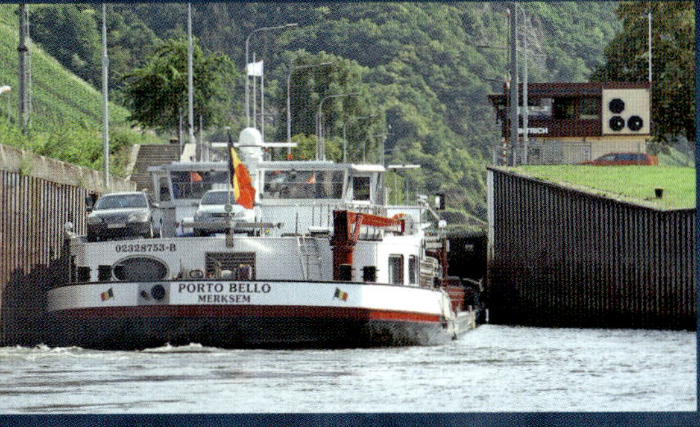

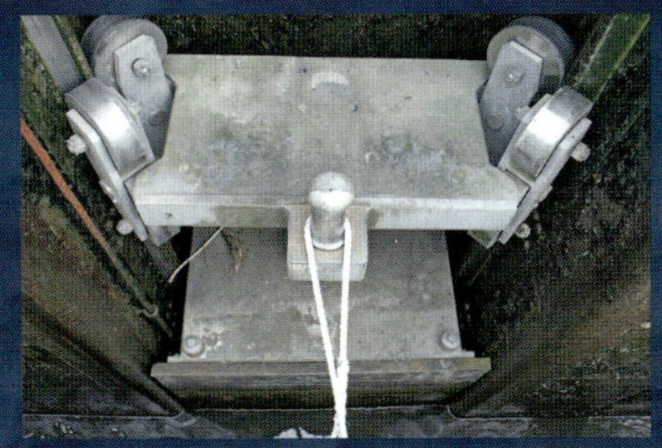

Register

Für Oksana, Marina und René.
Vielen Dank für Eure Geduld und Unterstützung!

Bibliografische Information der Deutschen Nationalbibliothek
Die Deutsche Nationalbibliothek verzeichnet diese Publikation in der Deutschen Nationalbibliografie; detaillierte bibliografische Daten sind im Internet über http://dnb.dnb.de abrufbar.

6. Auflage
ISBN 978-3-667-10279-9

Lektorat: Felix Wagner
Fotos: Christian Tiedt, sofern nicht anders angegeben
Abbildungen: Bootsansichten und Deckspläne stammen von folgenden Herstellern und Werften: Bavaria Yachtbau, Beneteau, Draco Boats, Nimbus Boats, Quicksilver Boats/Brunswick Marine, Galeon, Zodiac Marine
Umschlaggestaltung: Buchholz.Grafiker, Hamburg
Layout: Christian Tiedt, Lars Bolle
Lithografie: Mohn-Media, Gütersloh
Druck: Firmengruppe Appl, aprinta Druck, Wemding
Printed in Germany 2022

Delius Klasing Verlag, Siekerwall 21, D - 33602 Bielefeld
Tel.: 0521/559-0, Fax: 0521/559-115
E-Mail: info@delius-klasing.de
www.delius-klasing.de

BÜCHER FÜR DIE PRAXIS…

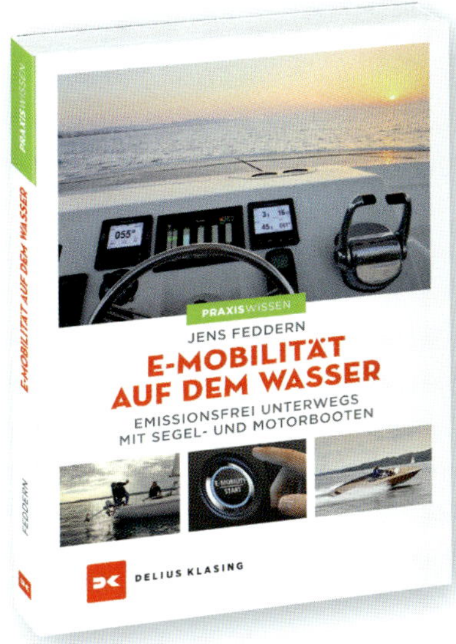

Boote mit Elektromotor erobern inzwischen alle Küsten und Binnenreviere und werden immer alltagstauglicher. Dieses praxisorientierte Buch des Elektrotechnikers Jens Feddern nimmt Seglern und Motorbootfahrern die Angst vor dem Umstieg auf alternative Schiffsantriebe und zeigt, warum E-Mobilität auf dem Wasser wichtig ist. Neben exakten Berechnungen zur Wirtschaftlichkeit gibt es konkrete Tipps, die bei der Auswahl des passenden Systems und der Umrüstung des eigenen Boots helfen. Der Ratgeber für alle umweltbewussten Skipper, die zum Klimaschutz beitragen möchten, ohne auf Komfort und Fahrspaß zu verzichten!

- Elektro-Bootsmotoren in der Praxis: alles über Installation, Betrieb und Unterhalt
- Wie funktioniert ein Elektromotor? Elektrotechnische Grundlagen für Skipper
- Vollelektrisch, Hybrid oder Brennstoffzelle? Der richtige Antrieb
- Praxistipps und Beispiele für die Umrüstung

Jens Feddern
E-Mobilität auf dem Wasser
Emissionsfrei unterwegs mit Segel- und Motorbooten
ISBN 978-3-667-12366-4

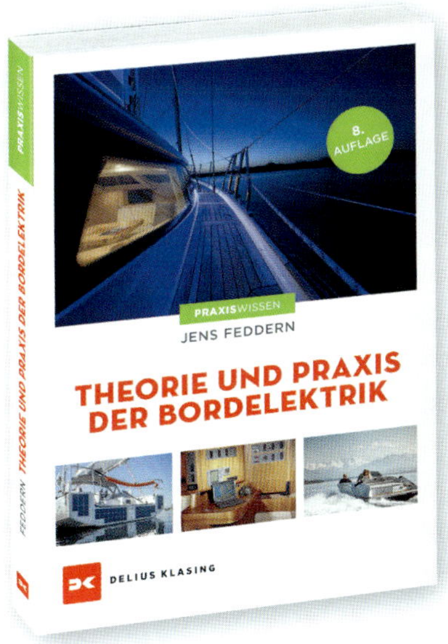

Jens Feddern
Theorie und Praxis der Bordelektrik
8. Auflage mit neuen Bildern und aktualisierten Anleitungen und Tipps.
ISBN 978-3-667-12384-8

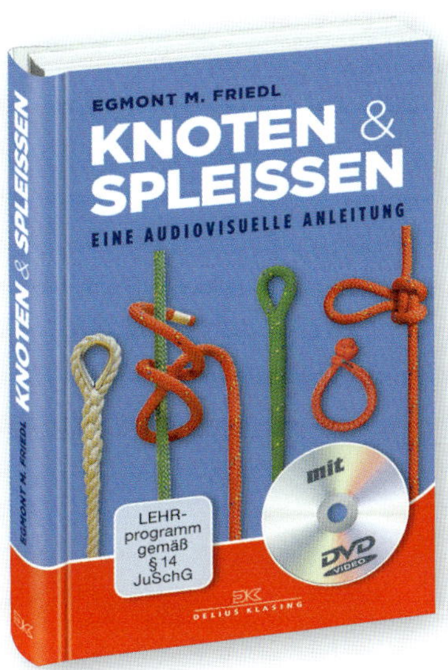

Egmont M. Friedl
Knoten & Spleißen
Eine audiovisuelle Anleitung
ISBN 978-3-667-11384-9

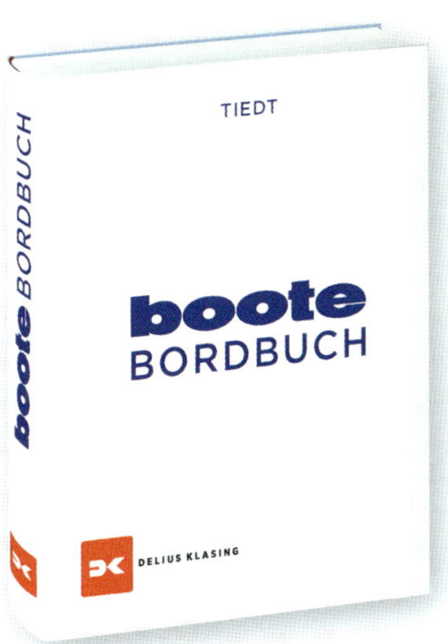

Christian Tiedt
Boote Bordbuch
Von Fahrregeln bis zum richtigen Verhalten in Notsituationen
ISBN 978-3-667-11826-4

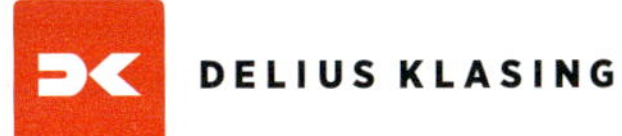

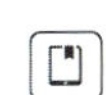   

www.delius-klasing.de

...AUF DEM WASSER

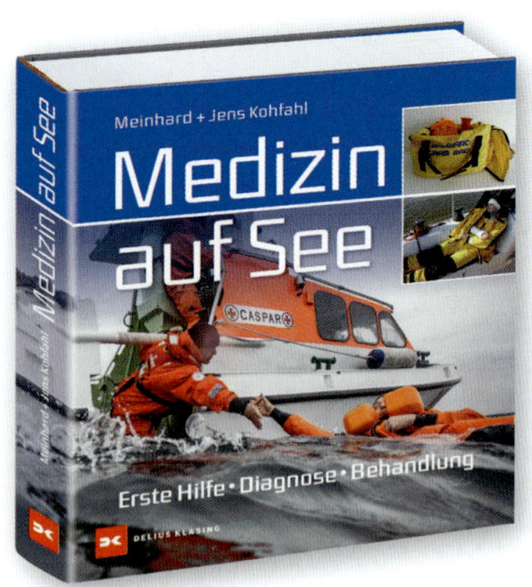

Ein Knochenbruch bei starkem Wellengang, ein seekranker Passagier oder die Notversorgung eines Crewmitglieds nach der Bergung aus dem Wasser – medizinische Notfälle auf See stellen besondere Ansprüche an Ersthelfer und Schiffsärzte. Was gehört in den Notfallkoffer? Welche Erste-Hilfe-Maßnahmen eignen sich in welcher Situation? Das umfassende Erste-Hilfe-Handbuch gibt Antworten auf alle wichtigen Fragen und hilft, im Ernstfall einen kühlen Kopf zu bewahren. Die informativen Texte verzichten auf komplizierte Fachausdrücke, und zahlreiche Abbildungen erleichtern das Verständnis auch für Laien.

Meinhard & Jens Kohfahl
Medizin auf See
Erste Hilfe / Diagnose / Behandlung
ISBN 978-3-667-11329-0

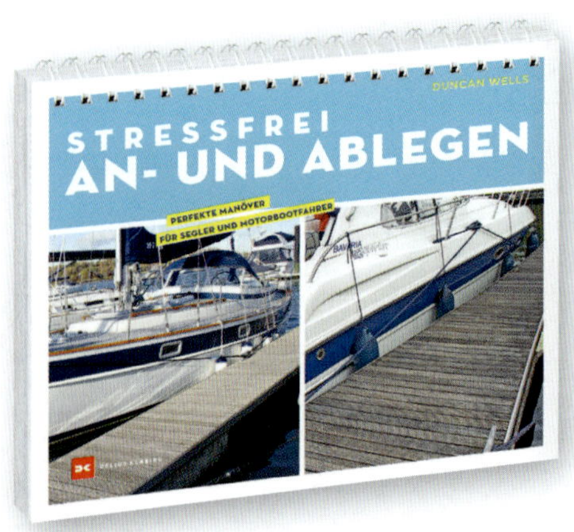

Duncan Wells
Stressfrei an- und ablegen
Perfekte Manöver für Segler und Motorbootfahrer
ISBN 978-3-667-12018-2

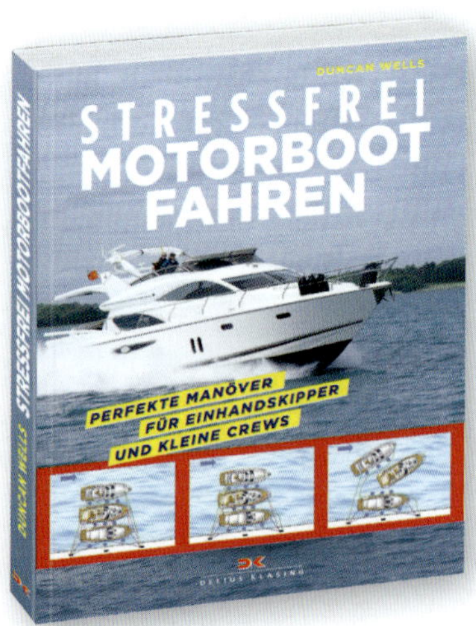

Duncan Wells
Stressfrei Motorbootfahren
Perfekte Manöver für Einhandskipper und kleine Crews
ISBN 978-3-667-11082-4

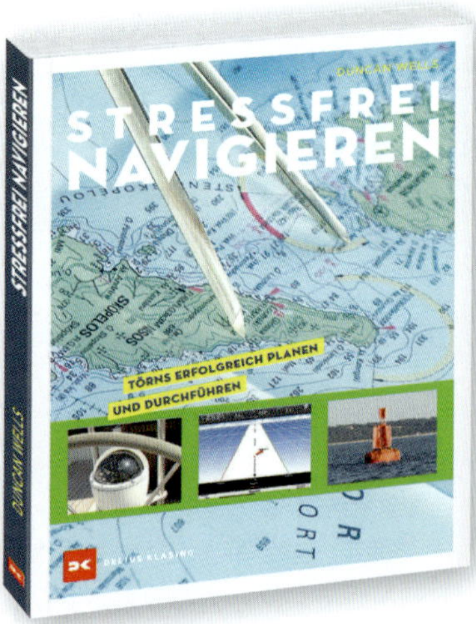

Duncan Wells
Stressfrei navigieren
Törns erfolgreich planen und durchführen
ISBN 978-3-667-11810-3